英国憲法入門

エリック・バーレント 著
佐伯宣親 訳

成文堂

日本語訳への序文

　本書「英国憲法入門」が日本語訳されたことは深く私の喜びとするところであり，訳者に対し厚く御礼申し上げるとともに，訳者の御好意に対する返礼として日本語訳への序文を記し，本書の初版本が出版されて以後5年の間に英国の憲法律に関し進展を見た事柄のいくつかに触れておきたいと思う。

　私が初版本への序文を記したのは，新（当時の）労働党がはじめて政権を担当して一年もたたない頃であった。同労働党政権は，欧州人権条約（ECHR）を国内法に組み込む法律ならびにスコットランド，ウェールズおよび北アイルランド議会へ権限を移譲する諸法の導入をともなう，壮大な憲法改革に乗り出していた。権限移譲に関する諸法や1998年人権法は今日十分にその機能を果たしている。スコットランド議会および政府は，この権限移譲により特定の事柄に関して独自性を発揮しうることを明らかにしてきた；スコットランドでは健康および大学教育に関する独自の政策が進められており，今のところ，英国政府との間で緊張関係が生じるような事態は発生していない。他方，スコットランド政府や議会がその方針に同意すれば，これに従って英国議会が法律を制定しうるとする有用な習律が生み出されてきた。これにより，エジンバラの議会が独自の政策を望まない場合には，同議会が個別のスコットランド法を制定する必要がないと言うことになる。しかしながら，もし次回の総選挙で労働党政府がスコットランドやウェールズ選出の庶民院議員の支持に依存するようなことがあれば，困難な問題が生じるとみて間違いなかろう；スコットランドやウェールズ選出の議員が，イングランドにのみ係わる健康や教育に関する政策に対してウエストミンスター議会で投票権を行使しうることになろう（77-78頁参照）。

　1998年人権法が施行されたのは，制定後2年を経た後であった；英国の国内法として強行するよう裁判所に求められる欧州人権条約上の諸権利に関す

る知識を得るための時間が裁判所に与えられたのである。識者の中には同人権法によって訴訟が爆発的に増えるであろうと予測していた者もあったが，そのような事態にはいたらなかった。裁判所は大抵の場合慎重な態度をとってきた。多くの事件に際して，裁判官は，勇断を下せば，例えば，表現の自由や政府の行為による財産の侵害に対抗する等の権利を擁護することができる場面でも，権利の制限が必要となる状況であるとの決定を下す裁量権が議会と行政府の両者にあるとしてきた(60-61頁参照)。このように司法府が消極的になる理由の一つとして考えられるのは，2001年9月11日のアメリカにおけるテロにより新たに生まれた政治的風潮である；英国政府は，2001年反テロ・犯罪および安全保障法（Anti-terrorism, Crime and Security Act 2001）の議会通過を急ぎ，これを成立させたが，この際庶民院に許された審議時間はわずか16時間であった。政府は，国際的テロリストの嫌疑がかけられた移民を裁判を受けさせることなく不定期間拘束することができるよう，欧州人権条約第5条からの離脱を公式に表明したのである（これまでの，同規定からの離脱については220-221頁参照）。

　政党の財政に関しても重要な法が制定された。2000年政党・選挙および国民投票法（Political Parties, Elections and Referendums Act 2000）により，政党への献金は規制され，選挙費用にも制限が課せられたが，こうした規則の運用を監視すると同時に区割委員会（201-202頁参照）に代わるものとして選挙委員会が設立された。このような法律からして，英国の憲法上の制度が，政党および政党の財政への規制が当然のこととされてきた他国の制度に徐々に近づきつつあることが知れよう。

　また政府は，最近，益々変則的なものと思われ権力分立原則と噛み合わない大法官と言う官職（44頁参照）を廃止する意向であると表明した。同時に(2003年6月)提案された独立した最高法院と言う制度も歓迎すべきものである。ただ，こうした提案が出てきたのが内閣改造と同じ時期であると言うことを考えると手放しで歓迎できないところがある。憲法の改正と言うものは慎重に準備されるべきものであり，一連の政治政策の一部でもあるかのような形で述べられるべきものではない。

さらに，新欧州憲法条約（New Constitutional Treaty of Europe）が，この序文を書いている12月にローマで同意を見るかもしれない。実質上欧州憲法として知られることになると思われるこの条約の起草は，微妙な政治的交渉を不可避とする，複雑かつ多くの議論を引きおこした作業であった。欧州連合は，少なくともいくつかの法的側面においては徐々に連邦制に類似する様相を呈しつつあるが(第IV章参照)，この条約では，「連邦」と言う言葉は用いられないようである。欧州連合は，かなりの政治的，法的独立性を保持している国家の連合，国家連合とも言うべき，そのユニークな性格を維持し続けることになるが，ヨーロッパ大陸における憲法の作成と言うことを考える時，国家以外の多くの機関が，その権限と責任を配分すると同時に，それぞれの機関の基本的目的と抱負を表明した憲法を必要としていると言うことを改めて認識するのである。

　エリック・バーレント
　2003年12月

序　文

　英国の憲法律（constitutional law）に関する多くの著書が出版されている。包括的に英国憲法を考察した教科書もあれば，特定の分野に係わる専門的な学術書もあるが，憲法律の入門書としての本書においては，こうしたものとは異なるアプローチの仕方を取り入れることにした。本書は，英国憲法の持つ諸原則を批判的かつ比較論的な見地から考察しようとするものである。本書では，例えば，権力の分立であるとか法律に対する司法審査と言った一般的な諸原則が述べられている。自由主義的憲法の下で見られる基本的諸権利の保護について，いくつかの章でこれに触れているが，一定の国民の自由について特に詳細に述べるということはしていない；本書の随所でこれに関する問題について述べている。むしろ本書では，憲法の構造に関心が寄せられている。特に，政府内部の各分野——立法府，行政府，司法府——間の権力の配分，およびこの権力をコントロールするための憲法上の諸規定と手続が考察の対象とされている。
　英国における憲法上の諸原則に対する批判的考察は，今日，今まで以上に緊急を要するものとなりつつある。やっとのことで，法典化されていない憲法——ある種の分野では柔軟に適用される習律や政治的慣行にすぎない——の内容が研究され，そこに欠陥があることが明らかになってきたのである。昨年選出された政府は憲法の改正を検討事項の冒頭に掲げていた。すでに，スコットランドおよびウェールズへ権限を移譲するための法案ならびに欧州人権条約を英国法に編入するための法案が議会に上程されてきた。その他の改革もまもなくなされる予定である。情報の自由に関する法が制定されるであろうし，貴族院の構成にも抜本的な改革がなされるものと思われる；また，政党の資金も規制され，選挙制度も変化するものと思われる。
　本書は，主として，英国（United Kingdom）の憲法の一般的諸原則に論評

を加えることを目的としたものである。本書では，その他の事項，特に今日まで憲法が沈黙していた政党の役割についても述べる。また，欧州連合（ないしは欧州共同体）に関しても一章を設けた。以下のことを思えば，こうした章を設けることは時宜にかなったことと思われる。まず第一に，欧州共同体に加盟しているため，英国における憲法上の最も基本的な原則である議会至高性の原則に修正を加えなければならなくなっていると言うことである。第二に，これによって，研究者が，連邦制度が持つ利点と自由主義的憲法の下での司法審査の役割について，新たにしかも早急に考察を加える必要に迫られていると言うことである。

いくつかの章では（またその中の特定の箇所で），それらの憲法と比較考察することによって英国憲法がより明確に理解されると思われた場合には，他国の憲法も考察した。最古の世界で最もよく知られているアメリカ憲法，欧州連合で指導的役割を果たしている英国のパートナーでもあるフランスやドイツの憲法等は，その主たるものである。英国の憲法律に関して最も大きな影響力を持つ憲法学者，アルバート・ダイシーは，英国憲法と大きく異なる多数にわたる他国の憲法典や原則に言及して英国憲法の特色を明らかにした。良く知られているように，ダイシーは，ここ英国における法典化されていないコモン・ローの制度は，成文化された憲法，特に連邦制をとる憲法よりはるかに優れていると考えていた。私自身はそのようには考えない。議会立法が至高のものであると言うことは，事実上，政府に対する憲法による抑制機能が極めて脆弱だと言うことなのである。英国の憲法は，その形態が異なってはいるものの，フランス，ドイツ，そしてアメリカ憲法におしなべて見られる，それぞれ異なった機関の間の権力の均衡を保つと言う機能を果たすことができないのである。

ところで，ここで，研究助成を与えていただいたレヴァヒューム財団に対して御礼を申し上げておきたい。この助成のおかげで，1994年から1995年にかけて通常の講義や職務から解放された。また，同助成により，ハイデルヴェルグのマックス–プランク国際比較公法研究所でドイツ憲法を研究する時間的余裕を得ることができた。また，本書の中のいくつかの章のもとになった

原稿は，アンサンドロ・パーチェ教授の招きでローマのラ・サピエンサ大学で講義をした際にまとめたものである。同教授およびディター・グリム教授との対談によりヨーロッパ大陸の憲法に関する私の理解を深めることができた。さらに，トラヴァー・アレン，ピーター・ケイン，アンドリュー・ラ・スウェアー，ドーン・オリヴァー，ジェイン・ステイプルトンの各氏には，本書の諸章に関しそれぞれコメントをいただき，私が見過ごしていた点を指摘していただいた。もし本書に誤りがあれば，それはすべて私の責任である。最後に，アンドリュー・フェニー，シルビア・ラフの両氏に対しても，その貴重な御助力に御礼申し上げる。

　通常，法律書の著者は，それらの著書が出版された時点で，それがすでに時代遅れのものになっているのではないかとの不安にかられるものである。しかし，法令や判例の詳細よりはむしろ原則に焦点をあわせている本書のような性格の書に関しては，それほどの不安はない。しかしながら，本年中に，スコットランドやウェールズへ権限を移譲する法律ならびに1997年の人権法案の議会通過が予想されると言うことについても述べた。また第4章では，効力を持つための条件としてすべての欧州連合加盟国の批准を必要とするアムステルダム条約の規定にも触れておいた。

　　エリック・バーレント
　　1998年2月

目　次

日本語訳への序文
序　文
略語について

第1章　憲　　法 ……………………………………1
　I　憲法は何のために？………………………………1
　II　憲法の多様性………………………………………9
　III　立憲主義と権力分立 ……………………………16
　IV　司法審査 …………………………………………21
　V　立憲主義と民主制 ………………………………26

第2章　英国憲法 ……………………………………32
　I　英国は憲法を持っているか？……………………32
　II　英国憲法の特色 …………………………………39
　III　権力の融合 ………………………………………42
　IV　憲法習律 …………………………………………49
　V　国民の自由と憲法 ………………………………56

第3章　連邦制と権限移譲 …………………………62
　I　序　論 ……………………………………………62
　II　連邦制 ……………………………………………64
　III　権限移譲 …………………………………………72
　IV　地方政府 …………………………………………79

第4章　欧州連合の憲法 ……………………………85
　I　序　論 ……………………………………………85

Ⅱ　欧州連合の構造と機関 …………………………………………87
　　Ⅲ　憲法上の諸原則 …………………………………………………92
　　Ⅳ　欧州連邦？ ………………………………………………………98

第5章　議会と立法権 …………………………………………107
　　Ⅰ　議会の至高性 ……………………………………………………107
　　　1　議会の至高性の由来と範囲　108
　　　2　議会の至高性と政治的現実　111
　　　3　議会はその後継者を拘束しうるか？　113
　　Ⅱ　庶民院と貴族院 …………………………………………………116
　　Ⅲ　欧州共同体法と議会の至高性 …………………………………120
　　　1　欧州共同体優越の原則　120
　　　2　英国における欧州共同体優越性の受容　121
　　Ⅳ　議会の審議機能 …………………………………………………124
　　Ⅴ　議員の役割と特権 ………………………………………………126
　　Ⅵ　結　論 ……………………………………………………………131

第6章　政府と行政権 …………………………………………134
　　Ⅰ　序論 ………………………………………………………………134
　　Ⅱ　国王，政府および大権 …………………………………………138
　　　1　国　王　138　　2　国王大権　139
　　　3　首相と内閣　141　　4　行政府に対する司法審査　143
　　Ⅲ　政府の成立 ………………………………………………………146
　　Ⅳ　大臣責任制 ………………………………………………………151
　　Ⅴ　公務員と軍隊 ……………………………………………………155

第7章　裁判所と司法権 ………………………………………161
　　Ⅰ　司法権の分離 ……………………………………………………161
　　Ⅱ　司法の独立 ………………………………………………………166
　　Ⅲ　司法権の範囲 ……………………………………………………173

Ⅳ　司法審査に適さない政治的問題 …………………………178
第8章　政党と選挙 ……………………………………………186
　Ⅰ　政党と憲法 ………………………………………………186
　Ⅱ　政党の資金 ………………………………………………193
　Ⅲ　選　挙 ……………………………………………………198
　　1　定期的で自由な直接選挙　198　　2　平等選挙　200
　　3　比例制　204　　4　選挙放送　205
第9章　戦時および緊急事態における憲法 …………208
　Ⅰ　一般原則 …………………………………………………208
　Ⅱ　戒厳令および緊急事態法 ………………………………214
　Ⅲ　緊急事態における国民の自由 …………………………219

主要文献

訳者あとがき

英国法令索引

判例索引

事項索引

略語について

本書のフットノートでは余り知られていない略語を用いているためその一覧を付しておく。

フランス語略語
- Rec　　　　Recueil des décisions du Conseil constitutionnel
- RJC　　　　Recueil de Jurisprudence constitutionelle

ドイツ語略語
- BVerfGE　　Entscheidungen des Bundesverfassungsgerichts
  　　　　　　（ドイツ憲法裁判所判決）

欧州条約略語
- EHRR　　　European Human Rights Reports (unofficial)

次に，本書で頻繁に参照している著書については，紙面の都合上著者名のみをフットノートに記している。以下のごとくである。

Bagehot	W. Bagehot, *The English Constitution* (introd. by R. H. S. Crossman, London, 1963)
Bell	J. Bell, *French Constitutional Law* (Oxford, 1992)
Bradley and Ewing	A. W. Bradley and K. D. Ewing, *Constitutional and Administrative Law* (12 th edn., London, 1997)
de Smith and Brazier	S. de Smith and R. Brazier, *Constitutional and Administrative Law* (7 th edn., London, 1994)
Dicey	A. V. Dicey, *Introduction to the Study of the Law of the Constitution* (introd. by E. C. S. Wade, 10 th edn. London, 1961)
Favoreu and Philip	L. Favoreu and L. Philip, *Les grandes décisions du Conseil constitutionnel* (7 th edn., Paris, 1993)

第 1 章
憲　　法

I　憲法は何のために？

　憲法の教科書の冒頭部分でしばしば目にするのは，憲法とは何かと言う問いかけである。そしてこれに対しては，憲法と言う言葉には二つの意味があると言うのが標準的な回答である。まず第一に，国家の憲法とは，その国の議会，政府，裁判所およびその他の重要な国家機関の権限に関する概要を定めた法典あるいは文書である。この世界のほとんどの国々は，この種の文書化された憲法を持っている。こうした憲法の中には，言論の自由についての権利および公平な裁判を受ける権利と言った権利についても定めているものがある。立法権および行政権に対して制限を課すのがこうした法典化された憲法，とくに基本的権利を保障している憲法の特色である。場合によっては，こうした制限は裁判所によって強行される。裁判所の判断が憲法律の中核となる部分を構成している。さらに，憲法の改正には特別の手続が求められている；法典化された憲法は，普通，通常の立法手続では改正できない。

　こうした定義に従うなら，英国は実際には憲法を持っていないということになる；先に述べたような性格を持つと明らかに認めうる法典や文書は，英国にはない。その内容に即して見れば憲法的性格を持つ多くの法が存在するが，これらの法は，法的権威を持つ一つの文書にまとめられていない，ある

いは法典化されていない。さらに加えて，他の国であれば憲法としての文書の中に見られるであろう，そしてまたそれゆえ通常の立法で改正することができないであろう法を，英国の議会は常に自由に改正することができる。ここに，議会はいつでも自らが欲する法を自由に制定することができるという，議会の至高性あるいは議会主権の原則の一面が見てとれる。欧州連合に加盟していることにより修正されてはいるが，この原則は，今でも英国法の基本となるものである[1]。

　しかしながら，英国に憲法はないと判断するのは性急に過ぎると思われる。英国の政治家や裁判所あるいは評論家は，しばしば「憲法」の規則あるいは原則に言及し，ある一定の行為を「違憲」であると述べたりしているからである。そこで，第二のものとして，憲法のより広範な意味づけが考えられことになる。ここでは，例えば，大臣と議会の権限の概要を定めかつ両者の間の関係を規律するような政府の制度について定めた法的諸規則および法的効力を持たない規則を一まとめにして憲法と呼ぶと言うことになる[2]。法的規則とは裁判所によって解釈され強行される諸規則を言い，法的効力を持たない規則とは，裁判官によって強行されないが義務を課していると見なされる慣行や習律を言う。君主は，庶民院および貴族院で賛同を得た法律に同意しなければならないとしている規則などは，英国憲法の習律の一例である。英国憲法の特色については，同憲法の下で憲法習律が果たしている重要な役割と同様，第2章で述べたいと思う。本書の第1章では，憲法の持ついくつかの一般的な特色，とりわけ政治権力の行使に対する抑制と憲法律を強行するに際して裁判所がはたす役割を明らかにしたい。

　言うまでもなく，憲法律の持つ特質を理解するためには，憲法とは何であるか，また（大抵の国家で）憲法上の条文には何が記されているかについてある程度知っておくことが大切である。しかしまた，今一つの問い，憲法は何のために存在するのかと言う問いも欠かすことのできないものである。大抵の場合，この種の問いに答えることによって，法制度あるいは社会制度の持

---

1) この点についてより詳しくは第5章参照。
2) K. C. Wheare, *Modern Constitutions* (2 nd edn., Oxford, 1966) 1参照。

つ意義が明らかになる。例えば，契約は，通常当事者間の商取引上の関係に関する約款を明確なものにし，かつその契約が履行されなければどうなるのかを定めることを目的とすると言うことを知れば，我々は契約法をより深く理解することができる。同様に，もし我々が，例えば，成人の人格的発達ないしは子供の教育に関して家族がどのような役割を果たしているのかを知らなければ，なぜ家族と言うのが重要な意味を持つ制度なのかを知ることができない。

憲法の持つ機能と意義に関する問いに対してある程度の答えを示すのは比較的容易である。我々は，憲法が起草され採択された時の政治状況に着目すればよい。まず第一に，憲法が制定される場合として一国家が植民地支配から解放される場合があげられる。1950年のインドや1963年のナイジェリアのように，英連邦内の国家が独立した際に憲法を採択するというのが通例となってきたが，これもその現れである。この種の憲法の初期のものとして良く知られているのは，1776年のアメリカの連合規約である。1787年のアメリカ憲法が後日これにとってかわるものとなる。植民地支配から解放された後に制定される憲法の機能の一つとしてあげられるのは，新しく独立した国家の諸制度に対して道徳的権威あるいは合法性を与えることである。場合によっては，憲法は，国民個々の権利や国家を構成するそれぞれに異なった共同体の権利を保護する一方，国民に共通する目的あるいは国民が共有する目的を掲げ，一国家（あるいは一群の国家）の国民を統合することをその目的とすることもある。また，欧州連合は国家ではないし，予見しうる限り今のところ一つの国家となる可能性はないが，ローマ条約やマーストリヒト条約を欧州連合の憲法と見なすことができる。これについては，第4章で述べたいと思うが，これらの条約を立案した人々の意向に力点を置いて見れば，ローマ条約やマーストリヒト条約は先のように憲法的な文書とみなされることになる。これらの条約の立案者達は，ちょうどアメリカ憲法が，ヴァージニアやニューヨークといった多様な社会を統合したように，ヨーロッパの人々を一つの連合体に一体化せしめ，あるいは統合せしめることを目的としているのである。(この目的は，それぞれ相違はあるが，ベルギーやキプロス，近年ではユー

ゴスラビアの憲法に見られるように必ずしも成功していない。)

　第二に，革命の後で，政府の新しいシステムの基本原則を確立するために憲法が制定されることがある。1791年の第一次フランス憲法などがこれにあたる。近年のものとしては，1974年に採択されたポルトガル憲法，1978年に採択されたスペイン憲法のような近代的な憲法がこれにあたる。これらの憲法は，ポルトガルやスペインがファシストの統治から自由な議会制民主制へ移行したことを証明するものである。これとよく似た現象が南アフリカでもおこった。ここでは包括的な権利章典を持つ憲法が公布され，これによって白人優越主義者の支配から純粋な多民族共存社会へと移行した。第三に，第二次世界大戦の後，ドイツ，イタリア，日本の三国は，敗戦の後全体主義的統治の経験を経て，新たなるスタートをきるために，ともに新憲法を採択した。これらの憲法の特色としてあげられるのは，強力な個人の自由の保護とファシスト政党に課せられた制限，および (1949年のドイツ基本法および1946年の日本国憲法の場合) 軍隊の創設と配備に対する制限である。

　無論，個々の憲法は，その内容やそれの持つ歴史的背景と言う点で大きく異なりはするが，ある一定の憲法に共通する目的を見てとることはできる。少なくとも，アメリカやほとんどの西ヨーロッパの国々と1989年以降の東ヨーロッパの国々，そして，オーストラリアやカナダ，インドと言った多くの英連邦構成国のような自由主義的憲法に関しては，先に述べたような共通目的を見てとることができる。自由主義的な憲法は，単に政治権力を与えられた機関や人を明確にするような権力の配分を示すだけのものではない。憲法は，君主や権力を持つ者の権力の行使に制限を課すとともに，国民の権利や自由ならびに当該社会にとって基本的な価値と見なされるものを定式化することを目的としている。トーマス・ペインが，英国の憲法制度に対して辛辣な批判を展開している，かの広範囲に亘る著作『人間の権利』で述べているように，「憲法を持たない政府は権利なき権力なのである」[3]。言葉を換えて言えば，憲法の下の政府とは専制的政府の対局に位置するものなのである。

---

3) (1791-2, Penguin edn., 1985), 185.

英国からの独立をはたした後およそ10年を経て，1787年のアメリカ合衆国憲法を立案した人々は，君主による絶対的支配がもたらす害悪以上に，州の立法府による権力の専断的行使に懸念を持ち始めることになるのであるが，彼等は先に述べたような思想の影響を受けていた。こうした立案者の中のある者は，『フェデラリスト (*Federalist Papers*)』として知られる論文集の中で，彼らが常に念頭に置いていたものの正当性を述べている。これは，従来英語で書かれたものの中でも最も明解に基本的な憲法原理を分析したものである。ここで著者は，自由主義的な憲法の下では，権力は，お互いに抑制しあうことができる三つのそれぞれに分離した部門——立法府，行政府（ないし政府）および司法府に配分されるべきであると論じている。このような方法を採ることによってはじめて，権力の集中という危険性を回避しうるのである。

　フランスやオーストリア帝国内のいくつかの独裁主義的な政府が，より自由な議会制度に取って代わられたように，政府の権力が憲法によって制限されなければならないと言う考えは，19世紀の中心的課題となっていた。自由主義（*liberalism*）が，個人の自由を尊重しこれに対する国家の干渉を最小限度にとどめようとするものであることを示すように，憲法によって国家の権限に制限を設けると言う原則に与する考え方はしばしば立憲主義（*constitutionalism*）と呼ばれている。この二つの概念は相互に関連性を持つが，それぞれその強調するところは異なる。前者自由主義の原則は，これに関しては国家は何の関わり合いも持たないプライバシーとか性的自由と言った一定の事項があることを意味する。一方，立憲主義は，なにがしかの個人，集団，政党による専制的権力の行使を阻止することを目的として，政治構造上の組織に一層の関心をはらう。

　では，このような考えは，すでに述べたように，権威を持った単一の法典としてまとめられてこなかった英国憲法の進化にどのような影響を与えてきたのであろうか。英国の憲法律に関する，百年以上も前に書かれた大きな影響力を持つ著作の中で，ダイシーは，彼が「英国」憲法と呼ぶものの対象となるところとその内容について述べているが，憲法が何のために存在するの

かを問うてはいなかったように思われる[4]。同様に，立憲主義という思想についてもさほど注意を払っていなかった。それよりも，ダイシーは，英国憲法の重要な特色として，議会主権の原則を前面に押し出していた。第5章で詳しく述べるが，この議会主権の原則の下では，他国で裁判所が憲法を解釈し適用する義務を負うように，裁判所は議会が制定したすべての法を何の留保もなく受け入れ適用しなければならないのである。さらに，ダイシーは，議会に拘束を加えれば，「絶対的立法者」による統治と言う英国の伝統に反することになると述べている[5]。

　残念ながら憲法に関する英国の著作に典型的なものでもあるダイシーの論の欠陥を説明するのは難しいことではない。少なくとも過去三百年間，「憲法」には何が含まれるべきかを考えるためのいかなる会議も憲法審議会も開かれることはなかった。そのかわりに，徐々にではあるが，憲法としての一定の諸規則の同一性および英国憲法の存在そのものの同一性すらも疑われるほどに，憲法制度は進化してきた。文書としての憲法の起草にいたる公式の審議がなされぬ状況の下では，英国の歴史の中で，自由主義的な憲法の価値，目的，および構造について考察が加えられる機会はほとんどなかった。

　この10年間，憲法の改正に関して再び関心が寄せられるようになってはきたが，それ以前に憲法の諸原理について英国内で継続的に議論された時代としてあげられるのは17世紀をおいて他にはない。その当時の議論は，それまでに既に発見されていた諸テーマを幾分か発展させたものであった[6]。そしてこれについで，そのような議論が至るところで憲法論議を呼び起こす原因ともなった。特にその傾向が著しかったのは，当時植民地であったアメリカであった。まず，スチュアート王朝と議会との間の権力の均衡が問題とされた。また，国王や議会から個人の権利が保護されるべきではないかと言うことが問題とされた。1649年から1660年にいたる英国が共和制をとっていた時代

---

4) Dicey, 23-35.
5) Dicey, 68-9, n. 1. この註は注目に値する。
6) C. H. McIlwain, *Constitutionalism : Ancient and Modern*, (New York, 1947), esp. chs. V and VI.

には，議会派議員の過激な一団の中に一定の基本権を保障する成文憲法を制定しようとする動きすら見られた。議会と護国卿の間の権力均衡を明示した1653年のオリバー・クロムウェルの政体書（*Instrument of Government*）は，実質上法典化された憲法であった。しかしながら，議会がジェームズ二世に対して勝利をおさめ，ダイシーおよびほとんどの憲法の注解者によって英国憲法の基本的特色をなすものと解されている議会主権という論理が徐々に形成されていくにつれて，このような成文憲法に向けての動きがくり返されることはなかった。

　議会主権の論理は，立憲主義の原則あるいは憲法によって制限された政府と言う原則と相容れないと言ってまず間違いなかろう。ペインが，18世紀英国に適切な憲法が存在しないとして非難した時に言おうとしていたのは，まさにこのことである。欠点を持つものではあるが英国にも憲法があると考えるほうが好ましいと思えるが，これは次章で述べる。英国憲法の弱点，これは，多かれ少なかれ，憲法によって政府の権限が制限されることの目的と意義が真剣に論議されていないことに由来する。約10年前まで，英国では，相対的に見て立憲主義の意義に対して関心が持たれることはあまりなかった。1997年に選出された労働党政府は，1988年の民主化運動（Charter 88）や成文憲法を求めるその他の団体の要求にいくらかの影響を受けつつ憲法改正の要綱をかかげたが，これは，やっと，立憲主義の意義に関する関心が呼び覚まされてきたことを示すものである。英国が欧州連合の構成国であることも，この歓迎すべき進歩に役だった。何の修正も加えずに議会の至高性と言う絶対的原理を受け入れることはできないというのが，その大きな理由である。欧州共同体の法が議会が制定する法に優先するのである。[7]（しかしながら，すくなくとも理論上は，欧州人権条約を国内法に組み込んでも，スコットランドに権限を移譲しても，ウエストミンスター議会の至高性が影響を受けることはないであろう。[8]）

　自由主義的憲法とソヴィエト連邦やナチスドイツにすら見られたような，

---

7) 第4章Ⅲ参照。
8) 第2章Ⅴおよび第3章Ⅲ参照。

名目だけのあるいは「見せかけの」憲法とは区別されなければならない[9]。名目上の憲法は，実際の所，特定の人や機関の持つ政治権力を示す(訳者註：以下傍点は原文ではイタリック)権力の配分図に過ぎない。このような憲法の下では，政府(あるいは議会)が法文に定められた手続を遵守している限り，その行為を「違憲」と言うことはできない。そしてこうした見地からすれば，ヒットラーやスターリンの行為は，大抵の場合，完全に憲法に適合したものであったと言うことになる。一方，立憲主義に固守する立場からすれば，憲法は必然的に絶対的権力を抑制するものでなければならない；そうでなければ，憲法は，適切な自由主義的憲法とは認められない。言葉を換えて言えば，憲法の構造や内容が，専制政府に代えて憲法を採択した目的を反映したものでなければ，憲法には，ほとんどもしくは全く意味がないとも言えよう。そのようなものでなければ，憲法は，国民あるいは外国人，もしくはその両者をあざむくための「見せかけ」の憲法である。

　この立場は1789年のフランス人権宣言第16条に定式化された古典的な見解にたつものである。そこでは，次のように述べられている。

　権利の保障が確保されず権力の分立が確立されていない社会は，憲法を持つとは言えない。

　本章のⅢで述べる権力の分立は，絶対的権力を抑制し，それによって立憲主義を促進するための装置，あるいはそのための一定の原理である。これは，一人の人あるいは一つの機関の手中に権力が集中することを阻止しようとするものである。すべての自由主義的な憲法には，明らかに，様々な方法によりつつ，立法権，行政権，司法権の均衡を保つ，あるいはこれを分離しようとする試みが見て取れる。第二に，ほとんどの自由主義的憲法は，いくつかの基本的権利を保障し，国家ないしはその他の公機関によってこれらの権利が侵害されないようにしている。裁判所がこれらの権利を侵害する法を無効

---

[9] G. Sartoriによる古典的論文'Constitutionalism: A Preliminary Discussion' (1962) 56 *American Political Science Rev.* 853参照。

とする司法上の権限を持つと定めている憲法も多い。この手続は司法審査として知られるものである。そして，この点に関しては，英国の憲法制度は通常のものとは異なる；裁判所は，少なくとも，議会にかかる権利を制限する意図があることが明白な場合には，言論の自由や公正な裁判を受ける権利と言った基本的権利を制限する議会制定法を無効とする権限を持たない。(1998年人権法によって欧州人権条約が英国法に組み込まれることになったが，これが先に述べたような状況に影響を与えることはない。)第三に，自由主義的憲法は，時として，州と国家の間で立法権や統治権を分割することがある。これは，立法，行政および司法の間での権力の分立が水平方向のものであるのに対して，垂直方向の権力の分立と見なしてよかろう。

　権力の分立およびこれに関連する司法審査に係わる裁判所の権限について述べる前に，憲法の多様性について言っておかなければならないことがる。この憲法の多様性は，憲法が持つ価値を認めるとしても，それが特定の統治機構や統治形態の採択を意味するものではないと言うことを示している。専制的統治や独裁的統治下にある憲法にも様々な種類の憲法があるが，自由主義的な憲法にもそれ以上の多様性が見られる。特に，アメリカ，フランスおよびドイツの憲法に注目したい[10]。これらの憲法が，本書において，法典化されていない英国の制度と比較対照される法典化された憲法の最たるものだからである。

II　憲法の多様性

　憲法は様々な方法で分類されうる。そうした分類のいくつかは，余り重要でない，あるいは余り役立たない。例えば，今日，君主制の憲法と共和制の憲法との差異に対して注意を払う必要はまったくない。多くの君主がなお相当の権力を行使していた 200 年前には，この問題は関心を持つに値するもの

---

10) これらの憲法の条文は，S. Finer, V. Bodganor, and B. Rudden, *Comparing Constitution* (Oxford, 1995) に掲載されている。

であった。しかし，20世紀も末期に入ると，これは重要な意味を持たないものとなっている。今一つの分類として，成文憲法と不文憲法による分類があげられる。他のほとんど全ての国家との対比の中で，英国は，成文憲法ではなく不文憲法の国であると度々言われてきた。しかし，後に第2章で述べるように，英国は法典化された憲法を持たない，あるいは一つの公文書としての憲法を持たないという言い方の方が良いように思われる。いずれにせよ，アメリカやフランス憲法のように法典化された憲法でも，文書化されるまでにはいたらない非公式な習律や慣行によって補足されこともある。

　ブライスによる古典的な分類は，軟性憲法と硬性憲法の間に一線を画すというものであった[11]。英国の憲法は，古代ローマの憲法がそうであったように前者に属する。軟性憲法の下では，通常の法律と憲法律との間に何の相違もない。法原則および法手続と言う点に関してみれば，憲法律も通常の法律と同様に容易に改正され，あるいは廃止されうる。例えば，イングランド議会 (English Parliament) を廃止しウエストミンスターに英国議会 (British Parliament) を開設することなどを定めた1707年スコットランド併合法は，憲法として最も根本的な議会制定法の一つである。しかし，この法律の規定は，通常の手続によりウエストミンスター議会で可決された法律により改正された。一方，硬性憲法は，国民投票とか，立法府における各院の議員のおそらく3分の2ぐらいの特定多数決の賛成投票と言う，憲法自体に定められた特定の手続を経てはじめて改正されうる。アメリカ憲法第V条は複雑な手続を定めており，これによれば，どのような改正も広く4分の3の州による批准が求められるものとされている。さらに，硬性憲法の中のいくつかの規定は，全く改正不可能とされている。連邦制や権力分立の原則および人間の尊厳に対する権利の保障を含むドイツ基本法の中の最も根本的な原則のいくつかがこれにあたる[12]。今日，二つの理由からして，軟性憲法と硬性憲法の差異を論

---

11) J. Bryce, *Studies in History and Jurisprudence* (Oxford, 1901), Essay III.
12) 第79条(3)。1949年に制定されたドイツ憲法は，東西ドイツが再統合されるまでの暫定的なものであると考えられたため「基本法」として知られてきた。現実には，統合されたドイツの憲法の名称としてまだこの言葉が用いられている。

じることには余り意味がない。まず第一に，通常の立法手続によって改正されうる軟性憲法の数が極めて少ないということがあげられる；現在では，軟性憲法を持つ国は，英国とニュージーランドのみである。第二に，硬性憲法が，事実上，必然的に改正が不可能となる，あるいは改正が極めて困難なものとなると解されるとすれば，軟性憲法と硬性憲法による分類は誤解を招くと言うことである。実際，改正の難易度は憲法によって著しくことなるのである。例えば，200 年を越える歴史を持つアメリカ憲法が 26 回しか修正されていないの対して，これに比して遙かに歴史の浅いドイツ基本法はほぼ 40 回改正されてきたのである。

　明らかに，憲法には，その長さや内容と言う点で相当の相違が見られる。アメリカ憲法は，7 条しかなく極めて短い憲法である。26 条におよぶ修正を含めても，憲法の原文は 12 ページ程度のものである。これとは対照的に，ドイツ基本法は 146 条におよぶ。しかし，これもインドの憲法と比べると文書として短い方である。1950 年に採択されしばしば改正されてきたインド憲法は，10 の附則を含めて約 400 条におよぶ。1991 年公共政策研究所（Institute of Public Policy Research）が準備した英国憲法草案は 136 頁のものであった。憲法が対象としている項目と，これをどの程度詳細に規定しているかと言う観点からみれば，なぜこのような相違が出てくるのか理解できる。あるものは，最も重要な原則のみを定め，この原則の具体化は立法府に委ねられている。また，他の憲法は，選挙，議会手続，公共財政および裁判所の構成と言った一連の多様な事項に対して，広範にわたる包括的な規定を設けようとしている。概して言えば，短い憲法の方が望ましい。短い憲法は理解されやすく，またそれゆえに広く受け入れられやすい。[13]

　その内容に関する限り，基本権の保障方法には実質的な違いが見られる。「議会は‥‥‥言論の自由を制限するいかなる法も制定してはならない」と定めるアメリカ憲法修正第 1 条のように基本権の保障に何の制限も付さない方法がある。また一方，例えば，公共の秩序ないし国家の安全を維持するた

---

13) *McCulloch* v. *Maryland*, 4 Wheat (17 US) 316 (1819) におけるマーシャル，アメリカ最高裁判所首席判事の古典的判決および Wheare, 前掲註 2, 32-4 参照。

めとか，公共道徳を保護するためと言った様々の理由を根拠に，基本権の行使に制限や条件が課せられることを条文の中で明記しているものもある。比較的古い憲法の場合には，人身の自由とか財産，言論，集会および結社の自由のような最も基本的な政治的権利や人権のみを保護する傾向がある。一方，より現代的な憲法は，これに加えて，一連の社会的経済的権利を保護している。例えば，人種隔離政策廃止後の1996年に制定された南アフリカ憲法は，予想されていた通り包括的な平等規定を含んでいる；ここでは，適切な住居を得る権利，医療や基本的な教育を受ける権利，および正当な行政上の行為を求める権利も保護の対象とされている。

憲法の中には，立法府や行政府が与えられた権限を逸脱した行為をした場合に，これに介入する裁判所の義務について詳しく述べているものもある。他方，これについては全く触れていない憲法もある。さらに，少数ではあるが，これとは反対の手続を定めている憲法もある。こうした憲法は，一定の原則は裁判所によって強行することができず，また，こうした原則は，政府および立法府の指標に過ぎないと定めている。インド憲法第IV部には，先のような司法府に対する制限を付して「社会政策の指示的原則」が定められている。英連邦に属する国家の中には，憲法の本文そのものではなく憲法前文で諸々の原則や人権に触れているものもある。この場合には，裁判所は，こうした原則や人権を強行することができない。(しかしながら，フランス憲法評議会は，フランス第五共和国憲法の前文に述べられたものに過ぎないが，1789年のフランス人権宣言に明記された諸権利は強行されうると判示した[14]。)

ここで注目すべきは以下のような二つの憲法分類方法である。まず第一の方法は，単一(unitary)憲法と連邦制をとる憲法との区分方法である。概して言えば，アメリカ，カナダ，オーストラリアおよびドイツのような連邦制をとる憲法の下では，立法および行政に関する権限は，中央(ないしは連邦政府)と州もしくはその名称を問わず一定の行政区と呼ばれるものとの間で分割されている。連邦政府も州も排他的な立法権や行政権を持たない。やがて重要

---

14) 後述IV参照。

な事項にかかわる立法権がスコットランド議会に与えられることになるであろうが，英国の憲法は単一憲法である。もしそう望むなら，ウエストミンスター議会はいつでもこれらの権限を剝奪することができるのであるから，英国憲法は単一憲法なのである。この複雑な問題については第3章でより詳しく述べることにしよう。ここで強調しておかねばならないのは，連邦制度をとる憲法は，おおむね，自由主義的な憲法上の価値を維持するためにこうした構造を持つということである。まず第一に，連邦制度は，歴史的および文化的に見て大きな隔たりを持つこともある種々の共同体を統合ないし統一するものである。また，憲法によってそれぞれに与えられた領域で権限を行使しうるとする，中央の機関と州（ないしは行政区）の機関間の権限の分割は，全体的あるいは専断的権力の行使を阻止する方法の一つでもある。

　第二の際立った区分は，議会が行政権を行使する憲法と大統領が行政権を行使する憲法との区分である。前者においては，議会に代表された多数党（あるいは連立政党）の議員によって政府が構成される。首相を含め大臣は議会に議席を持つ。さらに，彼らは，個人的にも連帯的にも議会に責任を負わなければならない。それゆえ，もし（例えば，庶民院のような立法府の主要な院で行われる）不信任投票で敗れれば，原則として彼らは辞職しなければならない。これとは対照的に，大統領が行政権を行使する憲法の下では，大統領は独自に選挙され，議会や立法府の集会に出席せず，単にその政策に関し議会の多数派の信任を失ったと言うことを根拠として罷免されることもない。実際，議会が他の政党によって支配されているのに，大統領がそれ以外の政党やグループの構成員であると言うこともおこりうる。

　英国，ドイツ，その他ヨーロッパのほとんどの国々，ならびに長期にわたって英連邦に属していた，カナダ，ニュージーランドおよびインドのような国々は，議会が行政権を行使する憲法を持っている。英国憲法の持つこのような側面については，後に，特に第6章で述べたいと思う。ドイツ基本法は，立法府のうち直接選挙で選ばれた連邦議会による政府の長たる首相の選出に関する明確な規定を設けている[15]。一定の状況の下では，連邦議会は不信任投票

---

15) 第63条。選出後，形式上国家元首たる連邦大統領により任命されなければならない。

により首相を解任することもできる。[16]英連邦内のいくつかの憲法とは異なり，ドイツ基本法は大臣が議員であることを求めてはいないが，現実には，通常大臣は議員である。

　大統領が行政権を持つ憲法の代表的なものはアメリカ憲法である。このような形態をとる憲法は，南アメリカ諸国の憲法のモデルとなってはいるが，比較的少ない。アメリカ憲法は，明確な規定の下，議会の立法権と大統領の行政権を分離している。(司法権は，最高裁判所ならびに法律により設置されるその他の裁判所に与えられる。)議会は下院とそれぞれの州から各二名選出された議員からなる上院に分かたれている。議会は，例えば，租税を課し徴収する，外国との通商および各州間の通商を規制する，戦争宣言を出す，軍を創設するといった権限を持つ。[17]大統領は，軍の最高司令官である；憲法にもとづく大統領の主たる権限は，条約の締結，大使，官吏および裁判官の任命，ならびに法の適正な執行である。[18]ただし，条約の締結ならびに任命権の行使は上院の同意を得てこれを行わなければならない。大統領は議会が可決した法案への同意を拒否することもできるが，大統領による拒否も，上院，下院，両院の3分の2以上の多数決により覆される。

　議会の選挙と大統領の選挙はそれぞれ別々に行われる。実際，憲法の厳に定めるところによれば，大統領は，法的には自らの選択により自由に投票することができる各州の代表からなる選挙人団によって選出される。憲法はまた，反逆罪，収賄，および「その他の重罪および軽犯罪」を根拠とする下院による弾劾および上院による弾劾の裁判についても規定している。[19]1974年ニクソン大統領に対して下院司法委員会が採択した弾劾文書は，ウォーターゲイト事件における隠蔽工作に関する様々の職権濫用に言及している。しかし，この弾劾権の範囲が正確にはどのようなものであれ，この権限は特殊な状況の下でのみ行使されうるものであり，これは，議会が行政権を持つ憲法の下で議会が有する罷免権とは全く別物である。

16) 同第67条。
17) アメリカ憲法第I条第8節。
18) 同第II条第2および第3節。
19) 同第II条第4節。

1958年に採択されたフランス第五共和国憲法は，議会が行政権を持つ憲法と大統領が行政権を持つ憲法の両者の特色を示しており，混合的な性格を持っている。政府および政府の活動を指揮する首相は，議会に責任を負う[20]。直接選挙により選ばれた議会の一院である国民議会が全議員の多数決で不信任動議を可決した場合，あるいは政府の綱領に反対した場合には，政府は退陣しなければならない[21]。これは，議会制の場合がそうであるように，選挙民が政府を選択すると言う効果をもたらす。しかし，同憲法は，実質的には，その構造上大統領が行政権を行使するという要素を持っている。まず第一に，ドゴール大統領の求めで行われた国民投票の結果，大統領は直接選挙で選ばれ任期は7年である。大統領は，軍の最高司令官であると同時にフランスの独立と国際条約の遵守を保障する立場に立つ[22]。この点における大統領と首相の権能の正確な境界線は決して明確であるとは言い難いが，先のような権限に基づき，大統領は，おおむね外交上の行為に対して責任を負ってきた。大統領は首相を選任し，首相の推薦にもとづきその他の大臣を任命し罷免する。大統領はまた，総選挙のため国民議会を解散する権限を持つ[23]。アメリカ大統領と同様フランスの大統領も国家元首であるが，概して言えば，フランスの大統領は，首相と共同して行政府の長たる地位に立つものと思われる。ミッテランが大統領であった時期に二度そう言うことがあったし，今日シラク大統領の下でも生じているように，首相と大統領が異なった政党の党員である場合に，この制度は極めて困難な問題を引き起こす可能性がある。

憲法を議会が行政権を持つシステムと大統領が行政権を持つ場合とに分けてしまうと，無限の多様性を持つ可能性がある諸制度を単純化しすぎることになる。例えば，1996年の南アフリカ憲法は，従来とは異なった議会制をとっている；行政権を与えられた大統領も，国民議会が大統領に対する不信任投票を可決すれば辞職しなければならない。しかし，大統領は，国家元首であ

---

20) 第20条。
21) 第50条。
22) 第5条および第15条。
23) 第8-12条。

り，大統領に選任されれば国民議会の議員を辞職しなければならず，憲法により独立して行使しうる多くの権限を与えられている。

しかし，それにもかかわらず，この分類は多くのことを我々に教えてくれる。[24] これによって，立法府（Parliament, Congress, or National Assembly）と行政府（President, Prime Minister, and the government））の間の関係を規律する様々の異なった憲法上の技術が明らかになる。両者の関係は，次にⅢで述べる権力分立の主要な側面をなす。議会制の下では立法府と行政府が融合している。政府は，ほぼ一様に，議会を支配している政党の議員によって構成されている。それゆえ，政府は，議会において法が確実に制定されるようにすることができ，これによって，自らの政策を実行に移すことができる。同様に，政府は立法府に責任を負う。大統領制の下では，立法府と行政府の構成は厳格に分離されている；さらに，大抵の場合，憲法によってそれぞれに分割された権限の範囲の概要が定められている。それゆえ，立法府と行政府は，おおむね，相互に独立して自らの権限を行使することができる。しかし，憲法が，一つの部門に対して，他の部門に特有の権能とされるところに関与し，あるいはこれに干渉する機会を認める場合もある。例えば，アメリカ憲法は，議会の立法に対する拒否権を大統領に与え，他方，大統領による大使，閣僚，および裁判官の任命には上院の同意を必要とするとしている。単純化しすぎると言う危険を承知で言えば，近代政党の興隆にともない，議会が行政権を持つという形態をとる憲法は，権限が大統領とこれとは異なる可能性がある政党に支配される立法府の間で分割される大統領制の憲法に比して，権力の集中を緩和するのに余り役立たなくなっていると言えよう。

Ⅲ　立憲主義と権力分立

立憲主義とは，憲法によって政府に制限を課すことを是とするものである。

---

24) de Smith and Brazier, 11-12 のとる見解と対比せよ。

立憲主義は，単なる「権力の分配図」以上のものとしての憲法の採択を強く求める；立憲主義の役割は，政治的権力を，これが専制的ないしは専断的に行使されないような形で組織化することである。これはまた，フランスの法律家モンテスキューが，『法の精神』において定式化した古典的な権力分立の基底をなす価値でもある。モンテスキューは，もし同一の人物ないしは団体が立法権と行政権を行使すれば，権力者自身が弾圧的な法を制定し，かつかかる法を情け容赦なく強制することとなり，社会はこれによる暴政に恐れおののくことになろうと説いた。同様の理由から，司法権は立法権および行政権から独立していなければならない。アメリカ憲法を作成した人々も，同様に，議会と大統領と司法の間の権力の分割を，特定の党派や，『フェデラリスト』のリーダー的存在であるマジソンが好んで用いた言葉，派閥の手中に権力が集中することを防ぐために不可欠のものと考えていた。立憲主義と権力分立原則との関係を最も強力に表しているのはフランス人権宣言である。ここでは，権力分立原則をもたない社会は憲法を持たない社会であると断言している。

　モンテスキューは，彼が18世紀英国の憲法であると考えたものをベースにして権力分立の原則を定式化したのである。しかし，これは間違った解釈であった。次章で述べるように，英国の憲法制度は，その当時モンテスキューが理解したような権力分立制をとるものではなかったし，現在でもそうしたものでないことは明らかである。今世紀，ほとんどの議会が行政権を持つ国家がそうであるように，英国では，立法府と政府を構成する人間は分離されていない。内閣およびその他の大臣は庶民院に議席を持つ。司法権すら完全に独立していないといってもよい。なぜなら，司法府の長である大法官は，内閣の構成員であり，かつ貴族院に議席を持つからである。さらに，憲法に

---

25) *The Spirit of the Law* (1748), with introd. by F. Neumann (New York, 1949), Book XI, sect. 6. 同原則の研究に関しては，M. J. C. Vile, *Constitutionalism and the Seperation of Powers* (Oxford, 1967) 参照。
26) 既述8頁参照。
27) 大法官の地位に関する議論については，第2章IIIおよび第7章II参照。

関する著作を持つ英国の論者には,権力の分立に否定的な傾向がある。[28] 彼らは,英国では,しばしば,議会の定める法により,大臣および行政機関に委任立法(行政立法とも言う)として知られる一般的法規を制定する権限が与えられている点を指摘する。さらに,制定法によって,地方自治体政庁(local authorities)やその他の機関に,建築に関する許可申請に対して決定を下したり,様々な事柄を許可したりする権限が与えられている;これらの決定は,「司法的」なものであり,それゆえ,裁判所の方がこの決定により適していると見ることもできる。おなじような状況がアメリカやその他いたるところで生じている。それゆえ,評論家は,しばしば,権力分立原則はあまり価値をもたないと結論する。

実際,こうした主張は,しばしば純粋な権力分立原則と呼ばれるもの,すなわち,三つの明確に分離された政府の部門——立法府,行政府,および司法府——があり,これらは,それぞれ異なった人および機関に割り当てられるべきであるとする主張が持つ難しさを明らかにするものである。例えば,ある種の決定を「行政的」ではなく「司法的」なものであるとし,その決定を自動的に行政官ではなく裁判官に割り当てても,何の意味もないと主張されるかもしれない。手続上の公正さが維持されているかどうかを審査する司法の介入が許されているならば,生活保護を受ける資格があるかどうかのような事柄に関する決定は,行政機関や行政上の審判所に委ねる方が得策かもしれない。さらに,現実的な視点からして傾聴すべき主張もみられる。例えば,行政部門や専門家からなる機関に法律で認められた権限の範囲内で委任された法を制定することができるようにするとの主張などがそれである。しかし,こうした指摘は,権力分立原則の本義を見誤っている。

この原則は,権力の集中の回避にかかわるものである。なによりもこの原則が求めているのは,政府の各部門——立法,行政および司法——が,それぞ

---

28) たとえば, I. Jennings, *The Law and the Constitution* (5 th edn., London, 1959), ch. 1, and App. I. および G. Marshall, *Constitutional Theory* (Oxford, 1971), ch. V 参照。T. R. S. Allan, *Law, Liberty and Justice* (Oxford, 1993) は,そうした原則により好意的である。

れ他の特定の部門に与えられた機能に関与する，ないしは事後にこの部門による権限行使を審査することによって，他の部門による権限行使を抑制することができると言うことである。憲法を作成した人々が意図していたように[29]，この原則は，アメリカ憲法の定める組織に反映されている。たとえば，立法権は議会に割り当てられているが，もし大統領がこれに不賛成であれば，彼はこれに対して拒否権を発動することができる。ただし，議会の両院が3分の2以上の多数決で再可決すればこの拒否も覆されることになる。また，憲法は，憲法によって議会ないしは大統領に与えられた権限が逸脱された場合には，最高裁判所は，法律あるいは行政府の行為を無効にする権限を持つと言うことを暗に示している。権力分立に関するこのような見解は，しばしば，部分的分離（*partial separation*）論として知られている。なぜなら，この理論の下では，純粋分離の場合とは異なり，ただ一つの機関のみが政府の特定の機能を果たすことを求められないからである。これはまた，それぞれの機関が他の機関による権限行使を抑制する，あるいは均衡のとれたものにするような憲法上の手続が定められていると言うところから，抑制と均衡（*checks and balances*）の制度として知られているが，このように解釈すればより分かりやすいであろう。

　こうした観点からみれば，裁判所が立法府や行政府の行為の合憲性を審査する権限をもつ憲法がおおむねそうであるように，アメリカ憲法は，権力分立論のこの第二の解釈をとりいれたものである。例えば，ドイツ基本法も，連邦憲法裁判所に連邦と各邦，および政府と連邦議会と言った連邦の機関間の憲法上の紛争に判断を下す権限を与えているところからして，この第二の分離論をとりいれている[30]。権力分立は，ドイツの憲法秩序の基本原則であり，これは基本法第20条に明記されている。しかし，英国と同様に，立法府と行政府の間には厳格な人的分離は見られない；大臣は連邦議会に議席を持つのである。

---

29) マジソンの『フェデラリスト』Nos. 47-51 は，このような権力分立論に関する論評の古典的なものである。
30) 基本法第 93 条。

ナチスの時代には，国会が，ヒットラーおよび大臣に無制限の立法権を移譲していた。おそらくこうした経験に対する反動であろう，ドイツ憲法裁判所は，多くの事件の中で，例えば，環境に関するものや専門的な分野に係わるものの規制に関する事柄等，いかなる分野の規制に関しても連邦議会そのものが基本的原則を定めなければならないと判示している[31]。換言すれば，行政府への広範な立法権の移譲は違憲だと言うことである。こうした状況の下では，権力分立の原則は，立法府の積極的活動を堅持することによって民主的価値を強化することになる；大臣や公務員はそうではないが，議会議員は選挙民に直接責任を負うのである。

アメリカ，および程度の差はあれ今日のドイツに比して，フランスは，伝統的に憲法律の中に純粋な権力分立論をとりいれてきた。この理論の下では，政府の三部門──立法，行政および司法──を構成する人物の間の厳格な分離が求められ，各部門は，他の部門に特有の権限の行使を尊重しなければならず，これに干渉してもならない。1958年制定の憲法では，大臣は国民議会に議席を持つことができない[32]。法律に対する司法審査も，それを認めれば裁判所が議会が権限を持つ分野に踏み込むことになると言う理由で，不適切とみなされていた。以前の憲法の下では，国民議会自体に，自らの行為が憲法に適合したものであるかどうかを判断する権限が与えられていたのである。さらに，通常の裁判所は行政上の行為の合法性について審査することはできず，行政評議会にあたる国家参事院がこれを行う。しかし，今日，1958年憲法で設けられた憲法評議会（Conseil constitutionnel）と言う制度の下，純粋な分立論も損なわれてきている。法（*lois*）が公布される前に，その法の合憲性を判断することが，この憲法評議会の任務の一つとされているのである[33]。憲法評議会の裁決は拘束力を持つものとされ，事実上，憲法裁判所と同様に扱われるべきである。それゆえ，フランス憲法は，今日では，しばしばアメリカの

---

31) こうした事例に関する議論については，D. P. Currie, *The Constitution of the Federal Republic of Germany* (Chicago, Ill., 1994), 125-34参照。
32) 第23条。
33) 第61-2条。

方式を連想させる分離原則の中の抑制と均衡の様相を呈している。

　権力分立の原則は，政府の権限を制限しそれを保障するための憲法上の技術として，相当の持続力と効果を維持している。連邦制度が同質性を持つ小さな国家にとっては不適切なものであるのに対し，全ての自由主義的な憲法で権力分立の原則が維持されることが望ましいところからして，権力分立の原則は連邦制の原則よりも重要である。すぐ後で述べるように，権力の分立は，司法審査と言う制度およびこれを実施する論拠となる。それゆえ，権力分立は，それが基本権に与える影響がどのようなものであれ議会は自らが望むいかなる法も制定する権限をもつという英国憲法の基本原則とは両立しにくい。しかし，こうした齟齬をきたすが故に，権力分立原則に不当に懐疑的な態度で臨むよりも，むしろ議会主権を放棄すべきだと言うことになるのである。

IV　司法審査

　司法審査制は，大抵の自由主義憲法が持つ特色である。これは，法律や行政府の行為が憲法の定めるところと一致するよう監視する裁判所に与えられた権限である。この機能は，しばしば，特別に設けられた憲法裁判所に委ねられる；この場合，もし訴訟の中で憲法問題が生じた際には，通常裁判所は，これを憲法裁判所に移送しなければならない。先の大戦後司法審査制をとりいれたドイツやイタリアなどがこうした制度をとっている。しかし，アメリカをはじめとするその他の諸国では，どのような裁判所も法律を違憲と判示することができる。無論，この場合，アメリカであれば最終的にはワシントンにある最高裁判所に至る上級裁判所への抗告の道が開かれていることが前提条件となる。最も基本的なことは，制定法あるいはコモン・ローのようなその他の法の条項に関する下級裁判所自体の判決も，それが重要な憲法原則，特に個々人の基本権の保障に関する憲法上の原則を考慮したものでなければ司法審査の対象になると言うことである。例えば，名誉毀損に関する事例の場合，裁判所は，言論の自由や出版の自由，およびいくつかの憲法では保障

されている個人の尊厳に対する権利や名声に対する権利を考慮に入れなければならないと言うことである。

　欧州共同体の加盟国となるまでは，英国にはこの種の司法審査は存在しなかった。実際，英国では，司法審査と言う言葉は，通常，例えば，地方自治体政庁や政府の大臣に与えられた制定法上の権限が逸脱されていると言うことを根拠に，裁判所が行政上の行為を規制する場合に用いられてきた。この意味での司法審査は，憲法よりも行政法に係わるものである。議会制定法に対する違憲審査は英国には存在しなかった。その主たる理由は，かかる違憲審査は議会の至高性の原則に矛盾するからというものであった。だが，今日，議会制定法と欧州共同体法が対立した場合には，先のような理屈は通用しない。これについては第4章および第5章で述べる。しかし，英国の裁判所は，人権侵害であると言うことを根拠として議会が制定した法を無効とすることができない；1998年人権法もこの立場を変えていない[34]。通常，法律家や政治家は，少数の裁判官によって，民主的に選出された者の多数決により議会において制定された法が無効にされる可能性があると言うことを根拠に，法律に対する司法審査は非民主的であるとする主張を受け入れてきた。これについては本章のVで述べる。

　それでは，法律に対する司法審査はなぜ正当化されるのであろうか。憲法自体が明白にこれを規定している場合もある。ここでは，もし裁判所が，例えば言論の自由に対する基本権を侵害する法を無効としなければ，裁判所はその憲法上の職責をはたしていないことになる。ドイツ基本法は，(行政上の行為に対すると同様) 基本権を侵害する法律に対する違憲審査についての明確な規定を設けている；同基本法第1条は，「基本権は，直接的に効力を持つものとして，立法府，行政府および司法府に対して拘束力を持つ」と定めている。また，他の条項では，自らの権利が侵害された場合に個人が憲法上の異議申し立てとして直接憲法裁判所に提訴するための手続が定められている[35]。同裁判所には，また，連邦と邦 (*Länder*) および連邦議会と連邦政府間の紛

---

34) 第2章V参照。
35) 基本法第93条 (1)，4a。

争に対して裁決を下す明確な権限が与えられている。1996年の南アフリカ憲法は，より一層明確に，憲法裁判所は，「議会制定法，行政区の条例，および大統領の行為が憲法に違反するかどうかを最終的に決定する…」と規定している。[36]

しかしながら，アメリカ憲法には，連邦の法律についての司法審査に関する規定はなにもない。憲法と矛盾する法律を無効とする裁判所の権限は，憲法ではなく，憲法史上最も大きな影響力を持つといってよいと思われる *Marbury* v. *Madison*において，[37] 裁判所自体が定式化したものである。この判決が持つ意義は，司法審査は成文憲法にとって不可欠のものであるという趣旨のことを述べたマーシャル首席判事の論理展開にある。これによって，憲法上の文言とは無関係に司法審査が正当化され，かつまた普遍的妥当性を持つとされたのである。彼の言うところは以下のようなものである。まず，成文憲法の目的は，立法府およびその他の政府の部門の持つ権限の概要を示し，その権限を制限することにある。その原則は根本的なものである。もし，立法府がその権限を逸脱することができるとしたら憲法を制定することの意味がどこにあるのか。憲法に矛盾する法律は無効とされ排除される，これは成文憲法そのものの本質から読みとれるところである。ついでマーシャル首席判事は言う。憲法に矛盾するとして訴えられた法律と憲法規定との対立を解決するのは裁判所の義務であると。かくして，彼は，最高法規としての憲法を適用し，これに矛盾する法律を無効とするのは裁判所の義務であると結論する。

この明らかに論理的な主張も，批判にさらされている。特に，先の主張では，憲法上の規定は，立法府によって解釈され適用される一定の政治的な原則ではなく，裁判所によって強行されうる拘束力を持つ法として取り扱われるべきであると見なされた。[38] しかし，これに代わる解釈も単なる憶測による

---

36) 第167条（5）。
37) 1 Cranch 137（1803）.
38) 最高法規規定（第Ⅵ条第2節）は，憲法は国家の最高法規であると言う。しかし，これは州法に対する連邦法の優越性を保障することを意図したものにすぎない。(第3章Ⅱ参照）。

ものではない。大戦前には,ヨーロッパで司法審査を認めている憲法は,1920年のオーストリア憲法を顕著な例として少数であった。フランスでは1958年憲法で憲法評議会が成立するまで司法審査制は導入されていなかった;さらに,同憲法評議会が,1789年の人権宣言に違反するとして法律を違憲とする判決を下しはじめたのは,なんと1971年以降であった[39]。今日でも,スイスの連邦裁判所は,連邦法に対する審査をなしえない。

それゆえ,*Marbury* v. *Madison* において出された結論は,一読して当然のことと思える程に必然的なものではない。さらに,マーシャル首席判事は,司法審査が認められれば,憲法規定の意味するところが明確とは言い難い複雑な問題に対して,裁判所が立法府の見解にとってかわって自らの見解を採用することになるという,司法審査に対する重要な反対論を無視していた。というのも,司法審査に際してその答えが明確な問題と言うのはほとんどないからである。例えば,通常,憲法は言論の自由を保障しているが,これを制限することが必要な場合には,道徳の保護を含む多くの根拠のどれか一つを理由として,この自由の行使に制限を加えることができるとも規定している。議会が,一定の過激なポルノグラフィーの配布を制限ないし禁止する法律を制定した場合,裁判所は,同法は道徳を保護するために必要であると言う議会の判断に従うべきであろうか,それとも,裁判官自身がその問題に関する判断を下すべきであろうか。

州の排他的な権限に属すると思われる分野に関する法を制定することによって連邦議会が権限を逸脱したかどうか,もしくは,逆に,州が連邦の権限に属する分野に踏み込んだかどうか,これに対する判断を下すよう裁判所が求められた時にも,ほぼ間違いなく先とよく似た問題が生じる。例えば,一般的に,憲法は,州(あるいは行政区)間の商取引あるいは交易を各州による個別の規制に委ねるのではなく,連邦にこれを規制する明確な権限を与えている。(アメリカ憲法では,州際通商条項として知られているものにより,連邦議会がこの権限を持っている。)大抵の場合,この種の規定の下,各州間の交易に

---

39) Decision 71-44 DC of 16 July 1971, Rec. 25 (Favoreu and Philip, 275).

対して連邦が輸送税に関する規定を設けても，憲法裁判所はこれを合憲とするであろうし，これは正しい判断であろう；しかし，児童の労働によって生産された物品を州の間で交易することを禁止するとした連邦法が合憲とされるべきかどうかと言う問題になると，先のような規定を根拠に憲法裁判所がこのような禁止を支持すべきかどうか明確とは言い難い。最後に，権力分立から生じる問題の場合，その答えが明確であると言うような事例は極めてまれである。アメリカの主要判例の一つに，鉄鋼工場の所有者が，トルーマン大統領の発した行政命令による差し押さえに対して異議を申し立てた事例がある。トルーマン大統領は，1952年の朝鮮戦争の危機に際し，鉄鋼工場のストライキを回避するためその命令を発したのであるが，この所有者は，大統領は立法権を行使しており，それゆえに権力の分立を侵害していると申し立て，勝訴した。[40] 同判決は一般的に正当なものと見なされてはいるが，判事全員が賛成という訳ではなかった。長い反対意見の中で，ヴィンソン首席判事は，大統領の行動を禁止する議会制定法が存在しなければ，大統領には，国家が緊急事態にある期間，鉄鋼工場に操業を続けさせる権限があると述べた。

　これらの事例は，裁判所に司法審査権が与えられた場合，もしくは裁判所がこの権限を求めた場合に，裁判所自身が判断を下す際に直面するにちがいない憲法上の難しい問題の一例にすぎない。司法審査は非民主的であると言う議論とは全く別の問題として，こうした状況の下で裁決を下すには，複雑な経済的，政治的な判断がなされなければならないのであるが，裁判官よりも，議会，そして確かに行政府の方が，こうした判断を下すのに適しているかもしれない。*Marbury* v. *Madison* における主張は，おおよそ，憲法上の文言と制定法を比較すれば，立法府が憲法上の権限を逸脱しているかどうかは明らかになると見なしている。しかし，このような形で解決されるような単純な事件が憲法裁判所に持ち込まれることは比較的希である。

　このような限界はあるものの，マーシャル首席判事の説くところには説得力がある。すでに見てきたように，アメリカ憲法の主たる目的は，そしてま

---

40) *Youngstown Sheet and Tube Co.* v. *Sawyer,* 343 US 579 (1952).

た実際にすべての自由主義的な憲法の目的とするところは，権力を制限することである。立法府を含む政府の各部門が持つ権力の制限が正当化されるのはこれゆえである。法典化されていない英国の憲法は，このような制限を課しえないかもしれないが，かかる制限がなければ立憲主義の価値を損ない，抑制と均衡の重要性を強調するかの権力分立の解釈を無意味なものにしてしまう。さらに，憲法を裁判官によって解釈され適用されるべき法であるとした点で最高裁は正しかった。すべての憲法上の条文，および一定の憲法上の規則や原則は，事件に関連する特定の規定が合法的な強制力を持ちうるか否かを判断するために，裁判所によって解釈されなければならないのである。事実，第4章で述べるように，英国における議会の至高性の原則は，裁判所によって生み出され強制力を持つにいたった憲法律上の規則なのである。Marbury v. Madison で裁判所が自らに問うたのは，憲法が，裁判所に対して憲法に矛盾する法律を審査する権限を与えていると解すべきか否かであった。そして，これに対する裁判所の回答は正しかった。これとは異なる解釈をとっておれば，その最たる特質として権力分立の原則を取り入れている成文憲法を採用したことの意義が大幅に損なわれていたであろう。

V　立憲主義と民主制

　今世紀初頭，アメリカ最高裁判所に持ち込まれた問題は，児童の労働によって生産された物品を州の間で交易することを禁じる法律を連邦議会が制定することができるかどうか，あるいは，このような禁止は州が自ら決定する資格を持つ事項に対する憲法に違反した干渉にあたるか否か，であった。1918年最高裁判所は裁判官5対4の多数決で，このような禁止により，連邦議会は，州際通商を規制する議会の権限を逸脱したと判示した。[41] この判決は極めて不評で，児童の雇用を規制する権限を連邦議会に与えるよう憲法を修正す

---

41) *Hammer* v. *Dagenhart*, 247 US 251 (1918).

べきであると言う要求が生まれた。この修正案は，過半数の州で批准されたが，憲法改正にいたる程の州の賛同を得ることはできなかった。最終的には，最高裁判事の構成が変わり最高裁の態度も変化したため，1938年の公正労働基準法は合憲とされた；最高裁が，児童の労働を規制することは違憲であるとする初期の判例を変えたのである[42]。

　こうした歴史的経緯をみれば，司法審査を受け入れる際に生じる最も困難な問題がよく理解できる；明確な立法府の意向が司法審査によって挫折させられる時，司法審査はどのような理由で正当化されうるのかと言う問題である。アメリカではその身分が終身のものである裁判官の過半数が，その問題につき明らかに国民の多数の意見を代表している議会の妨げとなったのである。つまり，司法審査は非民主的である，もしくは，戦後の卓越した憲法学者アレキサンダー・ビッケルの言葉を借りて言えば，そうした手続は，「多数決主義に反するもの[43]」と言うことになる。憲法は改正されうるのであるから裁判所の決定は最終的なものではないと言う主張は意味をなさない。児童労働事件を見れば，必要な憲法改正のために4分の3という大きな数の州の賛同を得ることは必ずしも可能ではないことが分かる。

　前段の冒頭で指摘した問題は，憲法律について真剣に考えるすべての者が熟慮すべきことがらである。なぜなら，アメリカ憲法やドイツ憲法のような憲法事情の下でも，この問題は法律家や裁判官にとって現実的な問題として重要なものだからである。アメリカのように，約二世紀におよぶ司法上の慣行によって司法審査制が確立してきた場合もあれば，ドイツ，南アフリカ，インドおよびその他多くの司法権がそうであるように，憲法それ自体によって司法審査制が確立している場合もあるが，いずれの場合でも重要な問題なのである。こうしたすべての国々で，憲法裁判所に対し，立法府が疑うべくもなく明確にその権限を逸脱している場合でなければ，憲法裁判所は干渉すべきではないと言う主張がなされうるであろうし，しばしばそうした主張がなされている。裁判所は，民主的に選ばれた立法府の判断に，ないしは，少

---

42) *United States* v. *Darby Lumber Co.*, 312 US 100 (1941).
43) A. Bickel, *The Least Dangerous Branch* (Indianapolis, Ind., 1962), ch. 1.

なくとも議会に対して政治的責任を負いうる場合には行政府の判断に従うべきだと言われるかもしれない。この司法審査制の問題は，英国では今日的問題としての重要性を帯びている。司法審査制と民主制との間に生じる矛盾，これが，欧州人権条約を組み入れることによって，あるいは成文憲法を採択することによって議会の権限を制限することに反対する主たる論拠となっている。この点だけを捉えても，本書でこの問題に注目する意義がある。

　おおまかに言って，民主制の下で司法審査制が果す役割を説明する，ないしは正当化する二つの主要な主張が見られる。まず第一のものは，民主的手続が持つ弱点を力説し，基本的な国民の自由を効果的に擁護するため専ら議会に依存することの危険性に注目する。こうした主張は，その本質からして，現実を踏まえた，あるいは慎重な考察から生まれる司法審査賛成論である。例えば，選挙民の40パーセントしか代表していない政党によって立法府が支配されることもあろうし，特定の制定法が国民多数の意見を反映していないということもありうる。あるいは，社会全体に対する影響を考えないで急いで議会を通過したような法が制定される場合もあろう。[44] 最後に，多数派が，民族的，宗教的，あるいはその他の少数派に属する個々人の権利や利益を考慮しないと言うこともおこりうる。

　こうした指摘の多くは説得力を持つものではあるが，これだけでは司法審査が必要な理由を示すことはできない。まず，選挙によって生じる欠点がいかなるものであれ，立法府が裁判所以上に民主的正当性を持つと言うことが認められなければならない；裁判官は任命制であり社会全体に対して全く責任を負わないのである。もし国民の多数がある法律を嫌うのであれば，彼らは，それを廃止するために別の議会を選ぶことができる。これとは対照的に，アメリカにおける児童労働に関する法律の例が示すように，国民に支持されない判決を覆すことは極めて困難なのである。しかし，先の段落で述べられたような現実的な視点から司法審査を必要と見なす議論に欠けているのは，なによりも，これが道徳的政治的原則に関する主張を検討していないと言う

---

44) 1911年公機密法および1974年テロ防止（暫定規定）法の両者とも数時間の審議の後制定された。

点である。

　こうした主張の一つに，司法審査制では，すべての国民が等しく持っている複雑な政治問題や憲法問題の決定に参加する権利が尊重されえないと言うのがある。このような権利を尊重すれば，裁判所ではなく議会が憲法解釈に対して決定権を持つよう求められることになる。ここで重要なのは，憲法裁判所の判事と異なり，議会議員は，彼らが憲法問題に対して決定を下すに際し，彼らに影響を及ぼすような行動をとることができる選挙民に責任を負うと言うことである。あるいは，社会の構成員が自らの好むところを表明しうる国民投票のような手続を設けることも適切な方法かもしれない。しかし，これに対しては，参加する権利は，憲法裁判所への提訴という方法をとることによって，また，その判決をめぐる議論，および判決を覆すための，あるいは憲法改正のための運動の中でも行使されうると言うことができる。

　司法審査制に賛成する第二の主張は，原則に係わるものである。民主制が多数決支配だけを意味するものでないことは明らかである。民主制には，基本的権利，とりわけ民主的な手続が効果的に機能するために保障されるべき基本権が尊重されなければならないとの意味が含まれている。ロナルド・ドーキンは，憲法解釈に関する決定を含む全ての政治的決定は多数意見に従ってなされねばならないとする多数決主義の前提を拒否しなければならないと説く。このような多数決支配の形態がとられるところでは，それが立法府における多数の求めるところであると言うことを根拠に，例えば，自由な言論や政党の結社の自由が抑圧される可能性がある。そこでドーキンは，彼が「立憲的」民主制と呼ぶ別の民主制の形態を提唱する。民主制をこのように解釈する立場をとれば，全ての構成員の取扱いに際して平等なる尊重と配慮をもってし，かつ，自由な言論やプライバシーのような基本的権利を承認すること，これが民主制の意味に含まれることになる。立法府よりも裁判所の方

---

45) J. Waldron, 'A Right-Based Critique of Constitutional Rights' (1993) 13 *Oxford Jo. Legal Stud*. 18, 36-45.
46) 彼の'Introduction ; The Moral Reading and the Majoritarian Premise'in *Freedom's Law* (Oxford, 1996)参照。また, S. H. Freeman, 'Constitutional Democracy and the Legitimacy of Judicial Review' (1990-1) 9 *Law and Phil*. 327 参照。

がこれらの権利を擁護するのによりふさわしい機関であると言えよう。裁判所は，特定の事例に関する事実に照らしてそれらの問題を審理することにより，個々人の主張をより公正に判断することができるのである。実際，ドーキンの見解によれば，法律に対する司法審査は，基本権の保護に対する最も効果的な手続として正当化されうる。彼も述べているように，「民主制は裁判官が最終的判断を下すことを求めるものではないが，裁判官がこれをなすことを禁じるものでもない」。[47]

　実際に，司法審査が憲法上の権利や価値を守るのに最も適した制度かどうかは，個々の社会の歴史や経験を考慮してはじめて判断を下しうる問題である。今世紀のドイツ憲法史は，これに対する一つの回答を与えるものであろう。ワイマール憲法には司法審査に関する規定はなかった。また，言うまでもなく，ナチの統治下では，人権を保護することができる司法府の独立は認められていなかった。いわんや，かかる司法府による干渉など認められるはずもなかった。これとは対照的に，ドイツの憲法裁判所は，1949年の基本法によって保障された基本権を効果的に保護してきたし，連邦と邦との権限の分割を上手く維持してきた。憲法に論評を加えてきた人々が同裁判所の判決の全てに満足しているわけではなかろうが，彼らに，司法審査制が根本的に議会制民主主義に矛盾すると説得することは困難であろう。時として論争の的となることがあるとしても，憲法裁判所と言う制度は尊重されている。

　アメリカでは，児童の労働に関する最初の事例や，その他の最も悪名の高い *Dred Scott* 事件における判決[48]のような常軌を逸した最高裁の判決があったにもかかわらず，一般的には，司法審査制は基本的権利を守るのに最も適した手続であると解されている。司法審査によって，裁判所は，権力の分立を確たるものにすべきであると言うのが大方の見方である。簡単に二つの判例に触れておこう。これで現代のアメリカ憲法における司法審査の意義が明らかになろう；両判決とも論争を引き起こし，前の判決を覆すものであった

---

47) Dowkin, 前掲註 46, 7.
48) *Dred Scott* v. *Sandford*, 60 US 353 (1857) は，北部諸州における奴隷制度を禁止する連邦議会の制定法を無効とし，その結果南北戦争を引き起こした。

が，今日では正当な司法権の行使として認められている。まず，*Brown* v. *Board of Education*[49]においては，最高裁は，全員一致で，州立学校における人種差別は平等な保護を保障した憲法上の権利を侵害するものであると判示した；この判決は，南部諸州を驚かせ，これにより公民権運動の発達を促進することとなった。政治的風景を書き換えると言う点で同様に重要なのは，州の立法府に関する選挙区が平等な規模のものでなければならないとした *Baker* v. *Carr*[50]における最高裁判決である；この判決によって，農村地区の住民による州議会支配に終止符が打たれ，黒人やその他の少数派を含む市街地の住民が公正に代表を送れるようになった。

　おそらく，歴史の教訓によっても，原則に関する議論によっても，司法審査制度と民主制を完全に調和させることはできないであろう。最も大胆な方法は，司法審査制度は，民主制と，少なくとも従来の多数支配を意味する民主制解釈とは相容れないと認めることであろう。政府の権限が憲法によって制限されることを良しとする立憲主義を支持する者は，すすんでこの立場をとることができなければならない。こうした立場に立つ者の目から見れば，常に民主制を至高の政治的価値あるものと見なすべき何の理由もない。司法審査制度の論拠となる権力分立の原則よりも民主制が優先されなければならない必要はない。逆に，もし，我々が，たとえそれが民主的に選出された立法府によって行使されるものであっても権力は制限されるべきものであるという考えを受け入れなければ，憲法を設ける意味がほとんどなくなる。

---

49) 347 US 483（1954）。
50) 369 US 186（1962）。本件についてより詳しくは第7章IV参照。

第 2 章
英 国 憲 法

I 英国は憲法を持っているか？

　英国には，例えば，1787年のアメリカ憲法あるいは1958年9月に承認されたフランス第五共和国憲法に相当するような法典はない。さらに言えば，そのタイトルから明らかに「憲法的」あるいは「基本法」として識別されうる一定の制定法もない[1]。しかし，英国の裁判官や政治家，評論家は，ある一定の意味を持つものとして英国憲法について述べ，種々の規則や原則を「憲法的」なものと呼ぶ。例えば，英国が欧州連合の加盟国となることによって憲法が大きな影響を受けたとか，欧州共通通貨制度（経済通貨同盟）への加盟によって英国憲法はさらなる影響を受けるであろうと言われたりしている。
　さらに，法官貴族やその他の裁判官は，時として，それらの事件は「憲法上の重大」な問題を引き起こすと言う；ある事件で，ディプロック卿やスカーマン卿は，明確に，憲法は権力分立を基礎としていると述べた[2]。また，他の事例をあげれば，1990年11月サッチャー氏に代わりジョン・メイジャーが保

---

1) ニュージーランドは，1986年憲法（Constitution Act 1986）を持つが，これは，従来存在した多くの制定法を統合したものである。一方，イスラエルの法典化されていない憲法は多くの基本法からなっている。
2) *Duport Steels* v. *Sirs* [1980] 1 WLR 142, 157, 169.

守党の党首となり，またその結果首相の地位に就いた際におこったように，首相が，事実上，多数党の議員の投票によって選出されるのは違憲であると主張する評論家もいた。はっきり言って，こうした方法は，今日の憲法制度の下では極めて適切なものであり，その合法性に疑いの余地はない。ここで関心を引くのは，選挙手続に関する憲法上の妥当性が問題にされたということ，そのことである。

　従って，英国は憲法を持っているとの見方が広まっている。しかし，こうした見方は正当なものであろうか。18世紀末，トーマス・ペインはそうではないと考えた。フランス革命を弁護した彼の有名な著書，『人間の権利』において，彼は，英国では国民そのもの以外の全てのものは憲法を持つと書いた。さらに，より批判的な論調で，「政府が憲法と言う名称を掲げていなかったら」，何人も無制限の権力を持つような議会を選任する制度を憲法と呼ぶなどとは夢想だにしなかったことであろう，と付け加えた。[3] この言うところ，ウィリアム・ピットの政府が議会制民主主義および立法府の至高性をして純粋な憲法に相当するものであると主張するのは不当だと言うことであった。50年後，アレクシィス・ド・トクヴィルも同様に率直に述べた。議会はいつでも自由に基本的な法律を廃止し新しい法を導入することができるのであるから，英国の憲法は頻繁に修正されうる。であれば，憲法など存在しないと言う方が正確であろうと。[4]

　ペインもトクヴィルも，通常の法に優越する一定のより高次な法に対してのみ憲法と言う言葉を使うのが適切であると信じていたように思われる。このようなより高次の法は，通常の立法手続によって改正されたり廃止されたりしないことをその特色とするものであり，それゆえ，憲法は必然的に硬性のものと言うことになる。[5] こうした主張を受け入れれば，英国は憲法を持たないということになる。今，ここで，英国の諸法令と欧州共同体法上の諸法

---

3) *Rights of Man* (1791-2, Penguin Classics ed., 1985), 193.
4) *Democracy in America* (1835), i, ch. VI.
5) 硬性憲法と軟性憲法の区分については第1章II参照。

との間の葛藤と言う問題を別にすれば, 法的には, ウエストミンスター議会は, 毎年毎年, それがいかなるものであれ, 自らが欲する法を自由に制定することができた；議会が権威ある法文に含まれた高次の法規範によってこの自由を制限されることはなかった。議会主権と言われる時, それは, このことを指しているのである。(本章の最後で述べるように, この立場は1998年人権法によっても影響を受けていない。)この結果, 1215年マグナ・カルタや1972年欧州共同体法は, ある意味では根本法ではあるけれども, これらの法も, 例えば, 1971年動物法や1979年不動産業法と同様に容易に廃しされうるのである。

だが, ペインやド・トクヴィルの著作が暗に示しているような一定の高次な法のみが憲法に値するとする見解は, 狭きにすぎる。英国にも, 憲法ないしは少なくとも憲法としての性格を持ついくつかの法や制度があると考えるべきであろう。しかし, 他の全ての憲法と比べて, 英国には, 憲法としての権威ある法典あるいは法文は存在しない。さらに, 憲法律の導入に際して特別な手続を必要とすることなく改正されうると言う点で, これは軟性のものである。だが, 英国の法や制度が, 独特のものと言えないまでも通常の憲法とは極めてかけ離れたものであるということを認めたとしても, これらの法や制度を憲法のカテゴリニーに当てはまらないものとして完全に除外するより, 例えば, アメリカ, フランスおよびドイツの法典化されている憲法と英国の法や制度がどの点で異なっているかを考察する方が得策であろう。もし我々が,「憲法」あるいは「憲法律」を余り狭義に定義づけしてしまうと, 硬性憲法と軟性憲法それぞれのメリットに関する議論, およびそれぞれの憲法がどの程度第1章で述べた立憲主義の価値を尊重しているかに関する議論を無意味なものにしてしまうことになる。他方, 憲法と言う言葉を広義に解釈すればさらに都合がよくなる。これによって, 今日, 政治や法に関する議論

---

6) 議会制定法と欧州共同体法との関係については第5章Ⅲで述べる。
7) T. C. Grey, 'Constitutionalism: An Analytic Framework' in *Constitutionalism*, in J. R. Pennock and J. W. Chapman (eds.), Nomos ⅩⅩ (New York, 1979), 189 参照。

の中に出てくる憲法と言う言葉が意味を持つようになるのであり；でなければ，英国の裁判官が，ある事件をして，それが憲法上の問題を含んでいると言う時，全く無意味なことを言っていると解さなければならないことになろう。

　しかしながら，正式な憲法典が存在しないと言うのはゆゆしき問題である。英国では何を憲法律と見なすかが困難になろう。アメリカやフランス，そして事実上他の全ての国家では，憲法律の諸原則は，裁判所によって解釈される条文そのものの中に記載されている。[8] 例えば，アメリカ連邦議会の立法権は，1787年憲法の中に定められている。租税を課すこと，および州間の交易を規制することと言った同議会の権限の正確な範囲は，裁判所の判例，とりわけ最高裁の判例で明確にされてきた。さらに，法典化された憲法を持つ国家においては，その規定の重要性いかんにかかわらず，それが憲法に記載されていると言うだけで，その規則は憲法としての性格を持つことになる。かくして，国旗の色を定めたドイツやイタリアの憲法の規定は，実質的には些細な事項とみなされるものではあるが，憲法律の一部となっている。それゆえ，何が憲法律であるかの基準は，大抵の場合形式的なものである；その規則が憲法原本の中に含まれているかとか，これを解釈する裁判所の判決で明らかにされたものかと言った形式的なものである。

　英国には，何を憲法律とみなすかに関して，このような単純な基準は存在しない。すべての基準は，形式的なものではなく実質的なものでなければならない。ある特定の法規定や裁判所の判決が法の他の分野に属すものではなく憲法律に属すものかどうかを決定する前に，どのような規則や原則が実質上憲法と見なされるべきかが考察され，その基準が定式化されなければならない。理論的には，これはさほど困難なものではなかろう。議会，行政府および裁判官間の権限の配分に関する規則，これらの権限が行使される方法や手続，およびこれら各機関間の関係は，明らかに憲法に相当するものである。これらの規則が存在しなければ，他のいかなる法も制定されえないし，これ

---

8) 憲法は，憲法上の規定を補足するため，フランスでは組織法として知られる憲法律の制定に関する規定を設けることもある。これらの法もまた憲法律の一部となる。

を強行することもできず，またいかなる紛争に対しても判断を下すことができないがゆえに，これらの規則は他の法に比してより根本的なものである。つまり，英国の憲法は，主として政府の構造と権限に関するものなのである。同様に，言論の自由や専断的な逮捕・捜索に対する人身の自由と言った個人の自由や権利の保護も，一般に憲法律の一面をなすものと考えられている。それは，これらの基本権が社会の基本的価値を示すものだから，あるいは，これらの基本権が憲法上の構造と密に結びついているものだからであろう。例えば，言論の自由は，立法府の民主的選出のための選挙権と深く結びついている。これらの個々人の権利の保護は，政府の権限は制限されなければならないとする信念に基づく立憲主義の本質的側面でもある。

　法の持つその他の側面の中に憲法として分類されるべきものがあるかどうかであるが，この点に関しては極めて不明確である。英国では，例えば，教育を受ける権利，適切な住居を得る権利，健康な環境を維持する権利等の社会権は，憲法上重要なものとは考えられていない[9]。同様に，国王大権として知られる国王の残余の裁量権の全てが憲法としての性質を持つと言えるかどうかも明確ではない[10]。憲法律の教科書では，通常，所有者を特定できない金や銀の埋蔵物に対する国王大権や[11]，欽定聖書や統一祈祷書の印刷や模写を認める権利について述べているが，これらの権利は憲法としての重要性を持つとは見なしがたいものであった。

　さらに，いくつかの広く知られている不明確な部分がある；例えば，政党の構成員や財政，選挙放送の割り当て，およびメディアによる政治や時事問題の取扱いに関し，憲法律によって適切に規制されうる事柄と解されるべきはどの程度までかと言う問題などがこれにあたる。これらの問題は，議会議員の選挙や政府の監視と深い関わりがあり，憲法的な側面を持つ。しかしながら，政党，特に保守党は，おおむね，政党はその本質からして私的団体で

---

9) 1996年南アフリカ憲法は，広範な社会権を保障している点で通常の憲法とは異なる。
10) 大権については第6章II参照。
11) 1996年宝物法によってこの国王大権は制定法上の権利とされた。

あり，法律によって政党の活動を規制するのは間違いであると主張してきた。メディアは，ある程度まで特別な制定法による規制を受けているが，英国ではそれが憲法上重大な問題であると考えられることはあまりない。

　しかし，憲法の輪郭が不明確であることにより影響を受けているのは憲法律に関する書物だけではない。公の討論もこの影響を受けている。特定の法案や新たな変革に反対する人々は，しばしば，それは憲法上重大な問題であると主張する。こう主張することによって，討論を白熱したものにする効果が生じうる；憲法に関する議論は，特に熱気を帯びたものになる傾向がある。百年前，選挙権の拡大や秘密投票制の導入が大きな論争を呼び起こしたのもこれゆえである；こうした変革に反対する保守派は，このような進展をして憲法を変えるものであると主張した。今日，スコットランドやウェールズへの権限移譲，および英国の経済通貨同盟への加盟に反対する人々も，同様の主張をしている。ここで重要なのは，憲法として正式に認められたものが存在しない（あるいは，その解釈を示す最終的決定権を持つ裁判所が存在しない）場合，ある変革が憲法上の意味を持つという主張を立証すること，もしくはこれを否認することがしばしば困難になるということである。その真相を解明するのが困難なことは言うまでもない。

　逆にいえば，法典化された憲法が存在しないため，英国では裁判官が政府の行為が違憲であるとはっきり判示することが極めて困難になっている。無論，第5章で詳しく述べるように，議会主権あるいは立法府の至高性という基本原則の下では，裁判官は議会が制定した法を無効と判示することはできなかった。他方，裁判所には，もしそれが適切な法規により大臣や政府の機関およびその他の行政機関に与えられた権限を逸脱したものであれば，すすんで行政上の行為を違憲と判示する用意がある。しかし，このような場合，裁判所は単に当該行為が違法である，ないしは正当とは認められないと述べるに止まる。普通，裁判官は，こうした行為を違憲とは言わない。このように裁判官が躊躇するのは，違憲と言う言葉を使えば判決がより議論の的になりやすいからである。そして，裁判官がこのように躊躇するため，英国では，何が憲法上の原則であるかを判断することが他国の場合よりも困難になって

いる。

　明らかに憲法上の問題がある事件の場合でも，裁判官は，憲法上の問題を過小評価しようとする。例えば，1971年，欧州共同体への加盟の合憲性に対し異議が申し立てられた際，控訴院は，国王，実際には政府が，条約，本件ではローマ条約に加盟するためいかように大権を行使するかは裁判所の審理の対象となるものではないと言うことを根拠に，この申し立てを却下した[12]。伝統的な原則の下ではこの判断は正しいものである[13]；しかし，ここで重要なのは，裁判官が，欧州共同体への加盟が議会主権の放棄を意味するという主張に対して何らの考慮もなさなかったと言うことである。また，外交政策に関する権限を移譲するという内容を含むものであると言うことを根拠にマーストリヒト条約批准の合法性に疑問を提起したが受け入れられなかったその後の事件に際して，裁判所は，かかる憲法論議を大袈裟にすぎると見なした[14]。法典化された憲法上の条文が存在しないため，こうした事件に際して英国の裁判所が主権の喪失についての憲法上の議論に対して十分な正当性を持つ判断を下すことは困難であった。これに比して，フランスの憲法評議会やドイツの憲法裁判所は，マーストリヒト条約加盟の合憲性について詳細に審査してきた。

　それ以外の論拠に基づいて判決を下すことができる場合には憲法問題を回避しようとする裁判官の傾向は，他の事例にも見て取れる。1993年末，内務大臣は，刑事事件で傷害を受けた被害者への補償金に関する要綱は制定法の定めるところによるとする，1988年刑事裁判法（Criminal Justice Act 1988）に基づく規定を実施する自らの権限を行使しないと宣言した；彼は，これに代えて，制定法に基づかないコモン・ローないしは国王の大権によりつつ，より安価な策を導入したのである。制定法を執行せず，これに代わる要綱を導入することによって，事実上，行政府は，本章IIIで述べる権力分立の原則

---

12) *Blackburn* v. *Attorney-General* [1971] 1 WLR 1037.
13) 第7章IV参照。
14) *R* v. *Secretary of State for Foreign and Commonwealth Affairs, ex parte Rees-Mogg* [1994] QB 552. マーストリヒト条約については第4章参照。

に違反し，立法権を行使しようとしていたのである。しかし，裁判所の多数意見は，大臣は，議会制定法により与えられた自らの裁量権，本件ではより補償額の大きい制定法に基づく要綱を実施する権限を放棄してはならないと言う，すでに確立している行政法上の原則に基づきこの事件に判決を下す方法を選んだ[15]。

　要するに，憲法典が存在しないと言うことは極めて由々しき問題だということである。純粋に憲法上の問題としての性格を持つ議論に対して，裁判所が判断を下すことができなかったり躊躇する可能性がある一方で，政治的な議論が憲法論にまで誇張される可能性もある。特に，制定法の解釈や行政法上の原則に基づいて事件を処理しうる場合に，裁判所が憲法問題を回避しようとする傾向を示しても，一概にこれを批難することはできない。しかしながら，こうした配慮がいかにもっともなことであったとしても，このために，英国における憲法律の諸原則を定式化することが困難になっている。確かに，英国では，憲法の条文に示された規定や原則の意味を明らかにするよう裁判所に求められている他の国家の場合と比べて，この定式化はより困難なものとなっている。

II　英国憲法の特色

　ダイシーによれば，英国は，不文憲法，あるいは部分的に成文化されていない憲法を持つ[16]。もしこれが，単一の権威ある憲法典を持たないと言う意味で言われたものであれば，こうした考え方を受け入れることができる。しかし，もしその言葉が成文の憲法律が存在しないと言う意味で用いられているのであれば，極めて不正確な表現である。憲法の多くは成文化されており，明らかに全ての憲法律は成文化されているからである。まず第一に，多くの

---

15) *R* v. *Secretary of State for the Home Department, ex parte Fire Brigades Union* [1995] 2 AC 513. さらに詳しくは第6章IIの4参照。
16) Dicey, 32.

重要な制定法が存在する。名誉革命の後に制定された1689年権利章典もその一つである；この権利章典によって，議会の承認を得ずに課税することは違法とされ，国王の権限が制約された。その他の重要な制定法として，王位の継承に関する規律を設け司法権の独立を保障した1701年王位継承法，貴族院の立法権を制限した1911年議会法および1949年議会法，欧州共同体の法に対して英国内における効力を認め，同法の国内法に対する優越性を確立した1972年欧州共同体法等があげられる。これら諸法に加えて，今日では，1998年人権法およびスコットランドならびにウェールズへの権限移譲法が加えられるべきであろう。

第二に，いうまでもなく，裁判所の判決も成文化されている。例えば，国王は一般的捜索令状を発することはできないと言う原則を確立した18世紀の重要な判決[17]，もし大臣が裁判所の命令に応じなければ法廷侮辱行為となりうると言う趣旨の貴族院の近年の判決[18]，および国王の制定法によらざる，あるいは大権による権限行使の範囲に関する判決[19]などが見られる。実際，議会立法の至高性と言う基本的な憲法上の原則も，裁判所の判決により徐々に形成され洗練されたものになってきたのである。

おそらく，憲法のうち唯一成文化されていないのは習律であろう。これは，例えば，君主に対して，議会を通過した法案に同意する義務を課すとか，大抵の場合政府の助言に基づいて行動することを求めるといった，法的効力を持たない規則を言う。（憲法習律については本章のIVで述べる。）しかし，習律ですら，タイム紙の投書欄のような所で文書の形で表されることもありうる。これは，1950年，総選挙を行うため議会を解散したいと言う首相の要求を拒否する権限が国王にあるかどうかをめぐって，長期にわたり書簡の交換がなされた際にみられた。そして，ここには，ジョージ四世の私設秘書からの手紙が含まれていた。しかし，習律が，制定法や裁判所の判決に相当するよう

---

[17] 例えば，*Entick* v. *Carrington* (1765) 19 St. Tr. 1030；*Wilkes* v. *Wood* (1763) 19 St. Tr. 1153。

[18] *M* v. *Home Office* [1994] 1 AC 377.

[19] 第6章IIの2参照。

な形で一つの正式な文書に明確に記されると言うのは希である。

　それゆえ，憲法の大部分は成文化されたものである。重要なのは，それが法典化されていないと言うことである。憲法は，法規外の習律や慣行によって補足された，広範囲にわたる制定法や裁判所の判決の混合体である。この憲法は，コモン・ロー憲法とも言われてきた[20]。こうした二つの言い方には，関連性がある。コモン・ローは，制定法上の規定により修正されたり，制定法がこれに取って代わることもある裁判所の判例から成り立っている。そして，この制定法上の規定も裁判所により解釈されなければならない。英国のコモン・ロー憲法の下では，憲法上の基本原則を定めるのは，後日その原則も制定法によって定式化されることがあるが，憲法の条文ではなく裁判所である。こうした言い方は概括的なものであるが，これを示す最も良い例は，議会立法の至高性と言う憲法上の原則の中でも最も根本的な原則である。議会は何の制限も受けることなく望むところのいかなる法でも制定する権利を有すると判示した裁判所の判決数が証明しているように，この原則は，コモン・ロー上の原則である。しかし，議会の立法行為に関する事柄も，貴族院の権限を削減する1911年議会法および1949年議会法によって修正を加えられてきた。さらに，立法上の至高性も，他の法，すなわち1972年欧州共同体法によって譲歩を求められた。裁判所によれば，欧州共同体法に基づき，一定の状況の下では欧州共同体の法はこれに矛盾する議会制定法に優先すべきものとされている。英国における法典化されていない制度をコモン・ロー憲法と呼ぶのは適切であると思われる。なぜなら，今日まで，何の制限もなく法を制定する権限を議会に認めてきたのは裁判所だからである。議会の権限は，法典化された何らかの憲法によるものではなく，判例法によるものなのである。

　17世紀末議会側に有利な形で解決を見た同世紀における国王と庶民院との政治的対立の中から，憲法がどのようにして発達してきたかを第1章で考

---

20) O. Dixon, 'The Common Law as an Ultimate Constitutional Foundation' (1957) 31 *Aust. LJ* 240 ; T. R. S. Allan, *Law, Liberty, and Justice* (Oxford, 1993), esp. ch. 1.

察した。1689年の権利章典は，租税を課し，平時に常備軍を維持するには議会の同意が必要であると宣言した。さらに，国王は，議会制定法の適用を停止する大権および個々人に対して法の遵守を免除する大権を失った。こうした歴史をみれば，なぜ憲法が政治的なものと言われるのか，その一端をかいま見ることができる。憲法は，政治的紛争の中から現れ，その紛争における一方の当事者の勝利を示したものなのである。憲法の現代的運用に不可欠である憲法習律の範囲や適用を決定する際に政治家がはたす役割を思えば，先の表現がより信頼しうるものであることが分かる。最後に，政府は，今日，ほとんど一様に，単一の政党の指導的なメンバーによって構成され，通常は，この政党が議会における法の成立を左右すると言う点をあげておこう。これは明白である。

それゆえ，英国憲法は，法典化されていないコモン・ローであり，その性質上政治的なものである。この憲法はまた，最も重要な法規でさえ通常の立法手続で改正しあるいは廃止されうると言う意味で軟性のものである。最後に，その単一的 (*unitary*) 性格について述べておかねばなるまい。英国では，中央の全国家的議会や政府の権限と，スコットランドやウェールズおよび個別の英国領内の中央の議会や政府に相当する機関の権限との間で，法的拘束力を持つ分割がなされていない。単一的憲法と連邦制憲法の差異および権限移譲の性格については，地方政府の憲法上の地位と同様，第3章で述べたいと思う。本章の結びとして，最も重要な英国憲法の三つの特色について述べておこう；権力の融合と憲法習律の役割および国民の自由の残余のものとしての性格である。

III 権力の融合

第1章で述べたように，モンテスキューは，18世紀当時の英国憲法である

---

21) V. Bogdanor の論文集 *Politics and the Constitution* (Aldershot, 1996) における 'The Political Constitution' 参照。

と彼が理解したところに基づいて，かの有名な権力分立論を展開した。彼はまた，ジョン・ロックの著書や，1729年彼がロンドンを訪れた際出会ったトーリー党の政治家ヘンリー・スィン・ジョン・ボーリングブルックの影響を受けた。しかし，少なくともモンテスキューが定式化したような権力分立は，実際には，英国内で重要視されてこなかった。それよりも，英国憲法の主要な特色は権力の融合であると言われている。ウォルター・バジョットは，しばしば引用される次のような言葉を述べている；「英国憲法が効率よく機能しているその秘訣は，行政権と立法権の深い結びつき，ほぼ完全な融合にあるといってよかろう」と[22]。ここで彼が言わんとしているのは，政府あるいは行政府が，主として庶民院に議席を持つ立法府議員によって構成され，この立法府に対して政府は責任を負うということである。また，通常，行政府は，議会を解散し総選挙を求めると言う行政府の長，すなわち首相の脅しを用いることによって，法律の議会通過を確実なものにすることができる。

　たしかに，英国憲法は，フランスで伝統的に理解されてきたような純粋な権力分立論を認めていない。また英国憲法には，アメリカ憲法に組み込まれているような，例えば，上院によるいくつかの行政および司法上の任命に対する抑制機能，および裁判所による法律の司法審査のような抑制と均衡の制度は見られない。特に，バジョットが力説しているように，アメリカやフランス両国で見られるような，立法機関に属する者と行政機関に属する者との分離がなされていない。1701年王位継承法のある規定は，国王の下で官職にある人間が庶民院議員として議会に議席を持つことを防止し，これによって国王の影響から庶民院を守ろうとするものであったが，これが実施されることはなかった。18世紀，議会に議席を持つことを認められた大臣とそうではない公務員や，例えば軍の将校のような，その他の公職にある者との間に一線が画された。現行法では，1975年庶民院議員不適格法(House of Commons Disqualification Act 1975) や1975年大臣等給与法 (Ministerial and other Salaries Act 1975) にこれが示されている。前法の最も重要な規定によれば，庶民

---

22) Bagehot, 65.

院に議席を持つことができる大臣は95名に限られる。それでも,総議員の約15パーセントである;庶民院議員のかなり多くの者が行政府のメンバーなのである。

一方,司法権はより厳格に分離されている。高等法院であれ,巡回裁判所であれ,あるいはまた有給の治安判事であれ,常勤の裁判官は庶民院に議席を持つことはできない。ただし,貴族院に関する限りこの原則はかなり緩和されている。強力な憲法習律に基づき,一般貴族は,法官貴族が実質上英国の最高裁判所にあたる貴族院上告委員会として上告を審理している場合には同席する資格を持たないが,法官貴族は,法の制定に際し,演説をし投票することができる。より重要なのは,貴族院議長であり,内閣の構成員であり,裁判官として貴族院上告委員会に出席する資格を持つ大法官であろう。ここからも知れるように,彼は政府の三つの機能すべてに参画するのである。彼の地位が,政府の各機能はそれぞれ個別の人あるいは機関によって行使されるべきであるとする権力分立の形態に反するものであることは,明らかである。

しかしながら,大法官の明らかに変則的なこの地位も,17世紀および18世紀に一般的であった憲法解釈の名残としてみれば,はるかに理解しやすいものとなる。[23] 均衡のとれた政府と言う理論の下,当時,それぞれに異なった階級の人々で構成されていた政府の各部門が,いくつかの機能の遂行に関与することができた。各部門が,いくつかの機能の中の一つを遂行するというようには限定されていなかった。この原則を示す例として最も重要なのは,庶民院と貴族院と国王の全てが法律の制定に参画するというものである。同様に,一定の状況の下では庶民院がそうであったように,貴族院は立法権と司法権を有していた。同時に,国王の行政権の行使も,とりわけ租税の徴収や常備軍の維持に関しては,1689年権利章典の下,議会の両院の同意を必要とした。この理論の下では,各階級,各部門が,同様の機能を合同して遂行する時,相互に他者を抑制することができるとされ,この抑制によって国家組

---

23) M. J. C. Vile, *Constitutionalism and the Separation of Powers* (Oxford, 1967)参照。

織のバランスの維持と専断的政府の回避が確たるものになるとされた。それは，ある意味では，多くの現代憲法に見られる形式的権力分立，すなわち，憲法上司法審査権を与えられた裁判所により合法的に強制されうる権力分立の先駆的なものであった。[24]

過去一世紀にわたり，主として巨大政党制の興隆に伴い，政府の各部門間の不均衡という現象が英国に生まれてきた。まず第一に，貴族院も君主も庶民院に対して有効に抑制機能を果たすものとは見なされなくなってきた。第5章で説明するように，貴族院は，その立法権の重要な部分を失ってきた。庶民院および貴族院で制定された法律に対する同意を拒否するという国王の大権も，議会を通過した法案に対しては国王の裁可が与えられなければならないという明確な習律により制限されてきた；その他の重要な大権を行使する国王の権限も，今日では極めて限られたものと言ってよい。[25] 18世紀および19世紀には，立法府と，この間に徐々に国王の支配から解放されてきた行政府の間でおおよその均衡が保たれていた。行政府（もしくは政府）の成立と存続は，しだいに，君主ではなく庶民院の支持に依存するようになった。特に，19世紀中葉には，ころころ変わる庶民院議員の忠誠心を確保することができないため，内閣はしばしば辞職した。

党規の強化と選挙民は政党やその政策要綱に投票しているのだという認識の下，行政府は，通常，議会を解散し総選挙を行うと脅すことによって，立法府をコントロールすることができる。たとえ重要な法案で敗れても，政府は，庶民院における信任投票を上程することによって，実質上その敗北を覆すことができる。これは，1993年，保守党政府がマーストリヒト欧州連合条約を国内法に組み入れる法律を発効せしめるための提案をして敗れた際に行われた。マーストリヒト条約に反対する多くの保守党議員が，野党と投票行動をともにした。首相ジョン・メイジャーは，即座に信任投票を上程し，政府は楽々と勝利をおさめた。その多くがほぼ確実に自分の議席を失うであろうような選挙が突然行われることを，政府に反逆した保守党議員が好まな

---

24) 第1章IIIおよびIV参照。
25) 第6章IIおよびIII参照。

かったからである。この出来事を見れば、大きな政治的論争あるいは憲法上の争いの的となっている問題に対しても、行政府が立法府をコントロールする力を持っていることがよく分かる。英国では、立法府と行政府が明確に分離されていないだけではなく、18世紀および19世紀の伝統的な憲法の特色であった権力の均衡も失われてきたのである。

従って、司法部門は別として、英国の政治機関は明確には分離されていないのである。しかし、そこに限界はあるものの、政府の三つの権能は分離されている。政府は、はっきりと立法府と切り離されておらず、今日、通常は立法府をコントロールすることができるが、それにもかかわらず、政府は、一般的法規を制定するために議会を利用しなければならない。この起源は、17世紀初頭のプロクレメイション事件（*Case of Proclamations*[26]）にまで遡ることができる。ここで、国王は布告によって法を変更する権限を持たないと判示されたのである。（ほぼ同じ時期に、国王は法廷に出席することができないとも定められた。[27]）当時の事実上の行政権力の長であった君主が、議会に依拠せず法を制定することができたとしたら、それは権力の分立を侵すものであったろう。とりわけ、議会の同意なしに租税を課すこと、および法律を停止せしめる国王の権限を違法とした1689年権利章典の規定は、権能の分離を明確に示すものでもある。行政府が先のような権限を行使しようとすれば、それがいかなるものであれ、立法府の権能を侵害することになろう。

たとえ、政府が議会の日程をコントロールし、法案の議会通過を確実なものにすることができ、法案を上程しようとする平議員の企てを阻止しうるとしても、一般的法規が立法府において作成されるよう求められているということは重要な意味を持つ。議会の手続を経ることによって、法が公に議論され吟味されると同時に、これによって、この法に関わりを持つ個人や利害関係を持つ団体の圧力により修正される可能性も生まれるからである。この点では、権力分立原則によって、議会立法の至高性という側面が強化されているのである；国王は議会に対抗するだけの立法権を持つと主張することはで

---

26) (1611) 12 Co. Rep. 74.
27) *Prohibitions del Roy* (1607) 12 Co. Rep. 63.

きない。

　しかしながら、職務を分割すると言う原則は、英国では必ずしも厳格に守られていないし、より詳しく言えば他国でも同様である。議会制定法および、例えばアメリカ議会の制定法は、しばしば広範な規則の制定権を行政府に委ねている。戦時およびその他の緊急事態には特に広範囲にわたる権限が例外的に移譲されている[28]。しかし、平時においても、制定法の詳細な部分を補足あるいは充足するため、大臣や行政機関に立法権が委任されている。議会が大臣に議会制定法を改正するような規則を制定する権限を与える場合すらありうる；こうした規定は、時として、チュウダー朝の専制的君主にちなんで「ヘンリー八世規定」として知られている[29]。委任立法は、立法府の権能と行政府の権能の厳格な分離に反するものであるが、これを支持する多くの現実的な見解もある；法を制定するための十分な時間を議会が持てないこと、過度に詳細かつ複雑な法の制定を避ける必要があること、および、大臣に法の修正権をあたえることによって柔軟に対処しうること、これらがその論拠とされている。重要なのは、委任により制定された法を議会が調査するとの規定が設けられていると言うことである。大臣によって作成された法規は、通常、どちらかの院の決議によって無効とされるが、場合によっては、両院の賛成決議を得なければならない。さらに、裁判所が、行政府が委任された法を制定する権限の範囲を逸脱していないかどうかを確認するためこれらの法規を審査することができる。

　権能の分割は、司法権が行政審判所や行政機関に与えられている場合にも、不鮮明なものとなる。例えば、社会保障の受給資格に関する決定は専門の審査官によってなされ、審判所への上訴が認められている。また、移民に関する多くの決定は、独立した審判所に提訴され、その後、移民上訴審判所に抗告することができる。おそらく、これらの事柄は裁判所に帰属する司法の範

---

28) 第9章II参照。
29) 委任立法については、H. W. R. Wade and C. F. Forsyth, *Administrative Law* (7 th edn., Oxford, 1994), ch. 22 及び P. P. Craig, *Administrative Law* (3 rd edn., London, 1994), ch. 7 参照。

疇に入るものであろう。しかし，現実的な観点から，これらを行政審判所に帰属させることをよしとする主張も見られる。普通，こうした機関での手続は，通常の裁判所よりも簡略化されている；結果的に見て，おそらく，税を負担している者にとっても，訴訟当事者にとっても，こうした機関での審判は，相対的にみて安価なものですませられる。これらの機関は，その特定の権限分野内で育まれてきた専門的な知識を有している。しかしながら，第7章で見るように，通常，裁判官は，国民の自由に関する事件に対して彼らの司法権を維持し，裁判所で行政上の決定に異議を申し立てる個々人の権利を擁護したいと望んでいる。裁判官は，行政権による司法機能の全面的簒奪の防止を重要なことと考えているが，これは正当な考え方である。なぜなら，このような簒奪によって，専断的政府，あるいは全体主義的政府に向けて大きな一歩を踏み出すことになるからである。

第7章でより詳しく述べるが，この権力分立原則と言う点で最高の基準を示しているのは，*Liyanage* v. *The Queen* における枢密院の判決である[30]。クーデター未遂事件の後，セイロン（今日のスリー・ランカ）議会は，特にその首謀者を裁くための法律を制定した；とりわけ注目すべきは他の事柄に加えて，特定の行為を新たに犯罪としてこれに遡及的効力を持たせ，それらの犯罪を審理するための特別審判所が設立され，通常の証拠に関する規則が改定されたことである。枢密院は，これらの規定を，セイロン憲法の構造から読みとれる権力分立の原則を侵害するものと判示した。*Liyanage* 事件は枢密院の判決であり，それゆえ，この判決は，イングランドやスコットランドの裁判所が憲法律上の問題についての判決を下す際に，これらの裁判所に対して拘束力を持たない。議会立法の至高性と言う原則を厳格に適用すれば，英国の裁判所は *Liyanage* 事件で拒否されたものに類する法案を含む, 何とも奇怪な遡及効果を持つ法の拘束力を認めなければならないことになるであろう[31]。

実際のところ，議会立法の至高性と権力分立原則への強力な執着を調和さ

---

30) [1967] AC 259.
31) 司法権を奪うような法律を英国の裁判所が認めるべきではないと言う見解については，Allan, 前掲註20, ch. 3 参照。

せることは困難である。それゆえに，憲法が権力分立原則に立脚しているというディプロック卿の見解をあまりまともにに受け入れることはできない。[32]せいぜい，その原則は，英国憲法のいくつかの点，特に，司法権の独立に影響をおよぼしている原則にすぎない。他の憲法と比べて，特にアメリカと比べ，憲法一般の発展ないしは主要な憲法上の事件の取扱いに際し分立原則が決定的な影響を及ぼしてきたとは言い難いであろう。もし，第１章で述べたように，権力分立が自由主義的憲法の基本原則であるならば，英国における権力分立上のこの弱点からして，現在の制度が持つ極めて不適切な点が明らかになる。すなわち，政府の行為に対して有効な抑制機能を果たすことができないということである。

IV　憲法習律

　英国憲法の際だった特色は，習律が果たす役割である。時として「憲法道徳上の規則」として知られるこれらの規則は，権限を生み出し，法的に強行することはできないが拘束力を持つと見なされる義務を課す。習律に反する行為は，違法ではないが，憲法に反すると言う意味で不適切な行為である。英国において最も重要な習律が，君主の法的権限を制限し，政府と議会との関係を規律している；これらの事柄は，近代憲法にとって不可欠のものである。
　習律は他の憲法にも見いだせる。例えば，アメリカ憲法第II条に基づき，大統領および副大統領は各州の選挙人からなる選挙人団によって選挙される；これらの選挙人の数は州の規模によって定められる。しかしながら，習律により，大統領および副大統領は人民の選挙によって選ばれる：選挙人は，選挙人団による選挙に際し，自分の州の選挙で勝利をおさめた候補者に機械的に投票するのである。また，別の習律によって大統領はそれぞれ４年の任

---

32)　*Duport Steels* v. *Sirs*〔1980〕1 WLR 142. ジョン・ドナルドソン卿はその原則を憲法習律と述べた；*R* v. *HM Treasury, ex parte Smedley*〔1985〕QB 657.

期で二期以上その地位に就くことが禁じられていたが，1940年ルーズベルトがこの習律を破り，その後，この習律上の規則は正式の憲法改正によって法となった。同様に，フランスにもいくつかの重要な憲法上の習律がある。特に，共和国大統領と首相が異なった政党に属している場合の，両者の権限の配分に関する習律が重要である。例えば，1958年憲法の条文には，外交政策を決定するのは大統領なのか首相なのか，これに関する明確な規定はない。しかし，1986年から1988年の，いわゆる「保革共存」の期間に，(名目上)社会党員であったミッテラン大統領とドゴール派のシラク首相の間で，多方面にわたる外交政策に関し大統領が責任を負うとの合意がなされた；そのため，憲法では大統領は首相の推薦に基づき大臣を任命すると規定されているにもかかわらず，ミッテランは外務大臣の任命を拒否することができた。[33]

　ダイシーは，習律は，アメリカにおいてもイギリスにおけると同様の重要性を持っているとまで述べている。[34] 19世紀末に習律がどのような価値を持っていたにせよ，今日では，こうした見方を信じることはできない。アメリカ憲法の条文およびこれを解釈するワシントンの最高裁の判決を知れば，憲法が現実にどのような働きをしているかに関し，完全にとは言えないまでも納得のいく理解を得ることができるであろう。ドイツでもこれと同様のことが言える。いや，アメリカ以上であろう。ドイツでは，憲法習律と言う概念は実質上知られていない。ここでは，全ての憲法問題は，原則として憲法裁判所で判断されるべき法的問題とされている。この二つの制度の下では，憲法律として理解されている所と日常的な憲法の運用はある程度一致している。

　これとは対照的に，英国の憲法律には精通しているが憲法習律は全く知らないと言う人の場合，途方にくれることになろう。例えば，そのような人は，国王は議会を通過した法案に同意するか否かに関し無条件の裁量権を持つと信じて疑わないであろうし，国王は，誰に政府を作らせるかを自由に選択することができると確信するであろう。また，そのような人は，庶民院における政府への不信任投票が持つ重要性を理解しないであろう。(これは，ドイツ

---

33) 第8条。Bell, 58-62参照。
34) Dicey, 28-9. またWheare, ch. 8参照。

IV 憲法習律 51

憲法およびフランス憲法の条文に記されている事柄である。[35]）憲法律に厳格に従えば，国王は法案を裁可するか否かに関する裁量権，および首相の選任に関する裁量権を持つ。他方，庶民院に対する政府および大臣の責任に関する法は存在しない。

しかし，これらの事柄はすべて，程度の差はあるが，憲法習律によって規律されている。アイヴァー・ジェニングス卿の写実的な言葉を借りて言えば，習律は，「法という乾いた骨をまとう肉を与えている[36]」。中には，法律上の規定と同じ程に確固とした明確なものもある。例えば，両院を通過した法案に国王が同意することを求める習律は，1707 年アン女王がこの同意を拒否したのを最後に，過去 200 年ないし 300 年にわたって発達してきたものである。他の習律はこれほどしっかりとしたものではない。例えば，今日，大抵の場合，多数党の中でその時々の規則に従って党首として選ばれた人物を君主は首相として任命しなければならないと言う明確な習律がある。しかし，これは最近生まれたものである；また，どの政党もはっきりと過半数に達していない過半数割れの議会と言う通常とは異なる状況の下でこの習律がどのように適用されるのか明確ではない。さらに，首相の求めに応じて国王は議会を解散しなければならないとする習律については，それがどの程度のものなのか，現実に論争の的となっている。[37]

それでは，憲法習律とは何であり，憲法律との関係はどのようなものなのか。また，あまりなされていない問題提起として，習律が憲法の中でこのような重要な役割をはたすことが良いことなのか。憲法の専門書は，習律を様々に定義しているが，おしなべて言えば，習律とは，政府の各部門，とりわけ行政府の権限と義務，およびそれら各部門間の関係を定めた法的効力を持たない規則を指すと言えよう。かくして，多くの習律が，君主に対して，例えば，すでに述べたように，法律に同意するとか，（すくなくとも通常は）庶民院における多数党の党首を首相として選任するとか，また首相あるいは他の大

---

35) 1958 年憲法第 49-50 条；ドイツ基本法第 67-8 条。
36) *The Law and the Constitution* (5 th edn., London, 1959), 81.
37) これらの重要な政治的習律についてさらに詳しくは第 6 章 II および III 参照。

臣の助言に従って行動するといった義務を課している。

　他の習律は内閣の作用に関するものであるが，これらの習律は，今日，それほど明確にはされていない。すべての閣僚が閣議における議論に関して守秘義務を負い，そこでの決定を支持しなければならないとする内閣連帯責任の原則は，憲法習律と見なされている。しかし，今日，首相は，一定の状況の下では内閣の連帯という要件を満たさずにすます権限を持つと主張しており，これによって，先の習律は新たな形で定式化されてきたと言えるかもしれない。この首相の権限をはっきりと示したものとして，1975年労働党内閣が，欧州共同体内にとどまることが妥当かどうかと言う問題をめぐって不一致があってもかまわないとした事例があげられる；ハロルド・ウイルソンは，欧州共同体からの脱退に関する国民投票に際し，閣議での多数決による決定に反する運動を展開する自由を閣僚に認めたのである。これが習律にあたるとすれば，この新しい習律は，1977年，ジェームズ・キャラハンが，首相として欧州議会選挙法案の議院通過に対する不同意に同じように寛容な態度を示した際，定式化されたのである；連帯責任の論理は，「首相がそれには当てはまらないと述べた事例以外のもの」に当てはまるとされた。

　カナダの最高裁判所によれば，習律の目的は，「憲法の法的枠組が，広く行きわたっている憲法上の価値，あるいは時代の原則」，特に政府が責任を負うという民主的原則に従って機能するようにするところにある。[38] なぜなら，憲法上の多くの法的規則，とりわけ，今日でも法律上君主が個人的に行使しうるとされる基本的な裁量権に関する法的規則が，1689年に憲法上の定めが設けられて以来形骸化されてきたからである。英国の憲法律には，首相や内閣に関する定めがほとんどない。それゆえ，憲法習律の最も重要な役割は，巨大な君主の権限を制限することである；習律により，君主は大臣の助言に従って先の権限を行使する義務を負うとされているのであるが，ここからして，習律により首相や大臣にこのような権限を行使する地位が認められていると言うことになる。おそらく，大臣の助言によって行動しなければならな

---

38) *Reference re Amendment of the Constitution of Canada* (1982) 125 DLR (3 d.) 1, 84.

いとするこの包括的義務こそ，最も重要な憲法習律であろう。大臣の連帯責任および個別的責任と言う習律により，政府は選挙で選ばれた立法府に責任を負わねばならないことになる。そしてこれは，自由民主主義の中核をなす原則である[39]。

　他国では，習律は，非公式な形で憲法を修正するための手段として機能している。例えば，国民投票によって国民の同意を得なければならない，あるいは，連邦制をとる憲法の場合，大多数の州の同意を得なければならないと言う理由で憲法改正が困難な国では，習律のこの機能は重要である。これは，なぜドイツで憲法習律が発達してこなかったのかを知る一つの手がかりとなる；ドイツ基本法は，比較的改正が容易であり，それゆえ，しばしば改正されてきた。他方，英国の憲法制度は理論上軟性のものであるが，過去 300 年間，制定法による基本的な法構造の改革はめったになされてこなかった。（スコットランドに立法権と行政権を移譲する法案も同様に重要なものとなるかもしれないが。従来，わずか二，三の制定法，1911 年と 1949 年の議会法および 1972 年欧州共同体法によって抜本的な憲法上の改革がなされてきたにすぎない。）先のパラグラフで述べた憲法習律の影響による漸進的変革は，国王と大臣および立法府の権力関係を変えてゆく上で遙かに重要なものであった。

　習律がいかにして作られどのようにして生まれてきたかについては，多くの議論がなされている。法的な規則と異なり，習律は，立法府や裁判所によって作られてきたものではない。現実にその規則が遵守されてきたということがしばしば重要な意味を持つ。なぜなら，それによって，信頼しうる一連の先例が生み出されるからである。もしある習律が長期にわたって遵守され，拘束力を持つものとして受け入れられてくれば，その存在を云々することは難しくなる。我々が，自信を持って，法案に同意しなければならないという国王の憲法上の義務を口にすることができるのは，1707 年以後，この同意が拒否されたことがなかったからである；普通の状況の下では，我々は，これを憲法上の原則として受けとめている[40]。しかし，先例は必要でもなければ，

---

39)　第 6 章Ⅳ参照。
40)　しかし，第 6 章Ⅱの 2 参照。

これだけで十分でもない。その規則によって影響を受ける人々の同意だけで習律が成立することもあるからである。それゆえ，先例は必要ではない。これは，1926年のバルフォア宣言に明らかである。これによって，ウエストミンスター議会は，これらの国々の同意がなければ，カナダ，オーストラリア，およびその他の帝国の自治領に対する法を制定することはできないという習律が確立した。(この習律は，その後，1931年ウエスミトミンスター法に組み込まれた。)より重要なのは，慣行だけでは不十分だと言うことである。習律が生まれるのは，例えば，君主あるいは内閣の構成員もしくは政府の構成員のような，それによって影響を受ける機関によって，その内容が拘束力を持つ規則として受け入れられた場合のみである。これは最も基本的な要点である。習律は，単なる慣習から受け入れらるようになってきた，単純な慣行や慣例と区別されなければならない。最後に，アイヴァー・ジェニングス卿は，習律は理性によって支えられていなければならない，今少し狭義には，習律はその時代の政治哲学によって支えられていなければならないと説いている。[41]この言葉は，その時代の姿勢に合致しない習律は拘束力を持つ基準として受け入れられ難いであろうと言うことを，スマートに言い表したものである。他の法規範と同様，憲法上の条文は，最早国民の支持を得られない場合でも有効なものとして存続する。これに反して，時代遅れとなった習律は，憲法の一部とは見なされえないのである。

　憲法学者の関心を引く最大の問題は，習律の法に対する関係である。ダイシーは，はっきりと両者を区別していた。裁判所は憲法習律を強行することができないのであるから，憲法習律は法ではない。この見解はおおむね正しい。[42]カナダの最高裁もこうした考えを支持してきた。[43]例えば，裁判所が，国王に対して法案に同意せよと言う命令を発したり，信任動議で敗れた政府に辞職せよと言う命令を出したりすると言うことは考えられない。しかし，

---

41) 前掲註36, 136.
42) C. R. Munro, 'Law and Conventions Distinguished' (1975) 91 *LQR* 218.
43) *Reference re Amendment of the Constitution of Canada* (1982) 125 DLR (3 d.) 1, 87.

議会あるいは世論によって習律を政治的に強制することはできる。例えば，もし，君主が大臣の助言を受け入れず自らの法的権限を行使すると言って譲らないということがおこれば，制定法を定めることによりこのような法的権限を削減する手段がとられることになろう。

　直接的には強制されえないけれども，習律は何らかの法的意義を持ちうる。裁判所は，習律を，コモン・ロー上の原則の基礎をなすものとして用いることができる。首席判事ウィツジュレイ卿が，前閣僚の日記の公表を差し止める命令を発すべきか否かを考慮した Crossman Diaries 事件[44]に際してこの方法がとられた。彼は，出版が機密漏洩に相当する場合には法的救済が認められてしかるべきであろうと判示した。閣僚間の機密保持は，内閣の連帯責任という習律の下で生まれたものである。少なくとも，制定法により明示的にこの裁判権が与えられている場合には，裁判所は習律が存在するかどうかを判断する権限を持つ。これに基づいて，カナダ最高裁判所の多数意見は，連邦議会が1867年英国北アメリカ法，当時のカナダ憲法の修正を英国議会に求める前に各行政区（Provinces）の同意を必要とすると言う習律が存在すると判示した。この説示は，行政区の同意は憲法律上の問題としては必要ではないとする同裁判所の判断より重要であった；この判決を考慮して，カナダ政府は，憲法改正にとりかかる前に各行政区の賛同を求める義務があると認めたのである。

　英国憲法の運用に際して習律がこのように重要な役割を果たしているということに問題はないのだろうか。アイヴァー・ジェニングス卿のような注解者には，憲法をそれぞれの時代の政治的価値に見合ったものにすると言う習律の役割を強調する傾向が見られる。法規定の形骸化と言うことを考慮すれば，習律の役割は極めて有益なものである。しかし，法典化された憲法を採択しこれを定期的に改正すると言う場合に比べて，習律に依存すると言う方法には不都合な点もあるのではないかと問うてみるのも無意味ではなかろう。一つの問題点として，習律がしばしば曖昧なものであると言う点があげ

---

44) *Att.-Gen.* v. *Jonathan Cape Ltd.* [1976] QB 752.

られる。特に，大臣の連帯責任および個別的責任と言う重要な習律の場合，この点が問題となる。[45]第6章で述べるように，この責任は極めて不明瞭なものとなっており，実際，かかる習律の存在がどの程度重要な意味を持つのか判断するのは困難である。君主の裁量権を規制する習律の場合は別にしても，強行することができないと言う点にこれらの習律の弱点がある。また，一般に，裁判所は，習律の範囲やある特定の状況に対する習律の適用についての判断をなすことができない；この点では，*Crossman Diaries* 事件は例外的なものである。むしろ，このような問題は，ジェームズ・キャラハンが首相として連帯責任の原則を新たに定式化しなおした時何のためらいもなく述べたように，政治家や政党によって決定されるのである。

英国の憲法制度の上で習律が中心的な役割を果たしていると言う点からして，現代の法典化された自由主義的憲法の際だった特色である裁判所によって強行されうる法的抑制と均衡と言う制度よりも，政府や政治家による自己規制が優先されていると言うことが知れる。英国憲法の運用で習律が極めて重要な役割を果たしているということ，これは驚くにはあたらない。習律は，「政治的」憲法に不可欠なものなのである。

V 国民の自由と憲法

自由主義的憲法の重要な特色は，すでに第1章で述べたように，国家が尊重しなければならない基本的な権利を個人が持つと認めている点にある。憲法の中には，もしそれがこれらの権利を侵害するものであれば，法律や行政上の決定あるいは行政上の行為を無効と判示するように裁判所に明示的に求めているものもある。[46]これとは対照的に，アメリカでは，憲法の条文にはこれに関する明確な規定はなく，基本的権利を擁護するための司法審査は最高裁が発展させてきた。権利章典を侵害するものであるとの理由で法律を無効

---

45) G. Marshall, *Constitutional Conventions* (Oxford, 1984), 211-12.
46) ドイツ基本法第1条 (3)。

とする最高裁の判決は，裁判官が選挙によって選ばれた立法府の意思に干渉するものであり非民主的であるとの理由で時として批判されてきた。

　英国の憲法上の立場はこれとは全く異なったものであった。本章の最後の部分で触れるように，1998年人権法により欧州人権条約(ECHR)を国内法に組み込むことにより，この状況は変化しつつある。従来，個人の権利は，どのような法典にも権利章典にも明記されていなかった。当然，完全に法典化された憲法に明示されてこなかった。性差別および人種差別は制定法により明確に禁じられている；1970年賃金平等法，1975年性差別禁止法，1976年人種関係法などがこれにあたる。しかし，通常，憲法（あるいは国際的な人権条約）に見いだされる大多数の基本的権利が，1998年人権法の制定まで，英国法でもスコットランド法でも，明確な形で保障されていなかった。制定法であれコモン・ローであれ，法によって禁じられあるいは制限されてこなかったことを国民が自由になすことができたというだけのことである。例えば，言論の自由は，文書による名誉毀損や不敬な言動に関するコモン・ローおよびその他の規則によって禁じられていない事柄，あるいは1989年公機密法および1959年猥褻出版物法等の法律によって禁じられていない事柄を自由に語り記述する権利である。専断的逮捕に対する身体の自由の権利や正当な理由なくして個人の所有物が捜索・押収されない権利の存在を示す法はない。これらの自由が認められているのは，1984年警察及び刑事証拠法ならびにその他の制定法が警察官の逮捕，捜索に関する権限に制限を付し，犯罪の捜査に際して警察官のなしうるところに一定の条件と規制を課しているからにすぎない。

　国民の自由が「残余のもの(residual)」と呼ばれてきたのはこれゆえである。すなわち，これは，制定法やコモン・ローが適用されない場合に国民が享受しうる，残しておかれた権利なのである。憲法や法典が存在しないところでは，国民の自由は，例えば，警察の逮捕権の範囲に関する事件や猥褻出版物法の下での訴追に関して裁判官が判決を下す際に裁判官によって定式化されるという程度のものである；ここで，法的議論の対象となるのは，その自由の範囲がどの程度にまでおよぶのかと言う問題よりも，その自由を制限している制定法やコモン・ロー上の権限の範囲であろう。しかし，今日では，裁

判所は時として，言論の自由や公然たる抗議行動の自由およびその他の自由を，少なくとも制定法が明確に意図しているものであることが明らかでなければ制限されるべきではない貴重な権利と呼んでいる[47]。

過去20年程の間，一般にそれで十分と解されてきた。ダイシーなどは，成文憲法によって与えられた自由の保障に頼るよりもコモン・ローによる自由の保護のほうが良いとすら考えていた。成文憲法によって保障された自由は，緊急時にはいつでも停止されうるが[48]，英国の裁判官は，効果的な救済策によって自由が保護されるよう求めることができる存在であるとダイシーは主張した[49]。議会が制定した法がいかなる意味を持つのか，これに対して判断を下すのは裁判所であった。それゆえ，裁判所は，法律によって個人の自由に不当な干渉が加えられないようにすることができた。

しかしながら，明確に国民の自由を制限する，もしくはこの制限を正当化する法律を裁判所が問題にできないというのが現状である。議会の至高性の原則の下では，裁判所は，基本権を侵害するものであるがゆえにその法律は適用されるべきでないとか，その法律は無効であると言う主張を受け入れることができない。つまり，英国には，例えば，アメリカの最高裁判所やドイツの憲法裁判所が行使しているような権限に比肩しうる憲法上の司法審査権がないのである。議会を法的に抑制するかわりに，大臣や議員が弾圧的な法を制定したいと言う誘惑に駆られた場合には，政治的議論や世論によってこれを抑制することができると考えられているのである。ここに，本章においてしばしば注意を喚起してきた，英国憲法の政治的性格の今一つの側面が見て取れる。

第1章で，基本権を擁護するための司法審査が多数決民主制と共存しうるか否か，あるいは，民主制は自由主義的な立憲主義の持つ価値に道を譲るべきであると結論すべきか否かについて論じた。しかし，今，この問題をさて

---

47) 平和的な抗議活動の権利を擁護するため，公の秩序に関する法文中の「侮辱的な」と言う言葉を狭義に解釈した *Cozens v. Brutus* [1973] AC 854 における貴族院の判決などはその顕著な例の一つである。
48) 第9章参照。
49) Dicey, 195-203.

おくとしても，国民の自由を本質的に残余のものと解するこの見解にはいくつかの弱点がある。もし，何人も，法が禁じていないすべての事柄を自由になしうるとすれば，これは，その問題に関するなんらかの法律が存在しない場合には，政府は，これが個人に与える影響を考慮することなく，自らの欲するいかなることもなしうると言うことになる。[50]原告が，内務大臣の発した令状による電話の盗聴を中止させるべく裁判所の命令を求めた *Malone* v. *Metropolitan Police Commissioner* で，先に述べた所と深く係わる問題が生じた。[51]コモン・ロー上の権利にプライバシーの権利はなく，当時，電話の盗聴を規制する制定法は存在しなかったため，裁判官はその行為を中止させることはできなかった。(その後，欧州人権裁判所が，英国は私的生活の尊重と言う原告の権利を侵害しており，これは欧州人権条約第 8 条に違反すると判示したため，この法的欠陥は 1985 年通信傍受法によって改善された。[52])

より重要なのは，国民の自由が単に残余のものにすぎないため，英国の裁判所は，政府や議会の不作為を矯正するためにこの自由を根拠とすることができなかったと言うことである。例えば，英国のいかなる裁判所も，現存するコモン・ローや制定法上の規定が平等権に関する憲法上の規定あるいは差別禁止規定に一致していないとして，議会に対し差別を禁止する法律を制定するよう，あるいはこの禁止を強化するよう強制することができなかった。裁判所がこうした処置をなしうるのは，例えば，言論の自由とか法の平等な保護と言った基本権を憲法が明示している場合のみである。こうした憲法の下であれば，司法府の判断により，それが国民の自由を侵害するものである場合には当該行為を阻止することができると同様，立法あるいは行政上の処置をとるよう促すことができる。学校の分離は平等な保護をうける黒人の権利を侵害するものであり，南部諸州は学校における人種差別の撤廃を完全なものにするための処置を講じるべきであると判示したアメリカの最高裁判決

---

50) これは，議会がそれらの機関に与えた権限のみを行使しうる地方自治体政庁 (local authorities) やその他の制定法に基づいて存在する機関にはあてはまらない。A. Le Sueur and M. Sunkin, *Public Law* (London, 1997), 169-71 参照。
51) ［1979］Ch. 344.
52) *Malone* v. *United Kingdom* (1985) 7 EHRR 14.)

は，これに相当するものである[53]；この判決，またその他の判決によって，市民的権利に関する現代的な法の導入が促進された。この種の判決は，権利が憲法それ自体によって保障されている場合にのみ可能となる；コモン・ローによって国民の自由を保護するやり方では，このような方法をとることはできない。

　1998年人権法により欧州人権条約を英国憲法に組み入れたことによって，今後，このような状況は大きく変化していくかもしれない。同条約は，欧州評議会の条約であり，ここでは，各国がこの条約に明示された権利および自由を尊重すると誓約している。この条約の最大の特色は，個々人が，例えば英国の法律や裁判所の判決が同条約に基づく権利を侵害したと考える場合には，ストラスブールの人権委員会に国家を相手取って訴え出る資格を持つと言う点にある。事件は欧州人権裁判所に付託されうる。(近々に，同委員会と裁判所は一体化され，直接裁判所に訴えて出ることが可能になろう。) 人権裁判所が人権条約に定められた権利が侵害されていると判断した場合には，これに関係する国家は自国の法を修正する義務を負う。例えば，ストラスブールの裁判官が，法廷侮辱に関する英国の法規定は欧州人権条約第10条で保障された報道の自由を不必要に制限していると判示して後[54]，1981年裁判所侮辱法によって，従来これらの法規定によってマスコミに課せられていた規制が緩和された。

　議会の至高性の原則の下，英国の裁判官が個々人の権利を制限する法律を適用するよう憲法上求められているため，これらの裁判官によって救済されえないような状況にある場合に，個々人が，欧州人権裁判所によって彼らの権利を保護されえたと言う点，この点に論理的一貫性に欠ける所があった。もし，憲法にかかわる裁判所による司法審査が原則として認められないのであれば，同人権条約から完全に手を引く方が論理的に筋が通っていたのではかろうか。英国の裁判官には人権を守るための司法審査権を認めず，その一方で，納得のいかない個人に対して，時間を浪費し高額なものとなるストラ

---

53) *Brown* v. *Board of Education*, 347 US 483 (1954).
54) *Sunday Times* v. *United Kingdom* (1979) 2 EHRR 245.

スプールへの上訴を認めると言うのは，全く無意味であった。

1997年に選出された労働党政府は，英国の裁判所が欧州人権条約で保障された権利をより効果的に擁護することができるよう，同条約を国内法に組み入れると決定した。1998年人権法の下では，すべての公機関による同条約上の権利に矛盾する行為は違法である。法律は，可能な限り同条約と一致するように解釈されなければならない。しかし，政府は，それが条約に反するものであることを根拠に，（過去のものであれ将来のものであれ）法律を無効ないしは適用不能と宣言する権限を裁判所に与えないとの判断を下した。司法審査の権限を全面的に認めれば議会主権に矛盾することになるであろう[55]。裁判所は，形式的に法律上の規定が欧州人権条約に矛盾すると宣言する資格を与えられているだけであり，政府が同条約に一致するよう法律を修正する命令を発する。ちなみに，議会の至高性に強く執着している政府が，大臣の命令で人権を侵害している法律を修正する権限を政府（およびその後継者）に与えるような法律を提案すると言うのも奇妙な話である。

なるほど，この改革によって従来の状勢は改良された。訴訟当事者の中には，人権を確保するためストラスブールへ出かける必要がなくなるものも出てこよう。しかしながら，先のパラグラフでその概要を述べたような妥協策の結果，政府に，修正命令を発して事態を是正するための処置を講じる用意がなければ，人権を侵害するような法律が効力を持ち続けることになる。多くの事件に際し，このような措置が迅速にとられるとの期待を持つ者もあろうが，それは余りに楽観的にすぎるのではなかろうか。裁判所の判決によって，当該法規が，例えば，政治的過激派，宗教的少数派や性的少数派，あるいは囚人に認められた同条約上の権利を侵害するものであると認められても，政府は急いでこれを是正しないかもしれないし，この修正を求める国民の圧力もたいしたものにはならないであろう。政府を信頼して事態を是正しようとするやりかたにも，英国憲法の政治的性格が見てとれる。人権問題に対して最終的決定を下すのは，裁判所よりもむしろ政治家なのである。

---

55) White Paper, *Rights brought Home : The Human Rights Bill* (1997) Cm 3782, paras. 2.9-2.15.

第3章
連邦制と権限移譲

I 序　論

　英国憲法は，連邦制憲法というよりは単一憲法である。1707年スコットランド併合法以後，立法権と行政権はウエストミンスター議会とロンドンにある政府に集中されてきた。1997年に選出された労働党政府によって権限移譲法が提案されるまでこの状態が続いていた。今日，立法権の相当な部分がスコットランド議会に移譲され，また，ウェールズ議会は，従来国務大臣に委ねられていた行政上の責任を継承すべきものとされている。この権限移譲法は1998年に制定された。こうした変化は急激なものではあるが，理論上，この権限移譲法は，憲法の単一的性格に影響をおよぼすものではない。憲法律に従えば，ウエストミンスター議会は，今でも，スコットランド議会を樹立せしめている法律を自由に廃棄することができるし，スコットランド議会の権限範囲に属する法を制定することができる。[1)]
　イングランドおよびウェールズ，スコットランドならびに北アイルランド内の地方自治体政庁（local authorities）は，一種の下位法である条例を制定する権限を含む広範な権限を持っているが，これらの権限は，ウエストミン

---

1) この点についてさらに詳しくはIII参照。

スター議会によって与えられたものであり，同議会は容易にこれを撤回することができる。本章のⅣで述べるように，地方自治体政庁それ自体が制定法によって廃止されてきたのである。言葉を換えて言えば，地方自治体政庁は，英国内において憲法上独立した地位を持っていないのである。1920年から1972年まで，実質上北アイルランドの法を制定する権限を移譲されていた北アイルランド議会（ストーモント議会）もそうであった。1972年，同地域内の世情が不安定なものとなってきたため，ウエストミンスター議会は先の権限を停止せしめた；それ以後，アルスター地方は，ほとんど常に，北アイルランド担当大臣による直接統治に服してきた。

　こうした制度と，中央（ないしは連邦）議会や政府と州（もしくは行政区）の機関との間で権力を配分している連邦制憲法とを比べてみると，その間の相違がよくわかる。連邦の機関も州の機関も相手の立法権および行政権の範疇には踏み込めない；さらに，ウエストミンスター議会と異なり，連邦議会ないし中央議会は，一方的に州から憲法上の権限を剥奪することはできない。以下本章においては，連邦憲法の持つ主なる特色の概要を述べ，その利点と欠点について論じたいと思う。英国，とくにイングランドでは，連邦制度について多くのことを知っている者は極めて少ないものと思われる。いわんや，これを望んでいる者などほとんどいないであろう。しかし，我々は，その基本的な性格を知っておかねばならない。その理由の一つとして，欧州連合はすでに連邦としての組織体である，あるいは欧州連合は連邦制の方向に進んでおりこれは不可避であると言う主張に対して，我々が正当な評価を下すべき立場にあると言うことがあげられる[2]。連邦制が持つ基本的な特色とその価値を理解しておけばそれだけ，ヨーロッパにおけるこのような組織体の発達に関する不安を減じることができるであろう。さらに，これらの特色を理解しておけば，スコットランドやウェールズへの権限移譲が憲法上持つ意味をより深く理解することができるはずである。権限移譲は，連邦制度といくつかの類似点を持っているが，法的観点からすれば，両者の間には重要な相違

---

[2] 第4章Ⅳ参照。

がある。

II 連邦制

　連邦憲法で最もよく知られているのはアメリカ憲法である。それゆえ，連邦制についての基礎的な知識を得るため，アメリカ憲法の起源とこれが持ついくつかの特徴について若干の説明を加えておこう。独立戦争の後，新しく独立した各州は，1781年から1788年まで効力を有していた最初のアメリカ憲法である連邦規約を採択した。これには中央政府や司法に関する規定は設けられていなかった；マサチューセッツやバージニアのような州の代表からなる大陸会議は，州に対する多少の立法権を有していたが，課税および州際通商を規制する権限を持っていなかった。さらに，大陸会議は，各州の個人を対象とした立法上の権限も有していなかった。第II条は，各州は，おのおのの主権を有し独立したものであると宣言していた。加えて，連邦規約の改正には13州すべての州の立法府の賛同を必要とした。

　大陸会議は，境界線，通商および関税に関する紛争を解決するには余りに脆弱にすぎた。多くの州が独自の紙幣を印刷していた。時には小規模な軍事的衝突さえ見られた。最終的には，ジェームズ・マジソンやアレキサンダー・ハミルトンらの提唱により[3]，これらの不十分な制度を再考するため各州の代表からなる会議が開催された。フィラデルフィアでの憲法会議において連邦憲法の草案が起草され，これは九つの州で開かれた会議で批准された時点で，この憲法自体の定めるところ（第VII条）に従い，効力を持つにいたった。新憲法の主たる目的は，何よりも，税を課し，個々人にその他の義務を負わせ，州際通商を規制する権限を含む広範な立法権を持つ連邦議会を設立することによって中央の権限を強化することにあった。また，この憲法では，大きな行政権を持つ大統領の選挙やアメリカ最高裁判所の制度に関する規定も設け

---

3) 彼らは，ジョン・ジェイと共に，連邦主義者の提唱する憲法草案に解説を加えこの憲法を擁護する『フェデラリスト』の執筆者であった。

られていた。

　新しい憲法の二つの条文は特に重要である。最高法規条項として知られる第VI条により，各州の憲法や法に対する連邦の憲法や法及び条約の上位性が確たるものとされた。州の裁判官には，州の憲法や法律がどのようなものであろうと，連邦の憲法や法を州の裁判所において適用するよう明確に求められた。それゆえ，連邦議会の法律により各州の州民に権利が与えられた場合，あるいは義務が課せられた場合には，これに矛盾する州法が存在しても，州の裁判官は，最高法規条項により連邦議会の法律を強行しなければならない。(今日，欧州連合の憲法律にも同様の原則が見られる：欧州共同体の規則の中には，これに矛盾する国家法に優越するものがいくつか見られる。)[4] アメリカでは，憲法第III条に基づき設立された最高裁判所への上訴権を持つ連邦裁判所制度によって，連邦法の優位性が一層効果的に維持された。

　第二に，第V条が，憲法の改正につき，改正案が4分の3の州で批准された場合に効力を持つにいたると定めている。これに対する唯一の制限事項は，各州を代表する，議会の一院である上院への平等な代表者派遣の権利を奪うような改正に対してはいずれの州も拒否権を発動することができると言うものである。それゆえ，憲法改正は困難である。しかし，全ての州の同意を得なくとも憲法を改正することができるのであり，この点で連邦規約が求めているところと大きく異なる。

　アメリカ憲法は，「アメリカ国民」をより強く統合するために起草されたものであった。[5] 連邦制度は，しばしば，完全な政治的あるいは法的統一よりもある程度の統合性が求められている場合に，その統合の機能をはたす；スイス連邦憲法および1871年のドイツ憲法がこうした事例に相当する。これらの憲法は，それ以前にはより大きな権限を有していた州や邦の機関の権限を削減して，中央あるいは連邦の議会および政府の権限を強化した。また一方，

---

4) 第4章IIIおよび第5章III参照。
5) 憲法前文。これとは対照的に，ローマ条約およびマーストリヒト条約は，「ヨーロッパ各国の国民」と言う。またヨーロッパ議会は，共同体に統合せられたる各国家の国民の代表からなるものである；ローマ条約第137条。

それまでは単一憲法を持っていた国家において，中央の権限を弱めるために連邦制憲法（もしくは連邦制の特色をそなえた憲法）が採択されることもある。近年の例で言えば，ベルギーやスペインがこれに相当する。ここでは，国家を解体してそれぞれ分離独立した国家とはせず，特定の共同体(フラマン，ワロン，バスク，カタロニア）にある程度の憲法上の自治権が与えられた。もし欧州連合が連邦制憲法を持つとすれば，統合的機能をはたす前者のグループに属する憲法になるであろうし，スコットランドやウェールズへの権限移譲が進めば，明らかに後者のタイプの連邦制憲法になるであろう。

　この二つのタイプの連邦制憲法に共通しているのは，中央ないしは連邦の機関と多くの州（もしくは地区）の機関との間で法的権限の分配がなされると言うことである。つまり，その目的とするところは，権力の集中を回避しようと言うことである。これに関する議論を進める前に，そのほとんどがアメリカ憲法に見られる，連邦制憲法の持ついくつかの標準的な側面について述べておいた方がよかろう。[6] 連邦制憲法は，立法権を連邦の立法権と州(あるいは行政区ないしは地区）のそれとに分割する。連邦も州も，英国におけるウエストミンスター議会のように，法的に見て至高の存在でも主権的存在でもない。連邦の機関も州の機関も憲法に従って行動しなければならないのであるから，どこかに法的至高性を認めると言うことはできない。実際，アメリカ憲法の原本には「主権」と言う言葉は見あたらない；おそらく，主権は，フィラデルフィア草案を批准するために各州で開催された会議で同憲法を確立せしめたアメリカ国民に属すということになるのであろう。[7]

　通常，連邦制憲法では，連邦に与えられる権限に関する規定が設けられ，残りの全てが州の権限とされる。例えば，ドイツ基本法は，バイエルンやヘッセのような邦(州）は連邦の立法権の範囲に含まれていないものに限り立法権を持つと規定している。[8]（かつては英国北アメリカ法として知られていた）1867

---

6) この問題を包括的にあつかったものとして，G. Sawyer, *Modern Federalism* (Carlton, Vic., 1976) 参照。
7) A. R. Amar, 'Of Sovereignty and Federalism', 96 *Yale LJ* 1425 (1987)参照。
8) 第70条 (1)。また第30条参照；「本基本法で別に規定されないしは認められていない限り，統治権の行使および統治に関する職務の遂行は邦の責務である」。

年カナダ憲法は，連邦議会に一般的な法制定権を認め，特定の事項についてのみ行政区に立法権を割り当てていると言う点で，通常見られる連邦制度からかなりずれている。いくつかの重要な権限，特に，防衛および外交に関する行為，所得税およびその他の税金の課税，州際通商の規制，紙幣の印刷は，普通は連邦の機関の権限とされる。今日では，これに，環境の保全，運輸，移民の管理を加えるのが一般的なようである。州ないしは行政区の利益は，第二院ないしは上院におけるその州の代表によって政治的に保護されることが多い。例えば，アメリカ，オーストラリア，そしてドイツがそうである。アメリカとオーストラリアでは，各州が，その人口の多寡にかかわらず，直接選挙で選ばれた同数の代表を上院に送り込んでいる。これとは対照的に，ドイツの連邦参事院（Bundesrat）は，邦（*Länder*）政府の構成員によって構成されてる；人口の多い邦は，参事院において，より住民の少ない邦より多くの投票数を持つ。

　もう一つの共通して見られる特徴は，それぞれの立法権やその他の権能に関する中央の機関と地方の機関との争いが最高裁判所あるいは憲法裁判所で解決されるということである。法律の合憲性に関する司法審査は，イタリア憲法やフランス憲法のような単一憲法の特色でもあると言えよう。ここでは，立法府と行政府の権力分立に係わる争いの裁定および基本権の保護に裁判所が関与しうる。しかし，司法審査は，単一憲法が効果的に機能するために不可欠のものではない；さらに，第1章で見たように，これは，それが多数決民主制に反すると言う理由で，原則として好ましくないものとも見なされうるのである。他方，連邦制憲法の下では，裁判所は，中央政府の権限を侵害しているとして州の法律を否定することができなければならないのである；さもなければ，ある州では連邦法が適用されるが，これと矛盾する州法が制定されている州ではこれが適用されないと言う事態が生じるであろう。アメ

---

9) 第91-2条。
10) 基本法第51条。各邦の代表は，統一ある一団として投票しなければならない（第51条(3)参照）。これは，過半数を超える邦あるいはより多くの人口を擁する邦の政府の政治的構成が連邦政府のそれと異なる場合には，連邦参事院が連邦議会と対立するような事態に陥ることを意味する。

リカの最も偉大な裁判官の一人オリバー・ホームズは，ある法諺の中で以下のように述べている[11]。

　たとえ我々裁判官が連邦議会が制定した法を無効と宣言する権限を失ってもアメリカが崩壊するとは思わない。しかし，各州が制定した法に対してそのような無効宣言をなすことができないとしたら，アメリカは危機に瀕するものと思われる。

　すでに見たように，第Ⅵ条の最高法規条項は，州法に対して連邦法が優位にたつことを示す憲法上の確たる根拠となっている；裁判所は，州法が連邦法に矛盾する場合には，前者を無効と判示しなければならないのである[12]。
　しかしながら，州ないしは行政区の権限を侵害したことを根拠とする連邦法に対する司法審査はそれほどに重要なものではないかもしれない。スイス連邦裁判所は，連邦法の違憲性は審査しないが州法の違憲性は審査する。過去20年間，アメリカ最高裁判所は，時として，連邦議会が制定した法に対する連邦制を根拠とする異議申立の受け入れに対して消極的であった。ある事件では，最高裁は，5対4の多数決で，従業員の最低賃金およびその他の労働条件を規定した連邦法の適用に対する州の公共輸送機関による異議申し立てを却下した[13]。この最高裁判決の主たる根拠は，州は，政治的方法により，とりわけ上院における代表を通じて自らの利益を守るべきだというものであった。しかしながら，近年，裁判所は，学校の敷地から1000フィート以内の範囲で銃を所持することを犯罪とする連邦議会の法を無効とした。同法は，州際通商を規制する連邦議会の権限とは何の関係もないものであった；のみならず，それは，教育および学校に対する州の伝統的な職責事項に干渉するものであった[14]。連邦法の審査に対するアメリカ最高裁の態度には変動が見られ

---

11) *Collected Legal Papers* (London, 1920), 295.
12) ドイツ基本法第31条は，連邦法が優位にあると定めている。
13) *Garcia* v. *San Antonio Metropolitan Authority*, 469 US 528 (1985).
14) *United States* v. *Lopez*, 115 S Ct. 1624 (1995).

るが，ドイツ憲法裁判所は，連邦法が基本法によって連邦議会に与えられた権限を逸脱している場合には，ほとんどなんのためらいもなく，これらの法を無効としてきた。[15]

実際，連邦制憲法にも様々なものがある。特定の権限の連邦と州への配分にも相違があるし，裁判所が連邦法を統制しようとする範囲にも相違がある。さらに，連邦憲法を，その権限の厳格な分離を指して時に「二元的連邦制（dual federalism）」と称せられる制度，すなわち，連邦の機関に属する権能と州の機関に属する権能との間に厳格な境界線を設けているものと考えるなら，それは間違いである。状況は，大抵の場合これよりはるかに柔軟である。例えば，アメリカ憲法の下，これが特に憲法上の規定により禁じられているとか，州法が州際通商に影響をおよぼすと言う場合でなければ，連邦議会の権限に属する領域であっても，州は自由に法を制定しうる[16]。ドイツ基本法の下では，広範な事項に対して，連邦の立法権と邦の立法権が競合している；邦の権限が無効とされるのは，その事項に対して連邦議会が自らの立法権を行使した場合のみであり，またその範囲内で無効とされるにすぎない[17]。アメリカにおいてもドイツにおいても，そしてまたその他の連邦制度においても，この制度は，広い意味で，「協同的連邦制（co-operative federalism）」に属するものである。この制度の下では，状況により，連邦政府は，州に対して，自らの州のために行動することを認めることもあれば，全国家的政策を実施する必要から連邦政府のための行動をとる権限を与えることもある。中央の権限や影響力の実質的拡大が20世紀を通じてみられる傾向であった。この主たる理由は，中央がより大きな財源を持つことによる。しかし，こうした推移は，平板なものでも均一的なものでもなかった。

異なった政治的，社会的必要性に応じて進化していくと言う連邦憲法のも

---

15) 例えば，同裁判所は，文化的な事柄は邦に留保されているとして，国営テレビ放送局を開設すると言う連邦の命令を無効とした。12 BVerfGE 205 (1961).
16) M. H. Redish, *The Constitution as Political Structure* (New York, 1995), chs. 2-3参照.
17) 基本法第72条および第74条参照.

つ包容力は，連邦制憲法の利点の一つである[18]。さらに，連邦制憲法の下では，権利章典によりいくつかの基本権が連邦全体で等しく享受されうるよう保障されており，かつまた，州による最低限度の福祉政策の実施が中央政府によって保障される一方で，それぞれに相異なる豊かな多様性を見ることができる。この場合，英国のような単一的制度の下で通常許されるよりも大きな相違を認めつつ，憲法によって一定の統一性は確保されているのである。アメリカの一流学者が下した以下のような結論は，正鵠をえたものである；「連邦制度は，国家的必要性を満たしかつ一部の地域のみが圧迫をこうむらないようにすると同時に，政治の非中央主権化と社会の多様性を維持するものである[19]」と彼は言うのである。

これと同時に，『フェデラリスト』上に古典的な形で定式化されたより伝統的な連邦制度擁護論も無視できない。マジソンやハミルトンは，彼らが「派閥」と呼んだもの，すなわち，国家連合の下で州の立法府の活動を支配していた党派的集団が大きくなるのではないかとの懸念を抱いていた。強力な中央政府の創設は，こうした派閥の政治的影響力を制限することを目的とするものであった[20]。今日では，地方自治体政庁が完全に中央政府に従属している単一憲法下での中央政府の権限の拡大がより深刻な問題となっている。このような観点からすれば，地域共同体の利益を守ると言うことが連邦制憲法の持つ利点の一つである；他の地域や民族の代表に支配される可能性がある遠く離れた中央の議会よりも，州ないしは行政区の議会のほうが自らの必要を考慮する可能性が高い。

つまり，連邦制憲法は，権力分立原則と同様，権力の集中に伴うリスクと専断的政府の危険性を削減するものなのである。連邦制憲法は，権限を中央と州ないしは地方に垂直に分配するものであり，一方，権力分立原則は，政府の異なった組織ないしは機関の間で，水平方向に権力を配分する作用をす

---

18) Sawyer，前掲註6参照。彼は，*Modern Federalism* 第8章において，「連邦制度の発展段階」について述べている。
19) R. B. Stewart, 'Federalism and Rights', 19 *Georgia L Rev*. 917 (1985).
20) 特に『フェデラリスト』9, 10, 28, 51参照。

るのである。それゆえ，両者とも，同様の方法で立憲主義の価値を支えているのである。

それにもかかわらず，連邦憲法にそぐわない場合もある。小さな同一性を有する社会にとっては，連邦制は，あまりに複雑にすぎ運用しにくいものである。主として，19世紀末時々現れた大英帝国にとって連邦制憲法が良いとする議論との関連で述べられたものであったが，ダイシーは，連邦制憲法に対して極めて批判的であった。ダイシーの見解からすれば，連邦政府は常に弱い政府であった[21]。さらに，「連邦主義は法律万能主義を意味する」；裁判官が，連邦の権力と州の権力の均衡関係を決定する。なるほど，これを見れば，単一憲法の下でさほど拘束されずに仕事をするのに慣れてきた政治家達に連邦制憲法が不人気な理由が分かる。しかし，アメリカや現代ドイツの経験に照らして見れば，連邦政府は脆弱であるという批判をあまりまともに受け取ることができない。また，オーストリアとオーストラリアのように相互に異なった国家においても，連邦主義はうまく機能している。

しかしながら，連邦主義は，平易なあるいは容易に理解しうる統治形態ではない。その他の点におけるダイシーの功績がどのよなものであれ，英国では連邦制度はさほど望まれていないと言う（1915年の *Law of the Constitution* 第8版序文における[22]）彼の指摘は正しい。そして，彼のこの見方は当時と同様現代にも当てはまる。連邦制は，その根拠や価値からして，例えば人権や政治的平等ほどに人々の関心を呼ぶものではない。最近まで，英国やフランス憲法のような長い伝統を持つ単一憲法が連邦制憲法に改正されるような状況は予想しがたいものであった。だが，スコットランド議会への立法権の移譲は，こうした方向に向けての進展が，今日では，今までそうであった程に考えられないものではないことを意味しているのかもしれない。後で見るように，連邦制度と立法権の移譲との間の相違は，現実に現れてくる相違よりも理論上の相違の方が大きいのかもしれない。

---

21) Dicey, 171-5. しかし，Sawyer, 前掲註6, 124-5 におけるダイシーの分析に対する批判参照。

22) Reprinted in Indianapolis (1995), cii-cvi.

III 権限移譲

　単一憲法を持つ国家が，幾多の理由から行政区の議会に権限を移譲するとの決定をなすこともある。地方の共同体の必要により一層適合しうるよう，政治的権限を中央集権化させないようにしたいと言うのが，共通して見られる動機の一つである。あるいは，権限移譲は，国家主義的集団や政党からの政治的圧力に対応することを主目的としたものとも言えよう。立法権と行政権の両者が地方に移譲されることもあれば，行政権だけが移譲されることもある。1998年ウェールズ統治法(Government of Wales Act 1998)によるウェールズへの権限移譲は後者を採用したものであった；こうした方式は，最終的には，権限の移譲を求める英国の各行政区に広がって行くかもしれない。これとは対照的に，スコットランドへの権限移譲は，特定の権限のみを英国議会に残して，広範な立法権をエジンバラにあるスコットランド議会に移譲するという内容を含んでいた。エジンバラ議会に責任を負う筆頭大臣（First Minister）に統括されるスコットランド行政府も誕生するであろう。

　原則的には，連邦制憲法と行政区に実質的な立法（およびその他の）権限を譲渡するもしくは譲渡することを認める憲法との間には明確な相違がある。連邦制憲法の下では，国家の機関と州（ないしは行政区）の機関との間で法的権限が分配されており，これを変更するには憲法を改正しなければならない。さらに，通常は，中央も州も改正手続に参加する権利を持っており，どちらかが一方的に権限の配分を変えることはできない。（だが，一つの州だけで求められている改正を阻止することができるという方式は普通見られない。）他方，移譲制度の下では，大抵の場合，行政区に権限を移譲するとしていた法を廃止するないしは改正するような通常の法律を制定することによって，中央の立法府が，移譲されていた権限のいくつか，あるいはその全てを回収することができると言うのが一般的である。スコットランドへの権限移譲制度が意図しているところは，これである；ウェストミンスター議会は，その主権を保

持している。それゆえ，理論上，ウェストミンスター議会は，エジンバラに移譲された権限のいくつかを取り戻すことができるであろうし，権限移譲法全体を廃棄することすらできるであろう。

時として，ある憲法が，連邦制のものなのか，実質的に権限を移譲している単一的なものなのかを確定することが困難な場合もありうる。1978年のスペイン憲法は，特にその特徴がとらえにくい憲法である。憲法の定めるところにより，一定の分野に関する権能は中央に留保されているが，各行政区は広範な立法権と行政権を享受している。これらの行政区の権限は，形式上，憲法それ自体ではなく中央にあるスペイン議会によって制定された自治に関する諸法によって与えられたものである。いくつかの行政区，とりわけ，カタロニア，ガリシア，およびバスクは，他の地域よりも広範な権限を享受している。一見したところ，これは，中央集権化していない単一憲法に見える。しかし，自治に関する諸法は，関連する地域と中央の同意によってのみ改正しうるのである；発案し法を起草するのは前者である。実際，この組織形態は連邦制憲法に酷似している。他方，大戦後の1948に制定されたイタリア共和国憲法は，憲法の条文により，「自治体（autonomous institutions）」と称せられる各行政区に重要な立法，行政および財政上の権限を与えているが，連邦制ではないと言ってまず間違いない。

しかし，たとえ理論上連邦制憲法と権限移譲を認めた憲法を区分することが可能であったとしても，実際には，両者の間にさほど大きな相違はないかもしれない。一度権限が移譲されれば，たとえ確固とした憲法律の条文の下，中央がそのようなことをなし得るとされていたとしても，中央の立法府や行政府が，移譲されたものを回収しあるいはこれらの事項に対して権限を行使するというのは，政治的に見て非現実的であろう。あるいは，中央の立法府は，権限が移譲されている地域に対する関心を全く失うことになるかもしれ

---

23) White Paper, *Scotland's Parliament* (1997) Cm 3658, para. 4.2.
24) J. J. Solozabál, 'Spain : A Federation in the Making?' in J. J. Hesse and V. Wright (eds.) *Federalizing Europe?* (Oxford, 1996), 240 参照。
25) 第115-19条。

ない。こうした状況の下では，おおむね事実上の連邦制が存在するのである。1920年アイルランド統治法（Govenrment of Ireland Act 1920）によって，ストーモント議会に，「北アイルランドの平穏と秩序および良き政治体制を維持するために法を制定する」権限が与えられた時，これに類似する現象が英国でおこった。同法の75条は，これがウェストミンスター議会の権限に影響をおよぼすものでないと定めていた。しかし，実際には，不穏な社会情勢のため憲法律の定めるところにしたがえばウェストミンスターが常になしえたような干渉と立法権および行政権の直接的な行使が必要となるまで，ロンドンはウルスター地方の出来事に対してほとんど無関心であった。ここで重要なのは，ストーモント議会が50年間近くウルスター地方の内部的な問題を自由に規律することができるような状況のままに放置されていたと言うことである。この間，ロンドンの政府は，例えば，アメリカの連邦政府が，1954年以降，各州で黒人と白人が平等に教育を受けることができるような施設を設けるよう強制的に働きかけてきたのに比べて，国民の権利と言う問題にほとんど関与してこなかった。このように対比してみると，連邦制度と権限移譲制度の間には，実際の運用において大きな相違が無い場合もありうることが知れる；権限移譲制度をとれば必然的に中央政府による恒常的な干渉と言う結果を招くと言う想定は明らかに間違ったものと言えよう。

　このように言えるのであるが，法的には，権限移譲は，構造上連邦制度よりもはるかに融通のきくものである。この点，疑いの余地はない。まず第一に，権限移譲の場合には様々の行政区に異なった形で権限を移譲することができるが，連邦制憲法の場合には全ての州や行政区を平等に取り扱うのが通例である。（ケベック州に対して多くの他とは異なった取り扱いをしているカナダは，明らかにこの例外である。）スコットランドとウェールズへの権限移譲制度は，全く異なったものである。将来，英国の何処かの行政区に権限が移譲されるようなことがあれば，これとは異なる第三の形態が現れるかもしれない。第二に，権限移譲制度の下では，地方の機関が移譲された権限を濫用したり

---

26) 連邦政府は，最高裁が各州に対して学校での人種差別撤廃を求めた *Brown* v. *Board of Education* 347 US 483 (1954) の後，この問題に係るようになった。

その行使を誤ったりした場合には，中央政府は合法的にこれに代わって活動することができる。つまり，権限移譲制度には，常に有用であり，戦争や経済的危機に見舞われている場合には不可欠な柔軟性があるのである。これとは対照的に，連邦制憲法が効果的に作用しうるかどうかは，憲法を厳格に解釈すれば行政区の権限の侵害にあたるような中央の法律や行動に，裁判所が進んで好意的な見方をとるかどうかにかかっていると言えよう。過去50年間，アメリカ最高裁判所は，通常，連邦議会の立法権，とりわけ州と州の間の通商を規制するための立法権を広義に解釈し[27]，これによって，州に対する中央の権限を増大せしめてきた。

　権限を移譲した場合に生ずる基本的な問題は，連邦制憲法の下で生じる問題に類似したものである。一つの問題は，権限移譲法によって特定の権限が行政区の議会に委ねられるのか，それとも，1920年アイルランド統治法がそうであったように，列挙された留保的権限のみを英国の議会および政府に残して，一般的権限が移譲されるのかどうかである。エジンバラ議会に権限を移譲する1998年スコットランド法は，ウェストミンスターに留保された権限を列挙するという点で，1920年の法律にならったものである。枢密院令によってこれに列挙された事項は改正されうるが，これには，英国議会とスコットランド議会の両者の同意が必要である。1970年代に労働党政権によって提案された以前の権限移譲法案には，スコットランドおよびウェールズ議会に特定の権限を移譲するものだったと言うところに難点の一つがあった；これであれば，公務員や法律家達は，どの権限が移譲に相応しいかを決定するために，法令全書をくまなく調べなければならなかったのである。この点，1997年に選出された労働党政府が選んだ方法は好ましいものであった。なぜなら，法を制定するスコットランド議会の権能に関して法的疑問が生じにくくなると思われるからである。面白いことに，こうしたやりかたは，連邦制憲法の下で権限の配分に際して大抵の場合とられる方法と一致している[28]。

　その他の根本的な問題として，各行政区の議会が租税を課す権限を持つべ

---

27) 第1章V参照。
28) IIにおけるアメリカ憲法やドイツ憲法に関する議論を参照。

きかどうか，および，中央の議会や行政府と行政区の議会や行政府との紛争をいかにして解決するかと言う問題がある。また，同様な問題が連邦制度の下でも生じる。ドイツ基本法には，連邦および州の課税権および財源を割り当てられる権利に関する詳細な規定がある[29]。連邦は，関税を課す排他的な権利と，そこから生じる歳入の全てないしは一部が連邦の収入となる競合的課税権を持つ。所得税および法人税により生じる歳入の割り当てが，連邦と（全体としての）邦との間で平等に分けられるため，これらの租税を課す資格が連邦に与えられている[30]。一方，相続税，自動車税，およびビール税から生じた税収入は邦のものとなる。それゆえ，邦は，それらのものに課税する資格を持つ。税収入を調達するなんらかの権限が認められていなければ，行政区の議会は，税収入の割り当てと言う点で中央政府のやり方がひどいため自分たちのなすべき職務を果たすことができないと常に不平をこぼすことになろう。実際，1998年スコットランド法は，エジンバラ議会に，英国議会によって定められた所得税の基本的課税率を1ポンドにつき3ペンスの範囲内で増減させる権限を与えている；スコットランド内部での地方自治体政庁の課税および支出をコントロールする権限も移譲された。

　連邦制憲法の下では，裁判所は，それぞれの権能に関する連邦と州の紛争に対して審判を下す責任を負う。すでに述べたように，（アメリカでは必ずしもそうではないが）国によっては，裁判所は，州法と同様連邦の法をも躊躇することなく無効としてきた。1998年スコットランド法は，この点で異なる。スコットランド議会が制定した法の有効性に関して疑義が生じた場合には，同法に対する国王の裁可を求める前に，これを事実上貴族院である枢密院司法委員会に付託すると言う明確な規定が設けられている。通常裁判所も，法が制定された後生じた訴訟に際してスコットランド議会が定めた法の有効性に関し審判を下すことができるが，これには枢密院への上訴の道が開かれてい

---

29) 基本法第105-6条。
30) 実際に邦が租税を課すことができるのは，連邦がその競合的権限を行使していない場合のみである。連邦がそれらの権限を行使しない限りにおいて邦は競合的権限を行使しうると定めた第72条（1）参照。

る。それゆえ，スコットランド議会がウエストミンスター議会に留保されている権限を侵害しないよう法的な抑止力が働くと言うことになろう。しかしながら，ウエストミンスター議会は，憲法上，同議会に留保されていない事柄に対しても自由に法を制定することができる[31]。むろん，時間がたつうちに，英国議会は，少なくとも，スコットランドの議会や行政府の同意を得ることなく英国議会に留保されていない分野に踏み込んではならないと言った憲法習律のようなものが発達するであろう。

　権限移譲に関連する憲法上最もやっかいな問題は，1970年代にウエスト・ロジアン選出の議員タム・ディーエルがはじめてその問題を提起したためにそのように名付けられた，「ウエスト・ロジアン問題」として知られているものである；それは，スコットランドに権限移譲されてきたような事柄に関する問題に対して，スコットランド選出の庶民院議員がウェストミンスターにおいて自由に投票しうるべきかと言う問題であった。(無論，同じ問題がウェールズ選出の議員にも起こりうるが，ウェールズに権限移譲されたのは行政権のみであるため，ここではさほど差し迫った問題とはならない。) 言うまでもなく，スコットランド選出の議員も，ウェストミンスター議会において，外交問題や防衛のような権限移譲されていない事柄に関して自らの見解を表明し続けることができなくてはならない。しかし，スコットランド選出の議員が，例えば，イングランドにのみ影響をおよぼす教育や健康や住宅供給のような問題に投票権を持ち続けるとしたら，それは変則的であろう。彼らの投票によってイングランドにかかわる法案に対するイングランド選出議員の明白な多数意見がくつがえされることも当然に起こりうるのである。

　スコットランド選出議員の投票権を制限することによってその問題を解決しようとすると，現実的な問題が生じてくる；この場合，スコットランド選出議員が投票資格を持つ事柄に関しては内閣は院内で多数派の支持を得ることができるかも知れないが，その他の事案ではそうではないと言うことがおこりうるのである。1998年スコットランド法で考えられた解決方法は，直接

---

31) この権限は，1976年スコットランドおよびウェールズ法案第1条および1920年アイルランド統治法第75条に詳述されていた。

的支配を受けるようになるまで北アイルランドがそうであったように，ウェストミンスター議会へのスコットランド代表の数を減らすと言う方法であった。これは，妥協の産物以外の何ものでない。連邦制憲法の下ではこのような困難な問題は起こらないと言うことに注目しておきたい。連邦制の下では，権限を持つ分野が異なる二つの独立した立法府が存在する。例えば，カルフォルニア代表は，ニューヨークやペンシルバニアに影響をおよぼすような事項で，これに対してはニューヨークやペンシルバニアではなくカルフォルニア自身が決定する資格をもつ事項に対して，（おそらく決定的な）投票をなすことはできないであろう。

「ウエスト・ロジアン問題」は，権限移譲制度の弱点の一つをさらけだしている；この制度の下では，深刻な政治的緊張関係を解決するための確固たる構造を作り出すことはできないであろう。イングランドの政治家が，スコットランドにおける同様な問題に対して自分たちがこれに相応する発言権を持たないのに，スコットランド選出の議員がイングランドにのみ影響をおよぼす事項に対して投票することを認めるような制度に何時までも寛容であるとは思えない。このような制度が一定期間続くとすれば，それは善意と寛容によるものであろう。ここで重要なのは，このような制度には，これを改正するのに，とりわけイングランドで多数派を占める者が十分な立法権を取り戻そうと企てた場合，憲法上障害になるものは何もないと言うことである。これとは対照的に，連邦制憲法の下では，中央の多数派が地方の行政区を犠牲にして自らの権限を拡大することはできない。地方の行政区の権能を侵害する法律は，政治的に（元老院ないしは上院において）阻止されるであろうし，たとえそれが制定された場合でも裁判所に異議を申し立てられることになるであろう。さらに，連邦には単独で憲法を改正する権限はなく，多数の州の同意を得なければならない。単一憲法と連邦制憲法の妥協の産物である権限移譲制度が長期にわたって憲法上の安定性を保障する上で脆弱にすぎると知れる日が訪れることであろう。

IV 地方政府

　スコットランド議会およびウェールズ議会が設けられるまでは，地方自治体政庁が，中央政府の外にあって，条例を制定する立法権を含む包括的な権限を享受する唯一の団体であった。この多目的性を持つ役割が，これらの地方自治体政庁とただ一つの機能しかもたない健康局のような機関とを区別する特徴の一つであった。地方自治体政庁が持つその他の重要な特色としては，選挙で選ばれることと，税収入を得ることができること，および事務の優先順位の割り当てや支出の決定に際し一定の範囲内で裁量権を持つことがあげられる[32]。それゆえ，こうした地方自治体政庁は，英国憲法にあって，中央政府の権限を他の行政区の権限とバランスのとれたものにする，しかも民主的な方法でバランスのとれたものにしうる唯一のものであった。

　今日の制度は，19世紀末にまで遡ることができる。この頃，各州議会が従来治安判事に委ねられていたほとんどの行政上の機能を継承したのである。今日，その法的根拠となっているのは，イングランドおよびウェールズでは，1972年地方政府法である。これにより，一様に，州議会と地区議会の二層構造がとられることになった。(第三層として，わずかな機能しかもたない村議会がある。)しかし，その構造は，1985年に改められた。この年，保守党政府は，大ロンドン議会と六つのロンドン以外の大都市圏議会を廃止したのである。その主な理由は，これらの議会が保守党政府の社会政策に反対する勢力の中心になっており，保守党政府がこれを嫌ったからである。イングランドでは，1996年さらなる変革がなされ，バークシャーのような長期にわたり存在していた州政庁が廃止された。他方，ウェールズでは，すでに二層制は一層制に代わっていた。1997年に選出された労働党政府は，選挙によって選ばれた機

---

32) M. Loughlin, 'The Restructuring of Central-Local Government Relations' in J. Jowell and D. Oliver (eds.), *The Changing Constitution* (3 rd edn., Oxford, 1994), 261, 263-5 参照。

関をロンドンに再度設けるとの計画，および，直接選挙によって選ばれた行政権を持つ市長を認めると言うよりラディカルな計画を提出した。

　地方政府の構造上の急激かつ恒常的な変革は，どちらかと言えば，地方政府の支出や租税徴収権に対する中央政府の支配権の拡大にともない生じたものであった。地方自治体政庁は制定法上の組織体であり，議会制定法によって認められた目的のためにのみ支出が許される。もし，地方自治体政庁がその権限を越えれば，その行為は権限踰越 (*ultra vires*) であり支出は停止させられうる。権限無き支出に対し責任を負うべき地方自治体の参事は個人的に責任を問われる可能性がある。環境担当国務大臣は，地方自治体政庁の主要な支出を事実上統制しうる立場にある。さらに，もし，年次支出が英国政府によって定められた水準を超過すれば，英国政府からの補助金が削減されうる。最も厳しい措置として，政府は，自らの権限を行使し，地方自治体政庁が地方税として徴収しうる税の総額を制限していた；これは実質上の固定資産税にあたる土地家屋税 (rates) の形を取っていたが，公式には「地方負担金 (community charge)」として知られている極めて不評な人頭税がこれにとって代わった。地方税 (council tax) がはじまったのは1993年初頭である。最終的には，地方自治体政庁の裁量権は，様々な事情で譲渡されたり抑制されたりしてきた。例えば，1988年教育改革法によって，国務大臣は地方の公立学校が採用すべき全国的なカリキュラムを制定することができるようになった。また，他の法律によって，地方自治体政庁は，購入を希望する賃借人に公営住宅を売却し，廃品回収や事務所の清掃のような事業を請負業者の入札に委ねなければならなくなった。

　地方自治体政庁の仕事の多くは，例えば，公営住宅の割当や土地の開発許可のように，実質上行政に係わるものである。従って，こうした職務に関する詳細な検討は，これらの権限に関する司法審査についての諸原則の取り扱いと同様，行政法に関する書物で議論されるべきものである。しかし，憲法上地方自治がどのような立場にあるかを述べておかなければならない。なぜなら，地方自治体政庁が強力であれば，中央の権力との均衡ないしは釣合を保つことができると思われるからである。実際には，地方自治体政庁の立場

は弱いものである。すでに見てきたようように,議会は自由に地方自治体の構造を変革し特定の地方議会を廃止することができる。中央政府は,伝統的に地方レベルで行われてきた職務を自由に引き継ぐことができるし,地方自治体政庁に対して事業を民営化させるよう強制することもできる。議会が立法上の至高性を享受している以上,憲法上,議会は地方政府からすべての裁量権や租税徴収権を剥奪することができるし,地方政府を廃止することすらできるのである。

基本法が,連邦政府および邦政府の両者から地方政府を保護すべく一定の保障を与えているドイツでは,このような極端な手段がとられる可能性はないように思われる。基本法第28条(2)は,次のように定めている。

> 市町村(*Gemeinden*)に対しては,法律の範囲内で地域共同体のすべての事項を自らの責任において規律する権利が保障されなければならない。

市町村は,法が市町村の自治権を侵害するものであると判断した場合には,憲法裁判所に対して不服を申し立てうる地位にある。憲法裁判所は,市町村がその職責を適切に果たすことができないことが明白でなければ,邦は市町村から特定の職責を奪ってはならないと判示してきた。地方自治体の職責に対してより好意的な推定が働いており,邦議会は,費用面を考慮する以上に,市民と地方自治体政庁との密なる結びつきを重視しなければならないのである。市町村から権限を剥奪する法律は,裁判所において慎重に審査されなければならない[33]。しかしながら,実際には,邦が,個々の市町村の職務を市町村の連合体あるいは他の組織に移譲した場合,もしくは地方政府を再編成した場合には,裁判所はこれに対する干渉にためらいを見せてきた。

英国の裁判所は,どちらかと言えば,自らの裁量権を維持しようとする地方自治体政庁の主張,とりわけ,議会の立法による権限削減に反対する主張に対して好意的ではなかった。ここで忘れてはならないのは,地方自治体政

---

33) 79 BVerfGE 127, 143-55 (1988).

庁が持つ権限は，議会が地方自治体政庁に与えたもののみだと言うことである。政府（Crown）とは異なり，地方自治体政庁は，コモン・ロー上その活動に関して概括的な権限を持たず，それゆえにまた，制定法によって認められていなければ，自らの政策を決定しこれを実行にうつすことはできない。時代を異にする二つの事例がこれを明らかにしている。1925年，貴族院は，*Roberts* v. *Hopwood*[34]に際して，ポオプラー区議会には，その被雇用者に対して男女平等に賃金を支払う，あるいは平均を上回る最低賃金を定める権限はないと判示した。当時，少なくとも裁判官の目から見て奇妙な平等政策と見なされたものを推進することは，同区議会の権限外であった。近年，控訴院は，地方自治体政庁は娯楽目的で取得された土地でのフォックスハンティングを禁止することはできないとの判断を示した[35]。それゆえ，地方自治体政庁は，その土地の使用に関して，私的所有者やナショナルトラストのような団体にも劣る権限しか持たないことになる。なぜなら，地方自治体政庁は，この種の政策を認める制定法上の規定を示さなければならないからである。このような規定の無いところでは，裁判所の目から見れば議会で解決されるべき「微妙な全国的問題」に対して，一自治体がこの種の方策を講じることは不適切であった。

　地方自治体政庁は，自治体の支出および租税徴収権に対する環境担当大臣の統制に異議を申し立てた際にも敗訴した。二つのリーディングケースで[36]，国家的な経済政策の作成と実行を含む国務大臣の判断を審理することに貴族院は相当なためらいを見せた。少なくとも，異議申し立ての根拠が，彼の決定が「不合理である」あるいは「道理の通らないものである」と言う場合にそうであった。裁判所がためらいを見せた理由の一つは，両事件とも，政策原案やその実行が，異なった段階においてではあるが，庶民院の投票で賛同を得ていたことにある。この意味するところは，このような状況の下では，

---

[34] [1925] AC 578.
[35] *R* v. *Somerset CC, ex parte Fewings* [1995] 1 WLR 1037.
[36] *R* v. *Secretary of State for the Environment, ex parte Nottinghamshire CC* [1986] AC 240 ; *R* v. *Secretary of State for the Environment, ex parte Hammersmith and Fulham LBC* [1991] AC 521.

中央政府をコントロールするのは裁判所ではなく庶民院だと言うことであった。その結果，国務大臣は地方自治体政庁の支出に制限を設けることができたし，後者の *Hammersmith* 事件では，自治体によって課せられる地方負担金の「上限を定める」ことによってそれが可能となった。これらの事件を通じて見られる憲法上重要なポイントは，裁判所が地方政府の自治に好意的な姿勢でこれらの事件を扱わなかったと言うことである。ドイツのように地方政府の地位が憲法によって保障されておれば，裁判所は，そのような態度はとらなかったであろう。ところが，裁判所は，国務大臣が国家的に重要な経済政策の実行に際して法律の範囲内でこれを行ったかどうかを調べるのみと言う途を選んだのである。

それゆえ，議会および中央政府は法律上何の制限もなく地方自治体政庁をコントロールすることができるのである。しかしながら，地方政府に一定の独立性を確保せしめることを目的とした，中央政府と地方政府との関係を決する憲法習律があるとする主張がなされてきた[37]。他方，ウェストミンスターの政治家達は，時として，地方自治体政庁が中央政府によって定められた支出制限に服従するよう求める習律の存在をほのめかしてきた。こうした見地からすれば，1980年代に中央政府に与えられた制定法による統制は，単に習律に法的根拠を与えただけだと言うことになる。このように見解が対立しているところからして，少なくともこれらの習律が不明確なものでり，おそらく何の習律もなかったのではないかと思われる。いずれにせよ，権力の行使を抑制するものとして習律に依存することがいかにむなしいものであるかは，前章で見たとおりである。

これに対して何が為されるべきであろうか。地方自治に関する欧州憲章会議 (Council of Europe Charter of Local Self-Government) は，同会議の加盟国に対して，憲法上可能であれば地方自治の原則を認め，地方自治体に対して概括的権能を付与するよう求めている。こうした基準は，例えば，ドイツ基本法第28条 (2) によって認められてきた。英国も近年同憲章に署名して

---

37) Loughlin, 前掲註 32, 262-5 ; V. Bogdanor, *Politics and the Constitution* (Aldershot, 1996), ch.9.

おり，今日，その原則をどのようにして英国の憲法制度の下で実施すべきか考えるべきである。スコットランド議会への立法権の移譲は，確固とした憲法上の基礎の上に，境界線の北部で地方政府を確立せしめる絶好の機会である。(主要都市から遠く離れた市町村の利益がグラスゴーやエジンバラのそれよりも軽んぜられる可能性があるため，スコットランド政府とこれら遠隔の地にある市町村との間に何らかの緊張関係が生ずるものと思われてきた。) 可能な方法の一つとして，スコットランド議会が自由に地方自治体政庁の権限を削減できないように拘束を加えるような形で，権限移譲立法に地方自治の原則を組み込むことが考えられよう。また，エジンバラの政府と地方自治体政庁との合意に基づく協定ないしは協約によって，後者の利益の尊重を確実なものにする方法も考えられよう。そうすることで，これに関連するスコットランドでの憲法習律を確立すると言う効果が生じるであろう。[38]

英国憲法の下で，地方政府はあまりにも長きにわたって無視されつづけてきた。例えば，パリの主要な政治家達とは異なり，ロンドンの政治家で市長あるいは地方自治体の参事として豊かな職務経験を持つ者はほとんどいなかった。過去20年間，地方政府の権限は削減され続けてきた。その結果，地方選挙での投票者数は低迷している。また，有能かつ大きな志を持つ人々をして地方政府のために働こうと言う気を起こさせることも希なものとなっている。(ロンドン市長の選挙が実施され，その後その他の市長選挙が実施されることになれば，こうした傾向も緩和されるであろう。) もし地方政府がより大きな権限を持てば，まちがいなく，地方政府はより効果的な活動ができるであろうし，より尊重される存在になるであろう。さらに，もし，地方政府の地位が憲法典によって保障されたならば，これは，中央政府の機関に対して有効な抑制機能，単一憲法との関係から見て特に必要となる抑制機能をはたすであろう。

---

38) Constitution Unit, *Scotland's Parliament*, paras. 476-8.

第4章
欧州連合の憲法

I 序　論

　欧州連合および欧州共同体法上の諸法は，英国に大きな影響をおよぼしている。そして，この影響は憲法律にもおよんでいる。次章で見るように，貴族院は，議会制定法が欧州共同体法上の法に抵触する場合には同制定法は適用されるべきではないと判示してきた。実際，欧州共同体法によって，過去300年間裁判所が支持してきた議会立法至高性の原則に修正が加えられてきた。今日，従来にも勝って頻繁に取り上げられる憲法上の問題，特に経済通貨同盟への加盟可能性をめぐって取り上げられる憲法上の問題は，欧州連合が今後国家連合へと発展していくのか，それとも，完全な連邦制度へと移行するのかと言う問題である。もし後者であるならば，英国は国家主権を失いつつあると言うことになる。なぜなら，カリフォルニアがアメリカの州の一つでありバイエルンがドイツの邦の一つであるように，これと同様な形で，英国は，事実上，連邦の中の一つの州になると思われるからである。この問題に答えるためには，まず欧州連合および欧州連合の基礎となっている欧州共同体の法的性格を調べてみなければならない。

　一見したところ，本章のタイトルは紛らわしものに見えるかもしれない。その法的性格がどのようなものであれ，欧州連合は国家ではない。さらにま

た，「憲法」と名付けられた何らかの単一の法典に基づいて存在するものでもない。そうではなく，欧州連合は，すでに存在した諸条約，とりわけ欧州経済共同体を創設した1957年ローマ条約に基づきつつ，これを修正した1992年マーストリヒト条約によって生まれたものである。しかし，欧州連合が国際法が意図している国家に相当しないと言う理由だけで，欧州連合は憲法を持つことができないと考えるなら，それは間違いであろう。多くの組織が，国家が憲法を制定するのとまさに同じような理由で，憲法を起草している。通常，クラブ，政党，労働組合およびその他の組織体が，その目的と存在価値を示し，特定の役員や委員会に責任を分担させ，かつ年次総会やその他の構成員の会合に関する規定を設けた文書を作成している。その記述様式がどのようなものであるかは重要な問題ではない；これらの文書は，例えば，アメリカ憲法やドイツ基本法がそれぞれの国家のために果たしているのと同じ役割を，その組織のために果たしているのである。事実上，それらの文書は憲法なのである。同様に，国連憲章も「国連の憲法」と称することができた。それゆえ，欧州連合や欧州連合が立脚している欧州共同体が憲法を持ちえたと解して間違いない。こうした組織が実際憲法を持っているかどうかは別の問題である。

　この問題は，先ほど第2章で述べた問題，すなわち，英国における，政府に関する制定法や判例法および習律を寄せ集めたものを憲法に相当すると言うことが妥当かどうかと言う問題と幾分類似したところがある。明らかに憲法としての地位を持つ法典化された文書および制定法が存在しない場合に，これらの諸規則が実質上憲法としての性格を持つものかどうかを我々は問題とした。これらの諸規則は，通常憲法典に見いだされる規定と同じ機能をはたしているのであろうか。これらの諸規則は，様々な政治的機関および政府の機関に対する権力の配分に係わるものであり，これらの権力行使に拘束を加えるようなものであろうか。我々はこれを問題とした。そして憲法典に見られる場合ほどにその輪郭は明瞭ではないが，憲法に相当すると言って問題がない一群の比較的明瞭な規則が存在すると言うのがこれに対する解答である。[1]

1) 第2章 I。

欧州連合に関連してこの問題が生じた場合にも，同様の考え方ができる。これに対して十分な答えを出すためには，欧州連合および欧州連合の基礎となる欧州共同体を形成している諸条約を詳細に検討しなければならないであろう。また，条約および共同体の法に対して有権解釈をほどこすために，まさにそのために設けられた機関である欧州司法裁判所（ECJ）の判決をも考慮する必要があろう。事実，同裁判所は，（欧州経済共同体ならびに欧州原子力共同体を創設せしめた）1957年ローマ条約を，「法の支配に基づく共同体の憲法的憲章（constitutional charter）」と称している。[2] 後に見るように，その見解は正当なものである。諸々の条約によって，それぞれ異なった機関に権限が配分され，これらの機関が権限を逸脱した場合にはこれを阻止するための法的手段およびその他の手段が定められているのである。しかし，欧州連合の憲法秩序は複雑なものであり，これには欠陥もある。

　本章のIIにおいては，マーストリヒト条約の構造と，それ以前の条約によって創設され今日でも欧州連合のために機能している共同体の諸機関について簡単な説明を加えておきたいと思う。また本章のIIIでは，欧州司法裁判所によって形成されてきた主要な憲法原則のいくつかを明らかにしたいと思う。欧州司法裁判所は，欧州の憲法の発達に関して，アメリカ最高裁判所がアメリカのために，とりわけ19世紀初頭にはたしてきたような創造的かつ多くの議論を呼び起こす働きをしてきたのである。最後に，本章のIVでは，英国で多くの政治家やその他の人々を悩ませてきた問題に答えよう；欧州連合はすでに連邦制となっているのか，あるいは必然的に連邦制にならざるをえないのかと言う問題である。

II　欧州連合の構造と機関

　公式には欧州連合条約（TEU）として知られる1992年マーストリヒト条約

---

[2] Opinion 1/91 on the European Economic Area Agreement [1991] ECR I-6079, 6102.

による欧州連合の創設は，第二次大戦後にはじまったヨーロッパの統合にむけてのさらなる前進を示すものであった。これに先立つ二つの条約によって，欧州連合の基盤となる三つの欧州共同体が創設された；1951年パリ条約によって確立された欧州石炭鉄鋼共同体，1957年ローマ条約によって創設され今日では単純に欧州共同体（EC）として知られる欧州経済共同体および欧州原子力共同体がそれである。いささか紛らわしいが，欧州連合（EU）と欧州共同体（EC）と言う言葉のどちらもが，今日なお条約の条文で用いられている。残念ながら，このややこしい状態は，マーストリヒト条約とそれ以前の共同体の諸条約の両者を改正した1997年アムステルダム条約でも解消されていない。概して言えば，「連合（Union）」と言う言葉は，マーストリヒト条約で取り入れられた規定，とりわけ，共通の外交および安全保障（CFSP）に関する規定，ならびに，警察および刑事事件に関連する司法上の協力に関する規定に用いられている。「共同体（Community）」と言う言葉は，古い条約，その中でも特に重要なのはローマ条約であるが，そのような条約に基づいて連合（Union）が活動している場合に，この連合を指して用いられる。今日，「共同体法（Community Law）」と言う言葉が一般的に用いられているが，これは，1957年以降その言葉が広く用いられてきたからであり，憲法上の諸原則と重要なEC法の諸規則を発展せしめていく上で，裁判所によってこの言葉が用いられてきたからである。しかし，その他の政治的関係を持つものについて言えば，今日，欧州連合と言う言葉を用いるのが一般的である。本章での言葉の使い方もこの区別に従うものとする。

　欧州連合は，初期の条約によって創設されていた機関によって運営されている。これらの機関は，欧州議会（EP），閣僚理事会（Council of Ministers），欧州委員会（Commission）および欧州司法裁判所（ECJ）からなり，司法裁判所には第一審裁判所（Court of First Instance）が付置されている。ローマ条約に基づき，閣僚理事会は，共同体の制定する二種類の法，規則と指令を制定する権限を持つ。規則は，自動的に各加盟国の法体系の一部となる。一方，指令は，加盟国に遵守しなければならない目標を課す。ただし，国内法の中

でそれをどのようにして実施するかは，各加盟国の裁量に委ねられる。[3] 理事会は，共同体（そして今日では連合）の機関ではあるが，各加盟国の代表で構成される。各加盟国は6ヶ月間の任期で交代で議長職を務める。議長は会議を招集し議長を務めなければならず，さらに，これに加えて，この立場を利用して新たな発案をすることもできる。閣僚理事会での交渉が長引くこともある。妥協案の同意にいたるまでに各国がそれぞれの利益を守ろうとするからである。会合は秘密裡にもたれるが，これは適正な民主的機関の精神や慣行に反するものである。時として，理事会は条約に基づき単純多数で法を制定することができるが，大抵の場合，条約により「特定多数」の決するところにより行動するよう求められる。ここでは，手続上，国家の規模に応じて各国家に複数の投票数が割り当てられる；例えば，最も大きな国家（フランス，ドイツ，イタリア，英国）はそれぞれ10票持ち，他方，最も小さな国家ルクセンブルグは2票しか持たない。手続上，法の制定には62の賛成票が必要であるとされ，これによってかなりの数にのぼる少数派国家が法の制定を阻止することができる。重要な決定の場合には全会一致によらなければならないものもある。

　法の制定には欧州委員会による正式な提案が必要とされる。この欧州委員会は，常設の行政機関としても活動し，必要であれば司法裁判所に提訴することによって共同体法の遵守を確実なものにする責務を負う。また同委員会はいくつかの立法権を持つが，これは，EC条約によって直接同委員会に賦与されたものか，閣僚理事会から委任されたものかのどちらかである。閣僚理事会とは対照的に，欧州委員会は，その性格からして純粋に超国家的なものである。その構成員は加盟国間の同意により任命されるが，彼らは完全に独立しており，政府ないしは他の団体の指示を求めること，ないしは指示を受けることは禁止されている。

　1979年以降，欧州議会の議員は様々な国家の国民によって直接に選出されてきた；英国は，最近まで，ローマ条約で求められていた方式である統一的

---

3) EC条約第189条，アムステルダム条約により第249条に変更。

投票手続の採用に抵抗してきた。欧州議会は従来用いられてきた意味での立法府ではない。いわんや，概括的な権限を有する主権的組織体でもない[4]。しかしながら，閣僚理事会と同様，同議会は，欧州委員会に対して規則ないしは指令を求める提案をなすよう要求することができる。欧州議会は，また，立法手続に参加する権利も持つが，これは立法上主題となる問題により異なる。少なくとも通常は諮問を受ける権利を持つが，事例によっては，はるかに重要な大きな権限を持つこともある。欧州連合条約（Treaty on European Union）によって導入された共同決定手続に基づき，欧州議会は，諸条約に規定された様々な事項に関して，事実上法の通過に拒否権を行使することができる。しかし，閣僚理事会の反対に抗して議会が提出した修正案を押し通すことはできない[5]。マーストリヒト条約およびアムステルダム条約によって，欧州議会に，加盟国政府による欧州委員会委員長の任命に同意し，あるいは，これを拒否する権限が与えられたことにより，同議会はさらに強化されてきた；また，欧州議会は，委員長との協議の上各国政府によって選任された総体としての 20 名の委員を承認する権限を持っている[6]。同議会は，投票数の三分の二の賛成で，（個々の委員ではなく）委員全員を強制的に辞職させる権限を持っている。最後に，欧州議会は，公開討論および行政を監視する場として活動している。これは立法府が持つ二つの伝統的な役割である[7]。

　欧州理事会（European Council）に重要な地位が与えられたが，これは，欧州連合条約による主要な制度上の進歩である。この欧州理事会は，「欧州連合を発展せしめるために必要な推進力を与え，連合のために一般的な政治的ガイドラインを定める[8]」。欧州理事会は，1974 年以降，加盟国首相の会議から発展し，ローマ条約を修正した 1986 年の単一欧州法によってはじめて公式に

---

4) 1992 年 4 月 9 日のフランス憲法評議会判決 92-308，RJC I-496, para. 34（Favoreu and Philip, 781, 788）参照。
5) 第 189 b 条（アムステルダム条約により第 251 条に変更）に基づき，閣僚理事会が欧州議会の修正案に賛同した場合には，閣僚理事会は同修正案を特定多数により採択することができる。そうでない場合には，調停委員会が不一致の解消に勤める。
6) 第 158 条，アムステルダム条約により第 214 条に変更。
7) これらの機能に関する議論については第 5 章IV参照。
8) 欧州連合条約 D 条（アムステルダム条約第 4 条）。

認められたものである。同理事会は，少なくとも年二回会合を持ち，国家元首（フランスの場合）ないしは政府の首長および欧州委員会の委員長で構成され，外務大臣および委員会の委員がこれを補佐する。

　欧州連合条約は，多くの重要な点でローマ条約を修正している。これにより，例えば，欧州議会の権限を拡張し，欧州共同体に対してはじめて，文化，健康，および消費者保護の分野でいくらかの権限を与えるなどのことがなされた。また，同条約によって，欧州連合の市民権が確立した；加盟国のすべての国民は，欧州連合の市民でもあり，その他の権利と共に，当該国家の国民と同一条件の下で自らの居住する国家において，地方および欧州の選挙に投票し立候補する資格を有する[9]。さらに，この条約は，最終的には経済通貨同盟（EMU）導入の法的基盤となる規定をも設けていた。

　しかし，憲法一般から見てより関心を引くのは，欧州連合条約が，政府間相互の手続に関する二つの定めを設けていると言う事実である。一つは，外交および安全保障に関する共通の政策を推進せしめるためのものであり，今一つは，司法および国内問題の分野での協力を進めるためのものである（アムステルダム条約では，警察分野での共同行動および刑事事件に関する司法協力）。これ以前の欧州共同体条約における立法手続とは対照的に，この二つの手続については，欧州委員会および欧州議会が関与する余地はほとんどない。一方，加盟国の閣僚理事会は，通常，全員一致で活動するよう求められている。（しかしながら，ヨーロッパの外交政策を強化するため，アムステルダム条約により，それが欧州理事会で同意された共通の戦略を実行に移すものである場合には，特定多数決でこの分野における何らかの行動をとる権限が欧州閣僚理事会に与えられている[10]。）法的見地から見て最も重要なのは，アムステルダム条約により，警察および司法協力に関する規定に基づく法の有効性や解釈に対して判断を下す権限が司法裁判所に与えられるであろうが，先に述べた二つの高度に政治的な分野に関しては，司法裁判所はほとんど司法権を持たないと言うことで

---

9) EC条約第8-8e条（アムステルダム条約第17-22条）。
10) 欧州連合条約J.13条，アムステルダム条約で23条に変更。

ある。

　結論的に，マーストリヒト条約によって設立された欧州連合は，三本の別々の柱で支えられていると言われる：まず第一に，単一の市場，農業，輸送およびその他の経済的,社会的事項にかかわる欧州共同体である；残る二つは，共通の外交および安全保障政策（CFSP）と警察および司法協力に係わる規定である。憲法の立場から見れば，これらの三本の支柱の法原則は，全く異なったものである。後に見るように，共同体法は一群の明確な憲法原則を発展させてきた。そして，こうした原則のゆえに，欧州共同体はいささか特殊なものであるが連邦制をとると言うことができる。他方，共通の外交および安全保障政策ならびに警察および司法協力に関する諸規定は，現時点では，アムステルダム条約後でも，共同作業をなすための枠組のみを定めたゆるやかな拘束力しか持たない国際的条約に酷似したものである。(各国家は，外交および安全保障政策に関して，それぞれの国家の政策を閣僚理事会で採択された共通の立場に一致させなければならないが，何らかの特定の方策をとる義務は負わない。)さらに，非共同体的な二つの支柱に関する欧州連合条約の条項は，多少はあるとしても，ほとんど個々人に直接的影響をおよぼすことはない；特に，これらの諸規定は，加盟国の国民に自国の裁判所で強行されるよう主張しうるような権利を与えるものではない。換言すれば，欧州共同体の条約とは対照的に，これら条約の規定は，以下Ⅲで述べるような「直接的効力を持つ」権利を与えるものではない。

Ⅲ　憲法上の諸原則

　これらの条約を，共同体，あるいは今日では連合の憲法と呼ぶのが適切なのはいかなる意味においてであろうか。すでに述べたように，欧州司法裁判所は，ローマ条約を「法の支配に基づく共同体の憲法的憲章」と呼んだ。そ

---

11) 欧州連合条約K. 7条，アムステルダム条約で第39条に変更。
12) 93-94, 120-121頁参照。

れは，共同体の目的と権能およびその政治的な機構を定めていると言う意味で憲法なのである。例えば，これらの条約の下，共同体には，刑法に関する規則を定め，教育および住宅の供給に関する基準を定める明白な権限が与えられていない；これらの事項およびその他多くの事項は，暗黙理に，共同体の干渉を受けることなく各加盟国が決定すべきものとされているのである[13]。しかしながら，明示的に共同体に委譲されていないこれらの権限を国家に留保するという明白な規定はない。この点で，これらの条約は連邦制の憲法とは異なる。連邦制の憲法の場合，通常は，州ないしは行政区は中央の機関に譲与されていない権限を行使することができると規定している[14]。

ローマ条約はまた，諸権限を様々な政治部門に割り当てている；閣僚理事会，欧州委員会，欧州議会である。最も重要なのは，この条約によって，条約の解釈，閣僚理事会の規則や指令のような諸法規の有効性ならびにその意味について最終的判断を下す権限を持つ裁判所，欧州司法裁判所が設置されたことである。加盟国の裁判所は，共同体法の有効性と解釈に関する問題を欧州司法裁判所に委ねることができるし，最終裁判所での事件の場合は，同裁判所にこれを委ねなければならない。これらの規定によって，同裁判所は，憲法律であれ，競争法および域内市場法のような特定の独立した分野であれ，共同体法の発展に決定的な役割を果たすことができた。

しかし，ローマ条約は，国家の憲法ではなく，「その利益のために各国家が自らの主権を制限してきた新たなる法秩序…」[15]たる共同体の憲法である。同様に，マーストリヒト条約も，極めて複雑なものであるが，欧州連合の憲法として機能している。しかし，本章のIIで見たように，第二第三の支柱となっている条約中の外交問題および法の強行に関する規定は，憲法に類似したものであると同様，国際的な同意とも類似性を持っている。ともかく，その意味するところを解釈する際の欧州司法裁判所の役割が制限されたものである

---

13) 最近，欧州司法裁判所は，共同体には欧州人権条約に関与する資格はないと判示した：*Opinion 2/94 on the Accession of the Community to the European Human Rights Convention* [1996] 2 CMLR 265.
14) 第3章II参照。
15) Case 294/83, '*Les Verts*' v. *European Parliament* [1986] ECR 1339, 1365.

ところから見て，これらの規定は，ローマ条約の規定ほどに明確に法の支配に基づくものではない。実際，欧州司法裁判所は，共通の外交および安全保障政策と言う支柱に対しては司法権を持たない。

共同体の憲法という性格は過去40年の間に徐々に現れてきたものにすぎない。欧州司法裁判所が，この憲法の基本的な諸原則を定式化してきたのである。こうした原則の中で，おそらく最も重要なのは，条約中の規定により，個々人が自国の裁判所でこれが強行されるよう求めることができる直接的効力を持った権利が生み出されうると言うことであろう[16]。その後,「直接的効力」の原則は，閣僚理事会より発せられる規則および指令にまで拡大されてきた。なお，指令については規則の場合以上に激しい議論が展開された。条約上の特定の条項，規則，ないし指令が直接的効力を持つか否かは，控訴院や貴族院のような国家の裁判所から欧州司法裁判所に対してこの問題が提起された場合に，欧州司法裁判所自体が判断すべきものである。

Van Duyn 事件を見ればこの原則がよく理解できる[17]。オランダ国籍のイボーネ・バン・ダインは，英国で違法ではないが有害な組織であると見なされているサイエントロジー教会で働くとの申し入れを受け入れるつもりであることを根拠に，英国への入国を拒否された。そこで彼女は，この拒否は，ローマ条約第48条によって認められ，共同体の法に規定された（職業につくために他国に入国する権利を含む）自由なる移動の権利を侵害するものであると主張した。欧州司法裁判所は，同第48条およびこれに関連する指令の重要な規定は直接的効力を持つものであり，各国家の裁判所で強行されうると判示した。ローマ条約は，加盟国は公共の秩序維持を根拠として自由な移動に制限を設けることができるとしていたが，司法裁判所は，このような結論に達したのである。しかしながら，指令64/221の下では，その決定が関係する人物の個人的活動を根拠とする場合に限り，加盟国は公共の秩序維持を根拠に入国を拒否することができた。各国家の裁判所は，例えば，バン・ダイン

---

16) Case 26/82, *Van Gend en Loos* [1963] ECR 1 ではじめて，その原則は定式化された。
17) Case 41/74, *Van Duyn* v. *Home Office* [1974] ECR 1137.

がその教会の積極的な構成員であり，彼女の個人的行動がこれを裏付けているかどうかを判断することによってこれらの規則を遺漏なく適用しえたのである。もしそうでなければ，英国の裁判所が強行しなければならない共同体法の下，彼女は入国の権利を持つことになったであろう。

直接的効力の理論は極めて重要なものである。なぜなら，これによって，欧州共同体は，国連のように単に国際法上の原則に支配される国家の連合体あるいは国際法上の組織であるとする主張が無意味なものとなるからである。さらに，直接的効力の原則から，かの有名な *Costa* v. *ENEL* 判決で欧州司法裁判所が宣言した国家法に対する欧州共同体優越の原則が導きだされる。[18] 例えば，ドイツの人々には，共同体法の下，平等な賃金の支払いを受け，職業につくために自由に行動する直接的効力を持つ権利が保障されうるのに，フランスの人々にはそれが保証されないとしたらナンセンスであろう。ドイツの裁判所が進んで共同体法を適用しようとしているのに，フランスの裁判官が国家法が共同体の規則に優先するべきであると言うことを根拠としてこれを適用しない場合，先のような状態が生ずることになろう。だが，共同体優越の原理をとりいれることによってこのような可能性はなくなる。さらに欧州司法裁判所は，たとえ国家法が欧州共同体の規則や指令が発せられた後に制定された場合でも，共同体法は国家法に優先すると判示した；このような状況の下では，共同体の法を適用するのが国家の裁判所の義務である。[19] 次章で述べるが，貴族院は，この共同体優越の原則を受け入れてきた；貴族院は，たとえこれとは矛盾する共同体の法規定が制定された後に制定されたものではあっても，そのような議会制定法の適用を拒否してきた。[20]

無論，直接的効力の原則および共同体優越の原則のみが欧州司法裁判所によって定式化されてきた憲法原則ではない。まず，同裁判所は，石炭鉄鋼条約の下での初期の事件で，共同体の機関内における権限の均衡の重要性を強

---

18) Case 6/64, [1964] ECR 585.
19) Case 106/77, *Simmenthal* [1978] ECR 629.
20) 第5章III参照。

調していた[21]。それぞれの機関が他の機関を抑制しうることによって各機関による権力の濫用を防止することができ，それによって，間接的に，共同体法によって影響を受ける人々の権利や利益を守ることができる。これは単に政治的な原則であるだけではなく，欧州司法裁判所によって強行されうるものでもある。ローマ条約第173条は[22]，同裁判所に対して，議会と理事会の合同で採択された拘束力を持つ措置，理事会，委員会，および欧州中央銀行によって採択された拘束力を持つ措置の合法性を審査するよう求めている。欧州司法裁判所は，第173条の条文が当時議会に対してそのような訴訟を提起することを認めていない時点で，議会に対し立法手続きに参加する議会の権利を行使しうるよう求めるべく訴訟を提起することを認めている[23]。なるほど，権力分立の観点から共同体の憲法を分析することは困難である[24]。理事会，委員会および欧州議会のすべてが立法手続に参加する。他方，執行権は通常委員会に属するが，議会の監査を受ける。ここに，一つの機関が政府の三つの機能のうちただ一つの機能のみをはたすという厳格な権能上の分離よりいささか複雑な，各機関間の均衡というシステムが生み出されている。

　第二に，裁判所は，共同体内の民主的性格を押し進めるために，議会の権利保護に関心を寄せている[25]。今日多くの事例において議会は立法手続上これ以上に十分な権利を享受しているが，ローマ条約は，通常，議会が少なくとも委員会によって起草された規則の意義について諮問を受けるよう求めている。裁判所は立法手続に参加する議会の権限を重要なものとして受け止めている。裁判所には，議会がそれに対して意見を述べる機会を持たなかったような規則に対しては，これを無効と宣言する用意がある[26]。さらに，理事会は，

---

21) Case 9/56, *Meroni* v. *High Authority* [1958] ECR 139, 152.
22) アムステルダム条約第230条。
23) Case 70/88, *EP* v. *Council* [1990] ECR I-2041, 2072-4. このような訴訟を提起する議会の権利は，後日，ローマ条約の修正によって条約に組み込まれた
24) K. Lenaerts, 'Some Reflections on the Separation of Powers in the European Community' (1991) 28 *Common Market L Rev.* 11 参照。
25) G. F. Mancini and D. T. Keeling, 'Democracy and the European Court of Justice' (1994) 57 *MLR* 175.
26) Case 139/79, *Roquette Frères* v. *Council* [1980] ECR 3333.

共同決定の手続に従い理事会と共同して法を制定する権限を欧州議会に与えている第100 a 条に基づき指令を発することもできる場合には，議会が理事会と協議する権利を持つにすぎないとする条約上の規定を根拠として指令を発することはできない。このような議会の参画は，「代表者の会議を中間に介在させることによって人民を権力の行使に参加させるべきであると言う民主制の基本的な原則を反映した」[27]ものである。このような判決からして，裁判所が，人民によって選出された唯一の機関の地位を強化することによって，しばしば共同体内における「民主的側面での欠落」と称せられてきたものを可能な限り削減しようとしていることが知れる。

今一つの特徴は，共同体の法秩序内で基本権が発達してきたことである。一連の事件の中で，裁判所は，言論の自由や所有権のような基本権に矛盾する共同体の法を同裁判所は容認しないであろうと述べてきた[28]。実際には，国籍に基づく差別の禁止および同一の職務に対して男女に平等な賃金が支払われる権利以外に，ローマ条約には人権に関する明白な規定はない。しかしながら，欧州司法裁判所は，共同体の諸機関に対して，加盟国の憲法およびこれらの加盟国が参加している国際条約，特に欧州人権条約によって保障された基本権を尊重するよう求めている。裁判所のこのような態度は，欧州連合に対してこれらの権利を尊重するよう求める欧州連合条約によって認められてきた[29]。

英国の憲法制度と比べて対照的なのは，法規外の習律の果たす役割が相対的に見て小さいと言うことである。共同体の習律に関して最も重要な事例は，1996年のルクセンブルク協約であろう。この妥協案は，加盟国にとって「極めて重要な利益」が危機的状況におかれる場合には，しばしば条約に明記されているように多数決によるのではなく，当該問題は理事会の全員一致と言う形でのみ決せられるべきであるというフランスの見解が受け入れられたこ

---

27) Case 300/89, *Commission* v. *Council* [1991] ECR I-2867.
28) 例えば Cases 11/70, *Internationale Handelsgesellschaft* [1970] ECR 1125 および 4/73, Nold [1974] ECR 491 参照。
29) F 条（アムステルダム条約第6条）。

とを示していた。しかし，近年，この協約が用いられるケースは大幅に減少し，この協約が今日いかなる評価をうけているのか明確ではない。とにかく，条約がそのような方式を認めている場合には，理事会は，これらの協約を無視し，特定多数決の投票で決定を下すことができると言うこと，ここに疑問の余地はないと言ってよい。実際，マーストリヒト条約およびアムステルダム条約の下，これまでの全員一致という要件に取って代わって，特定多数の投票による決定がしばしばなされてきた。欧州共同体憲法の下，この他に若干の習律が見られる。例えば，欧州司法裁判所は，委員が委員会で為された決定に反対する言論を公然となすのは不適切であると言う意味のことを述べて，「政治的レベルでの」委員の連帯責任の原則に言及している。しかし，概して言えば，習律に重要な役割を与える余地がないと言う点で，共同体の憲法は，例えばドイツ基本法に類似している。原則として，すべての憲法上の問題は司法裁判所の所轄事項となる；加盟国は，その問題が条約上の条規に当てはまる場合には，非公式な同意によってこの規定を勝手に撤回したり棚上げしたりすることはできない。

IV 欧州連邦？

　英国の政治家によって激しく議論され，他の何ものにも勝って議論の的とされている憲法上の問題は，欧州連合が欧州合衆国のような連邦制度に移行しつつあるのかどうかと言うことである。欧州連合が発展していく上で次にとられる政策は，欧州中央銀行が決定した通貨政策に従い加盟国が共通の貨幣を持つ経済通貨同盟である。論者の中には，この段階に入れば，欧州議会にさらなる権限が与えられ，必然的に完全な政治的統合にいたるであろうと説く者もいる。その結果，欧州連合は，そのような名称をとるかどうかは別として，実質的には連邦制になるであろう。欧州連合の機関，特に欧州議会

---

30) Case 5/85, *AKZO Chemie v. Commission* [1986] ECR 2585, 2614.

の権限が強化されるにつれて，国家主権と言う概念を重要なものとして受け入れることはできなくなるであろう。英国は欧州連邦の加盟国ということになろう。

　事実，このような変化がすでに起こっており，欧州連合はすでに一種の連邦制の性格を持っていると考えるべきだと言うこともできるのである。疑うべくもなく，ローマ条約によって設立された共同体は，個別性を持った法的組織体である。欧州共同体は，それ自体の政治的機関や法的機関を持ち，各国家の政府と同様，訴訟を提起し，また訴訟において争うこともできる[31]。（ややこしいが，欧州連合は法人格をもっておらず，厳密には訴訟に参加することはできない。）すでに見たように，ローマ条約は共同体の憲法的憲章である。さらに，欧州司法裁判所は，条約に明記された分野に限られたものではあるが，各国家はその主権を移譲したのであると繰り返し宣言してきた。この分野内では共同体法がこれと一致しない国家法に優越し，加盟国の裁判所は直接的効力を持つ共同体法を適用しなければならない。

　こうした理由だけをとりあげてみても，少なくとも，司法裁判所が過去40年間にわたって定式化してきた憲法原則の下，欧州連合が事実上共同体として行動する第一の支柱に関する限り，欧州連合は連邦制に類似した性格を持つと言える。相互に関連する直接的効力の原則と共同体優越の原則からして，共同体が連盟や同盟以上のものであることは明らかである。連盟や同盟のようなゆるやかな結びつきの下では，国連のような国際的組織が加盟国の個々の国民を拘束する規則を制定することができないと同様，このような規則を制定することはできない。1781年のアメリカの連合規約ですら，中央議会と各州の州民との間に直接的な法的関係を認めてはいなかった。中央議会の法は州を拘束するにすぎなかった。1787年の憲法第Ⅵ条，すなわち，当該問題に関して州法がどのように規定していようとも，州裁判所は連邦憲法および連邦議会の法に実効性を持たせなければならないと規定した最高法規条項によって，真の連邦制度へと移行したのである[32]。直接的効力を持つ権利と共同

---

31) 第210-11条，アムステルダム条約で第281-2条に変更。
32) この点，より詳しくは第3章Ⅱ参照。

体法の優越性と言う相互に関連する原則は，欧州連合が，憲法上，アメリカにおける初期の連合制度よりも今日の連邦制により近いものであることを示している。

また，多くの事件の中で欧州司法裁判所が発展させてきた「専占(pre-emption)」と言う複雑な共同体法の原則に，今一つ，アメリカ憲法との類似性が見てとれる。その原理によれば，加盟国は，ローマ条約によって共同体の法に留保された分野に関する法を定め，あるいは，その分野での活動をなすことはできない。これらの分野では，共同体が排他的権能を有する。共同体がすでに法を制定している場合この原理があてはまることは明らかである[33]；判決の中には，共同体が未だその権限を行使する段階に入っていない場合にもこれがあてはまると解しているように思われるものもある[34]。国家は，せいぜい，委員会の同意を得て，共通の利益のために必要な措置をとりうるにすぎない。この原則は，アメリカ最高裁判所が州際通商条項［第Ⅰ条第8節］の解釈に際してとった方法と驚くほど似ている。州際通商に関し，同条項の下，連邦議会がこれを規制する権限を行使してこなかった場合でも，州はその事項に関して限られた自由を認められているにすぎない；こうして，最高裁は，憲法がそのような面での州の行動を明白に禁止していないにもかかわらず，州の権限を削減してきたのである。ゆるやかな連合憲法の下であったなら，専占の原則が定式化されるとは考えられない。

近年，加盟国，とりわけ英国は，共同体による立法量の削減と，これによる国家の法制定に対する不必要な干渉と思われるものの制限を強く望んできた。このために，マーストリヒト条約で補完性原則(principle of subsidiarity)が採択され，また，アムステルダム条約では，その原則を具体化するための議定書が加えられた。共同体は，修正ローマ条約で定められたように，この

---

33) Case 60/86, *Commission* v. *United Kingdom* [1988] ECR 3921 参照。ここで裁判所は，同要求はこれに関連する欧州共同体の指令によって課されたものではないことを根拠に，英国内で販売される車両に「ヘッドライト減光装置」の装着を要求することはできないと判示した。

34) 例えば Case 804/79, *Commission* v. *United Kingdom* [1981] ECR 1045。

IV 欧州連邦？　　*101*

原則を尊重しなければならない[35]。ここでは，以下のように定められている。

　共同体の排他的権能に属するものではない分野においては，求められている行為の目的が加盟国によって十分に達成されえず，それゆえに，求められている行為の規模や効果をかんがみて，共同体がこれを行うことによってより有効にその目的が達成されうる場合，およびその限りにおいてのみ，共同体は，補完性原則に従い当該行為をなすものとする。

　この点，単独で行動している国家が十分にその目的を達成しうるかどうか，あるいは，そうでない場合，共同体がそれをより効果的に成し遂げることができるかどうかの判断に際して，裁判所が直面する，欧州司法裁判所すらもが直面するであろう困難と言う見地から，補完性原則が司法判断に適しているかどうかについて大論争が展開されている。さらに，共同体に留保されている分野で，少なくとも共同体がその権限を行使した場合には共同体に排他的権限が与えられているように思われる専占の原則を考えると，補完性原則の適用は限られたものになるであろう。おそらく，同原則は，法的意味を持つものというより，むしろ本来政治的な意味合いのものと見なす方が適切であろう。しかし，憲法上の見地からして重要なのは，補完性原則が共同体の「連邦的」性格を示していると言うことである。補完性原則は，共同体と各国家の間の権限のバランス関係を矯正すること，ないしは，別の言い方をすれば，連邦制度の下では不可避な，権限が中央に集められる傾向の緩和を目的としたものである[36]。事実，補完性原則の一部は，ドイツ基本法第72条(2)をモデルにしたもののようである。同条項は，当該問題が個々の邦によって効果的に規律されえない場合，連邦が邦と競合的権限を持つ事項に対して法を制定することができると定めている。

---

35) 第3b条，アムステルダム条約で第5条に変更。欧州連合は，共同体補完性原則に従ってその目的を達成するよう求められる。欧州連合条約B条，第2条に変更。
36) 第3章II参照。

実際，もし共同体がゆるやかな連合体にすぎないのであれば，補完規定の出番はないであろう。そのような状況の下では，各国家は，少なくとも法的には，常に自由に，連合のための条件や中央に移譲された権限について再交渉することができよう；それ以上に，これらの権限の範囲が連邦裁判所によって判断されることもなかろう。補完性原則が必要と見なされうるのは，ECがすでに連合以上のものだからであると言うほかない。最後に，補完規定を強力に支持している者が，この規定が欧州司法裁判所によって強行されることを望んでいるとうい皮肉な現象が見られる；このような人々は，同裁判所が，可能な限り頻繁に，国家の排他的権限に好意的な判決を下すことを好むであろう。しかし，司法裁判所が補完性原則に監視の目を光らすと言うことになれば，これは，連合の連邦的性格を強化するということになるのである。中央の裁判所が，連邦と州の権限の限界を決定すると言うのは，他のどの憲法制度よりも，すぐれて連邦制度の特色を示すものなのである。

それゆえ，憲法律の見地からすれば，欧州連合が大きく依拠している欧州共同体は連邦制に類似したものである。しかしながら，政治的なレベルでみれば，これとは異なった見方もできる；この今一つの見方は，連合が外交政策および司法上の協力に関連する連合の他の二本の支柱に支えられている限り，欧州連合に当てはまる。欧州理事会の会合を持つ加盟国の首長は連合のとるべき方向を定める。また，これら首長の下にある各大臣は，閣僚理事会での共同体の法の通過に対する最終的責任を負う。それゆえ，連合の政治的発展は，真の連邦制の場合のように連邦政府ではなく，各国家に依存している。さらに，マーストリヒト条約およびアムステルダム条約によってその権限は拡大されてきたが，欧州議会は未だ十分な立法府ではない。同議会は，独立した政治的統一体としての連合の人民ではなく，「共同体に統合された各国家の国民の代表」により構成されている。[37] 各国家の政党が欧州議会内で協力しあうグループを作るために結びつくことはあるし，その役割はマーストリヒト条約で認められているが，純粋な全欧州規模での政党は今なお結成さ

---

37) ローマ条約第137条，第189条に変更参照。

れていない。その他の，アメリカやドイツのような連邦制度との機構上の相違点として，行政区ないし国家レベルで設けられた連邦裁判所という制度が存しないと言う点があげられる。欧州司法裁判所と，それに付置された限られた司法権を持つ第一審裁判所が存在するのみである。共同体の法制度は，各国家に設けられている国家の裁判所と欧州司法裁判所の共同作業に委ねられているのである。

　その実質的な権限に関して言えば，連合は，少なくとも二つの主要な点で典型的な連邦制度とは異なる。第一に，連合に外交および安全保障に関する政策の実施と言う面での役割が与えられたのは，極最近のことである。この分野では，連合は，欧州理事会が定めたガイドラインに従って行動し，委員会も議会も政策の形成には参加しない。それゆえ，欧州連合は，実際には，おおむね一種の国家間協力という形をとり続けている。連邦制度の下では，外交及び安全保障にかかわる事項は，典型的な中央政府の所轄事項なのである。第二に，共同体は，個人および法人に対する独立した課税権を持たない。共同体の「固有財源」を確保する制度が設立された。この制度の下では，共同体は，関税ならびに非加盟国との通商に関連して支払われるその他の税金と同様，共同体全体に課せられる付加価値税（VAT）の一部を受け取る権利を持つ。共同体は，より貧しい地域に金銭を再配分するため地域開発基金並びに社会基金（Regional Development and Social Funds）を設立したが，これは，加盟国全体の国家予算の極々一部にすぎず，例えばワシントンやボン/ベルリンの連邦政府が，各州や邦の社会政策に影響をおよぼすために用いることができる基金とはかけ離れたものである。

　それゆえ，政治的レベルでは，共同体は真の連邦制よりも国家連合に通じるものを持つ。[38)]裁判所および欧州委員会や欧州議会が可能な範囲内で連邦化に向けての影響力を行使しているが，連邦化に向けての歩調をコントロールしているのは加盟国である。形式的には，これは，連合の機関である欧州理事会内で行われている。実際，連邦制に向けての進展は，ほぼ全期間フラン

---

38) J. J. Weiler, 'The Transformation of Europe', 100 *Yale LJ* 2403 (1991) 参照。

スとドイツが主導権を握ってきた過去40年間にわたる政府の首長（およびフランスでは大統領）間の継続的な対話に委ねられている。国家間では，当然のことながらその態度に相当の隔たりがある。連邦制に向けての展望に好意的な国家もあれば，特に英国のように強く反対している国もある。

他の何ものにも勝って連合の憲法的性格を法的に十分に分析しているのは，マーストリヒト条約のドイツでの批准に際しなされた異議申し立てに対する1993年10月のドイツ憲法裁判所の判決である[39]。ここでは，同条約に伴う連合および共同体の機関への権限の移譲は，自由な民主的選挙に効果的に参加するドイツの有権者の権利を侵害するものであると主張された；すでに本章で指摘したように，共同体の立法権は，選挙によって選ばれた欧州議会よりもむしろ閣僚理事会にある。同憲法裁判所は，国民国家が主権を保持していること，および自らの議会の統制に服する国民国家が連合の将来的展望を決定することを主たる論拠としてこの申立を拒否した[40]。ドイツの裁判所は，欧州連合を国家とは見なさず，ドイツの憲法史上これまで知られていなかった概念である国家連合（*Staatenverbund*）と見なしたのである。これは，おおむね「国家連合（confederation of states）」を指すものと解して良かろう。同裁判所は，これに加えて，完全な欧州の統合ないしは連邦制度に向けてさらに歩を進めるかどうかは，各国家が決定すべきであると述べた。これは正しい見解である。マーストリヒト条約およびローマ条約の改正は，各国家の承認を得てはじめてなしうるものであり，各国家の憲法の定める所に従って批准されなければならないのである[41]。同裁判所はさらに，これらのものの発達が民主的な欧州国家の創設のために必要となる，全欧州規模での政党や共通の新聞および放送が存在しない点を強調していた。

---

39) 89 BVerfGE 155 (1994), 英語では，*Brunner*［1994］1 CMLR 57として紹介されている。
40) Decision 92-312, of 2 Sept. 1992, RJC I-505, para. 45 (Favoreu and Philip, 781, 795)において，憲法評議会は，欧州連合条約に基づく連合への権限移譲は，国家主権は人民に存するとしたフランスの憲法原則に反するかどうかの判断を拒否した：1958年憲法第3条。
41) 欧州連合条約R条，アムステルダム条約で修正され，今日第52条：EC条約第247条，第313条に変更。

IV 欧州連邦? *105*

　この方向に向けてどの程度連合が進展をみせるのか今のところ明確ではない。1997年6月のアムステルダム条約によって，議会の権限が増強され，政府相互間の外交と防衛に関する連合の支柱は強化されてきたが，これは連邦制に向けての決定的な前進を示すものではない。しかしながら，経済通貨同盟によって，さらなる超国家的な機関，通貨政策を決定し共通の貨幣の発行を統制する権限を持つ欧州中央銀行制度および欧州中央銀行の創設が必要となろう。経済通貨同盟の後も，各国家が完全に独立した経済政策や課税政策を今までどおり自由にすすめることができるかどうか定かではない。とにかく，経済通貨同盟によって，事実上の政治的，経済的権限と言う意味での主権を，今まで以上にブリュッセルや欧州中央銀行の所在地であるフランクフルトにある欧州の機関に移譲する必要が生じる。フランスの憲法評議会は，1992年，経済通貨同盟によって加盟国は国家主権にかかわる事項に関する権限を奪われることになるであろうと判示したが，これは注目すべきものである[42]。

　連合が，例えば，アメリカやドイツ，そしてオーストラリアのような意味で言う連邦制をとるものでないことは明らかである。これら全ての国家では，権力が，一方で連邦政府と連邦議会に，他方で州の政府や議会とに分かたれている。ブリュッセルとウェストミンスターの間にもよく似た法的権限の分割が見られるが，欧州政府や完全な立法権を持った欧州議会と言うものは存在しない。さらに，たとえ共同体，ないし今日では連合が，ある意味で連邦と見なされうるとしても，それは連邦国家ではない。連合は，法人格さえ持っていない；連合も共同体も，国連ないしその他の国際的な組織に代表を持たない。

　他方，憲法論的視座からすれば，欧州連合は，ゆるやかな連合を遙かに凌ぐものである。欧州連合を，連邦制度と見なそうとする試みも，連合と見なそうとする試みも，あまり有益なものとは思えない；連合は，両者の憲法構

---

42) Decision 92-308 of 9 Apr. 1992, RJC I-496, paras. 43-4 (Favoreu and Philip, 781, 789).

造に見られる重要な要素を持っているのである[43]。それぞれの国家の政治的主権も国家の議会が持つ立法上の優越性もすでに相当部分放棄されてきた。しかしながら，各国家が，連合が将来どのように発展していくか，これを決定する権利を放棄してきたわけではない。その意味で，各国家が，例えばカリフォルニアやバイエルンのような州や邦が持たない一定の主権を維持しているとの結論を下しても，それは正当な評価である。それゆえ，欧州連合は明確な分類には馴染まないものである。すでに，いくつかの章で，時として国家の憲法の性格を明らかにするのが困難な場合があることを見てきた[44]；従って，欧州の統合に向けての継続的な動きの中で，これを憲法の立場から分析する際に同様の困難が生じても驚くにはあたらない。

---

43) *27th Report of the House of Lords European Communities Committee*, (1990) HL 88, paras. 20-2 における議論参照。
44) 第1章Ⅱおよび第3章Ⅱ参照。

第5章
議会と立法権

I 議会の至高性

　英国に法典化された憲法が存在しないために由々しき問題が生じている。議会の立法権が明確な形で示されてこなかったこと，これである。今日でもなお議会の権限に関する最も重要な制定法である1689年権利章典は，本来，君主による議会への干渉に抗して議会の権利を護ることを目的としたものであった；同権利章典は，他の事柄とならんで，国王が議会の承認なしに課税すること，および議会制定法を停止せしめることは違法であると宣言している。その他の重要な法律，1911年と49年の議会法によって，後に本章で見るように，法律の制定に際して，必ずしも貴族院の同意を求める必要はなくなった。しかし，これらの制定法は，議会が法律，すなわち，一般的に適用される規則を制定する権限を持つと言う想定の上に成り立っている。これらの制定法によって議会の立法権が確立されているわけではない。

　これとは対照的に，法典化された憲法の条文は，議会の構成と議員の選出方法とならんで，議会の権限をも極めて明確に詳しく規定している。例えば，アメリカ憲法第I条第1節は，「憲法に認められた立法権は，上院と代議院とから成る合衆国連邦議会に与えられる」と明確に規定している。また，同条の他の節では，多くの具体的な立法上の権限や「租税を課し徴収する」権利，

州際通商を規制する権限のようなその他の権限を列挙し，これとならんで，上院と代議院の構成と立法手続に関する規定を設けている。同様に，フランス第五共和国憲法第34条は議会の立法権に関する規定を設けているし，ドイツ基本法第77条は法案が連邦法となるためには連邦議会によって採択されなければならないと規定している。

1 議会の至高性の由来と範囲

英国議会の立法権は何に由来し，その権限の範囲はどのようなものか。これに手短に答えるなら，議会の立法権は，特定の事件に判決を下す際裁判官によって定式化された，法典化されない法規範，コモン・ローに由来する。さらに，その権限の範囲を決定するのも裁判官である。裁判官は，例えば，議会の立法権が，これとは矛盾する欧州共同体法の諸法に優先するものなのか，それとも，これらの共同体法がこれに取って代わるのかと言う，本章の第3節で述べる複雑な問題に決定を下さなければならない。色々と言われる中で，英国憲法がコモン・ローの憲法と言われうるのは，主としてこうした理由による。[1] 判例集には，議会が制定した法に効力を持たせるのは裁判所の義務であるとか，議会が制定した法に対して基本権ないしは国際法上の規則を侵害するものであると言うことを根拠として異議を申し立てることはできない，と言う趣旨の言葉があふれている。例えば，裁判所は，当該法規は言論の自由に対する基本権を侵害するものであるがゆえに議会が人種的憎悪扇動罪を新たに制定するのは違憲であるという申し立てを，いとも簡単に棄却した。[2] 裁判官は，英国議会は無制限なる立法権を持つ，あるいは，英国議会は主権者であると言う点を強調してきた。

それゆえ，法典化されていない英国憲法の基礎となる原則を定式化してきたのは，議会自体ではなく，裁判所である。無論，議会も，議会法によって，議会は法律上主権者であり，自らの欲するいかなる法も制定する無制限なる

---

1) 第2章II参照。
2) *R v. Jordan* [1967] Crim. L Rev. 483.

権限を持つと宣言することができよう[3]。しかし，このような議会の宣言的な法によって，議会が持つ立法上の権能に付け加えられるものは何もない。議会が，自らの制定した法によって，議会自身に憲法上の権限を与えることはまず不可能である。

議会の立法権に限界があるかどうかを裁判官がはっきりさせていなかった時期があった。17世紀初頭，コーク首席判事は，広く共有されている正義や道理にもとる議会の法は効力を持たないと見なされるべきであると書いた[4]。しかし，1688年の名誉革命以後，そのようなことを言う者は極希である。裁判官は徐々に議会の支配を受け入れた。そして，18世紀の間に，議会立法の至高性と言う原則が確立してきた。当然のことながら，この原則は，おおむね，政治家や大臣に歓迎されてきた。なぜなら，少なくとも彼らが議会を支配している場合には，政治家や大臣は，彼らの政策が認められるようにするため，この原則を利用することができるからである。しかしながら，スコットランドの裁判官の中には，議会の至高性にも無視しがたい限界があるのではないかと説く者もあった[5]；1707年の併合法によりスコットランド議会が英国議会に併合されるまで，同議会では，立法府の至高性と言う性格が確立されていなかったのである。しかし，英国の裁判官がこうしたスコットランドの裁判官と同様の疑念を抱くことはなく，たとえそう言うことがあったとしても，希であった[6]。

裁判所が議会の至高性の原則を定式化してきたが，同様に，何が議会の法に相当するかも，裁判所が決定する。コモン・ロー上の規則に従えば，議会は，庶民院，貴族院そして国王からなる。これら三者が一体となって議会における女王（Queen in Parliament）が成立する。1911年と49年議会法によってなされた改革の結果，法案が制定法になるためには，個別に開会される両

---

3) 1689年権利章典は君主の「みせかけ」の権限に対する議会の権利と自由を宣言している法であり，このような制定法には先例がある。
4) *Dr Bonham's case* (1610) 8 Co. Rep. 114, 118.
5) *MacCormic* v. *Lord Advocate*, 1953 SC 396, 411-13.
6) しかし，Lord Woolf, 'Droit Public-English Style' [1995] *Pub. Law* 57, 69 および Sir John Laws, 'Law and Democracy' [1996] *Pub. Law* 72, 84-8 の見解参照。

院での審議と君主の裁可が必要となった。憲法律上の問題としては，立法府の至高性は，単に庶民院だけではなく，議会における女王の至高性を意味する。庶民院の決議は庶民院議員を拘束しうるが，これによって国家の法を変えることはできない。[7]

　憲法律に関する他の側面の場合と同様，議会の至高性原則の定式化も，憲法学者よるところが大きかった。議会の至高性と言う議論で特に思い起こされるのは，こうした学者の中でもとりわけ偉大なダイシーである。ダイシーにとっては，議会の至高性という原則は，憲法の中でも最も有力な法原則であった。実際，この原則は，他国で法典化された憲法が果たしているのと同様の働きを英国内で果たしている；この原則は，すべてとは言わないまでも，英国憲法のその他ほとんどの重要な部分の基礎となっている。無論，この原則は，例えば，アメリカやフランスの憲法のような包括的なものではなく，これだけで単独で存在しているものである。しかし，その原則は，法典化された憲法と同様根本的なものである。議会が立法上の至高性を享受しているがゆえに，議会は，例えば，国王の権限に変更を加えたり，あるいは，新しい裁判所を設けたりできる。他国では，こうした機関の権限は，憲法それ自体に由来している。

　一般に，ダイシーやその他の憲法学者は，議会立法の至高性を「議会主権」と呼んできた。これは，いささか紛らわしい表現で，こうした表現は避けた方が良い。なぜまぎらわしいのか。「主権」と言う概念が，政治的事項について述べる際に，有権者が持つ最高の絶対的権限を指して用いられたり，これとは別に，独立性を意味する国民国家の統治権を指して用いられたりするからである。法的には議会は主権を有すると言えようが，議会が無制限に政治を支配することができると言う意味にも解されうるような言葉を用いるのは，誤解のもととなる。議会主権にはそのような意味は含まれていない。まず第一に，選挙民が庶民院議員を選ぶ。それゆえ，ある意味では，選挙民は

---

7) *Stockdale* v. *Hansard* (1839) 9 Ad. & E 1 参照。ここでは，ハンサードが作成した議会の議事録に関し，庶民院の決議によって彼が文書による名誉毀損で訴えられないようにすることはできないと判示された。

数年毎に政府を選ぶのである。第二に、現実の政治的問題として、政府が多数派政党の議員に支持されていない場合には、通常は、議会を解散する首相の権限を利用して政府は議会をコントロールする。憲法律上の問題としては、議会の立法上の至高性は、議会における女王が法を制定する無制限な権限を持つと言うことを意味しているにすぎない。議会立法の至高性にはそれ以上の意味はない。

2 議会の至高性と政治的現実

論理的限界と言う観点から見ると、議会の至高性は、愚かしい意味を持つことがあるように思われる。法理論上、ウェストミンスター議会は、フランス国民がパリの街路でタバコを吸う行為を犯罪とすることができると言われてきた。厳密には、英国の裁判所は、このような規則を適用しなければならないであろうし、英国に住んでいる、あるいは休暇で英国にいる間に、この罪により逮捕され起訴されたフランス人に対して罰金を科すことができよう。このような状況の下では、法は現実とかけ離れたものとなりうる。

しかしながら、ダイシーが議会の至高性の理論を定式化している時代には、このような問題は決して仮説的なものではなかったのである。19世紀末および20世紀初頭の30年間、ウェストミンスター議会が、その時点でなおも、例えば、カナダ、オーストラリア、ニュージーランド、および南アフリカと言った自治領に対して法を制定する権限を有するかどうか不明確であった。1867年英国北アメリカ法（最初のカナダ憲法）のような法律は、その規定が英国の制定法に矛盾しないと言う条件で、同地の議会に対して法を制定する自由を与えていた。アメリカが独立するまで、少なくとも理論上アメリカ植民地に対してそうであったように、ウェストミンスター議会は自治領に対して法を制定する権限を有していたと言うことになる。法律論としては、1931年、ウェストミンスター法によって当該国家の要請と同意がなければ英国議会は自治領に対して法を制定することができないとする習律が立法化され、これによってはじめてこの可能性はなくなったのである。[8]

---

8) Statute of Westminster 1931, s. 4.

今日，議会の立法至高性と政治的現実の関係を何よりも明確にしているのは，1969年の *Madzimbamuto v. Lardner-Burke* における枢密院判決であろう。南ローデシアにおける少数派白人政権による一方的独立宣言 (UDI) の直後，英国議会は1965年南ローデシア法を制定した。同法により，ローデシア議会に十分なる権限を与えていたそれ以前の法は撤回された；さらにまた，同法により，国王 (Crown) に南ローデシアを統制するための枢密院令を発する権限が与えられることになった。枢密院は，その同意なくして議会がローデシアに対し法を制定してはならないとする既存の習律によって英国議会の立法権が制限されることはないとの判断を示した。リード卿は，さらに加えて次のように述べた。

英国議会がある一定の事柄，すなわち，それらの行為をなすことに反対する道徳的，政治的，およびその他の理由がすこぶる強力なものであり，それゆえ，議会がこれらの行為をなせばほとんどの人々がこれを極めて不適切と思うであろう事柄をなすことは憲法にそぐわないであろうとしばしば言われている。しかし，それは，こうしたことをなすのは，議会の権限を逸脱すると言うことを意味するものではない。

言葉を換えて言えば，議会の立法上の至高性と政治的現実は対立することもあると言うことである。ローデシアの事件の場合はそうではなかった。というのは，枢密院が判断を下した一方的独立宣言から数年しかたっていないあの時点では，ローデシアを有効に統治しようとする議会の試みが失敗におわるかどうか明らかではなかったからである。しかし，もし議会がアメリカの刑法を修正する，あるいは，パリの街路での喫煙を禁止することを意図した法を制定しうるとするのであれば，憲法律は現実からかけ離れたものとなろう。

---

9) [1969] 1 AC 645.

Ⅰ　議会の至高性　113

3　議会はその後継者を拘束しうるか？

　憲法律一般と政治的現実との関係，とりわけ議会の至高性の原則と政治的現実との関係に関心が払われるのは，通常，理論の上だけである。より現実的な意味を持つ可能性があるのは，議会がその後継者，すなわち後の議会を拘束する効力を持つ法を制定することができるかどうかである。これに対する回答は極めて重要な意味を持つことになろう。なぜなら，これに対する回答次第で，例えば，議会が，権利章典やスコットランド議会に権限を移譲する法を制定し，後の議会が事実上これらの法を廃止できないようにすることができるかどうかが決まると思われるからである。普通，この問は，以下のような形でなされる；議会は，法の制定に際し，同法を，伝統的な方法で制定された後の法により廃止されたり修正されたりすることがないように守りを固めておくことができるかと言う問いである。彼の持ち出した理由はあまり説得力のないものであったが，ダイシーは，議会はそれをなすことができないとした。ダイシーの論拠とするところは，つまるところ，理論上，議会は常に既存の法を廃止する主権的権限を持っていなければならず，（この主張は前者より劣るが）英国は常に絶対的立法者，一時期は国王，現在では議会によって支配されてきたという教条主義的な断定に基づくものであった。

　なるほど，いくつかの事件で，単にある法の条項が「永久に」効力を持ちうると宣言する，ないしは，もし後法の一部がこれに矛盾するものであれば当該法規中のその部分は効力を持たないと宣言することによって，議会がこれを永久的なものとすることはできないとされている。このような状況の下では，既存の制定法の規定を後法上の規定に優先して適用すべき有力な理由は存しない。裁判所が，暗黙のうちに既存の制定法上のこれに矛盾する部分を廃止することを目的とする後法を適用するのは理にかなったことである。しかし，もし議会が，例えば，成文法としての権利章典で，これらの基本権を侵害し，あるいは権利章典そのものを廃止するような法を将来制定する場合には庶民院の三分の二以上の賛成を得なければならないとか，国民投票に

---

10) Dicey, 64-70.
11) *Ellen Street Estates* v. *Minister of Health* [1934] 1 KB 590.

よる賛成を得なければならないと定めている場合に，裁判所が先と同じような結論に達したとすれば，それは間違いであろう。このような状況の下で，伝統的な単純多数決の手続によって権利章典も廃止されうる（ないしは，同章典によって明示されたいかなる権利も侵害されうる）と主張するとすれば，それは教条主義的な解釈であろう。なぜなら，後の議会の単なる単純多数によって賛同されたにすぎない権利章典に対する干渉に抗して基本的人権を擁護しようとした議会の意図には，明らかに合理的な論拠が見てとれるからである。三分の二以上の多数あるいは国民投票による賛成を求めることよって，基本権の行使を制限しようとする，庶民院において政府を支持する者の賛同を得た政府の決定に抗して人権を守ることができるのである。これに対する有力な反対意見がなければ，裁判所によるこのような権利保障の尊重が期待される。

ところが，ダイシーの見解を擁護する人々は，憲法上，このような方法で権利章典やその他の基本的な法律を保護することはできないと主張する[12]。彼らは，議会立法至高性の原則は，必然的に議会の両院（もしくは，より明確には庶民院）が単純多数決によって法を制定することができなければならず，一定の重要な法を制定するためであってもこの原則を変えることはできないことを意味すると主張するのである。この規則だけは制定法によって修正することができないと言う点で，この規則は他のコモン・ロー上の規則とは全く異なると言われている。いささか奇妙な主張であるが，この原則に対するいかなる修正も法的意味での革命にあたると言われている。しかし，この主張は，はなはだしく説得力に欠ける。まず第一に，コモン・ロー上の規則は，議会が単純多数決によって法を制定することを求めていない。両院がたまたまそのような手続を採用しているのであって，その慣行が不可侵のものであるとか，議会の法によって変更されえないと信じるべき理由はない。第二に，すぐ後で触れるように，1911年と49年議会法において貴族院の権限を削減することにより，議会は，法の制定に関する規則を変更してきたのである。庶民院の特権を強化するような議会の組織の変化を受け入れることができる

---

12) H. W. R. Wade, 'The Basis of Legal Sovereignty' [1955] *Cambridge LJ* 172 は，この様な主張を解説した古典的なものである。

のであれば，三分の二の多数決要件を取り入れるとか，特定の法の制定に際しては国民投票による賛成が必要となるとすることによって，これらの特権を削減する法を制定すると言う方法による変化を受け入れても何の問題もないはずである。他国におけるいくつかの事件を見れば，このような方法で法が保護されうることが知れる。[13]

ダイシー派の伝統的な見解でいくと一つ奇妙な意味がそこに含まれることに気づく。それは，英国の憲法制度を，事実上硬性憲法と見なさなければならないであろうと言うことである。なぜなら，そのような見方を擁護する人々は，議会の至高性と言う原則が根本的なものであり，それゆえに，これを修正することはできないと主張しているからである。したがって，権利章典の守りを固めると言う方法を取り入れることによって今日の憲法制度を改正することはできないということになろう。いわんや，連邦制の憲法や連合国家制の憲法の導入など論外である。これとは対照的に，英国の軟性憲法と比べて，一般により改正が困難であるという性質を持つ法典化された大多数の憲法は，憲法上の条文に明示された手続を踏むことによって修正されうる。[14] 英国の憲法が，法的意味での革命を経なければ議会の至高性の原則を変えることができないほどに硬性のものであると言う考えは受け入れがたい。

通常，司法府が法典化された憲法を守る働きをしているように，司法府が英国憲法を守る立場にあることは明らかである。後で触れるが，議会は自らの判断で欧州共同体法に矛盾する法を制定できないようにすることができるとの判断を裁判所が示してきたように，法の制定手続に抜本的な修正を加えることによって議会がその後継者を拘束することができるか否かを判断するのも裁判所であろう。[15] 予測的には，司法府が，伝統的なダイシー派の見解に

---

13) 特に，*Harris* v. *Minister of the Interior* (1952), (2) SA 429 (AD) および *Bribery Commissioners* v. *Ranasinghe* [1965] AC 172（スリランカから枢密院上訴）参照。近年，イスラエルの最高裁判所は，主権的立法府である国会（Knesset）が人権に関する基本法を制定した際，同国会はこれらの諸権利を侵害する通常法を制定しないと自ら定めたのであると判示した。
14) 硬性憲法の改正については，第1章II参照。
15) 本章III参照。

優先して，議会が，例えば，権利章典を擁護するような方策を講じることができるという考えを受け入れるかどうか確かではない。しかし，裁判所が，権利章典やスコットランドおよび英国のその他の地域に権限を譲渡する法律を守る手段となるものに支持を表明するべきであると言う点では，疑いの余地はない。このような方法をとることによって，第1章で述べた自由な立憲主義の価値は，伝統的な見解に固執し続けた場合以上の進展を見せるであろう。議会立法の至高性が，事実上，政府をして，憲法上何の制限もなく自らの欲するところをなすために，庶民院の単純多数決を利用することができるようにしているのである。

II　庶民院と貴族院

多くの他の国家と同様，英国の立法府は二院からなっている。すなわち，庶民院と貴族院の二院である。18世紀末頃まで，その上位性を示すためしばしば上院と称せられてきた貴族院は，「均衡のとれた憲法」の下では議会におけるパートナーとして少なくとも庶民院と対等の立場に立っていた。[16] しかし，19世紀，徐々に選挙権が拡大され，民主的な政治思想が出現するにしたがって，貴族院の正当性が次第に疑問視されてきた。まず，憲法習律によって，そして，今日では，1911年と49年議会法によって，貴族院の立法上の役割は大きく制限されてきた。事実，貴族院は，一つの例外を除いて，一般法律案 (Public Bill) を一年間引き延ばすことだけはできるが，庶民院議長によって財政法案 (Money Bill) であると認定された法案については，それが貴族院に送付されて後一月以内に同意しなければならない。[17] このように貴族院の権限は削減されたが，これは，議会の寿命を延ばすための法案，言葉を換えて言

---

16) 第2章III参照。
17) 1911年議会法の下では，貴族院は一般法律案を2年間引き延ばすことができたが，1911年議会法の手続にしたがって制定された1949年の法律によってこの期間が1年間に短縮された。

えば，総選挙を議会の存続期間として1911年に確定された5年以上延期するような法案には適用されない。しかしながら，ここでも，貴族院の立法権に関する地位が護られているわけではない。なぜなら，貴族院は，この「拒否権」の最後の名残を廃止する法案が出された場合，これを一年間引き延ばすことしかできないからである。

　1911年と49年議会法によって，庶民院の優越は確たるものとなった。1911年の法律の通過に際しては，既存の制度に対する重要な変革を拒否することができるようにしておくため，「憲法問題」にかかわる法案を新たな手続から除外しようとの試みがなされたが，これは失敗に終わった。[18]当然のことながら，憲法問題を除外するためにどの法律に憲法としての地位を認めるかと言う問題については，ほとんど合意が見られなかった。他方，自由党政府は，裁判所にこれらの問題を決定する司法上の権限を持たせないようにしようと懸命であった。庶民院の優越性は，二院の間に由々しき不一致が見られる場合に，議会法の下で生じる何が財政法案に相当するかと言う問題およびその他の問題に関し，中立的立場に立って裁定するとは言い難い庶民院議長に最終的決定権が与えられることによって決定的なものとなった。

　今世紀になされた法典化されていない憲法に対する最も重要な改正の一つであるこの改革の意義はどこにあるのであろうか。まず第一に，これによって，19世紀を通じて見られた庶民院と貴族院との間に徐々に生まれつつあった力関係の変化が法的に表明されたと言う点があげられる。今日では，議会立法の至高性は，明らかに選挙によって選ばれた庶民院の優越を意味する。そして，これは，議会立法の至高性の有力な提唱者ダイシーを驚かすものであった。これによって，ダイシーは，その後の彼の著書で，独裁的権力を持つ可能性がある庶民院に拘束を加えるものとして国民投票が行われる必要を強く主張するにいたった。貴族院の問題点がいかなるものであったにせよ，少なくとも理論上は，貴族院は，より強力な他の一院による権力行使の濫用を阻止することができた。憲法上の抑制と均衡の持つ有用性が，1911年と

---

18) J. Jaconelli, 'The Parliament Bill 1910-1911 : The Mechanics of Constitutional Protection' (1991) 10 *Parliamentary History* 277 参照。

1949年,民主制のもたらす利点の犠牲とされたのである。

　第二の重要な点は,すでに本章のⅠで述べたように,議会法によって,形式的にはっきりとしたものとはされていない英国憲法の基礎をなしていたコモン・ロー上の規則が変更されてきたと言うことである。庶民院議長が,ある法案を財政法案であると認定した場合,あるいは,それが議会法の求めるその他の要件を満たしていると認定した場合には,その法案に対する貴族院の同意が得られていなくとも,裁判所は同法を適用しなければならないのである。1911年と49年議会法に定められた手続によって成立した法律を受け入れると言うことは,コモン・ローによって定式化されてきた議会の至高性の原理が不変なものでも神聖なものでもないと言うことを示している。

　今日,貴族院がロイド・ジョージによる1909年の「人民予算」の障碍となっていたこと,および,上院の構成が不合理なものであったと言う点からして,貴族院の拒否権は廃止されて当然の合理的なものであったと考えられている。当時,貴族院は,おおむね世襲貴族で構成されており,これ以外には,英国国教会の主教と一代貴族としての地位が与えられ常任上訴貴族として議席を持つ者が数人いるだけであった。今日,貴族院の約三分の一は,首相によって指命された一代貴族であり,時として野党の指名に基づいて任命されることもある。しかし,これは,貴族院の合理性を高めるのにほとんど役に立っていない。実際,近年国王によって任命された者が貴族となっているが過去数世紀にわたってその称号を与えられてきた公爵やその他の貴族の後継者であるより大きな数にのぼる世襲貴族がいる。

　1911年議会法の前文は,世襲制の貴族院に代えて人民に基盤を持つ,すなわち,選挙によって選ばれた者からなる第二院を設けることが望ましいと言う点にも言及している。しかし,これを実施するための何事もなされてこなかった。貴族院の改革は,憲法の改正にまつわる最も扱いにくい問題の一つとなっている。[19] これを困難なものにしているのは,何よりも,庶民院の民主主義的正当性を傷つけることなく選挙によって選ばれた第二院を設けるのは

---

19) この議論に関し近年大きく貢献してきたものとして, Constitutional Unit's report, *Reform of the House of Lords* (1996) 参照。

困難であろうと言う問題である。第二院の議員がスコットランド，ウェールズ，その他の英国内の個々の地域の代表として選出されると言う方式も，実現可能性のあるものの一つして考えられよう；もし英国がゆくゆくは連邦制憲法のようなものを採択しようとしているなら，これは有意義な方法であろう。これに関連して，連邦制憲法の中に最も重大な役割を果たしている上院の姿を見いだすことができると言うこと，これは注目にあたいする；アメリカおよびオーストラリアの上院，ドイツの連邦参事院は，その良い例である。もし首尾良く上院の構造を改革することができれば，例えば，基本権に影響をおよぼすような法案や憲法改正にかかわる法案のような一定の法案に対する拒否権を復活させる等の方法により，上院の権限を強化するということも考慮されてよかろう。

さらに，貴族院および貴族院議員の地位は，憲法習律によって弱体化されてきた。貴族が首相や大蔵大臣になることを妨げる法的根拠は何もないが，このような指名がなされる可能性は，習律によって無きに等しいものとなっている。たとえジョージ五世が1923年にカーゾン卿に優先してボールドウィンを首相に任命した事例が，かかる習律の存在を裏付ける説得力ある先例として認められないとしても[20]，アレック・ダグラスヒューム卿が1964年首相としてマクミランを継承するようにとの誘いを受けた際爵位を放棄したと言う事実からして，この種の規則が今日一般的に受け入れられていることが知れる。政党(ないしはその政党に属する庶民院議員)が貴族を当該政党の党首に選ぶ可能性について考える必要はないであろう。

また，議論の対象となっている次のような習律がある。すなわち，極端な場合を除き，少なくともこのような法の導入が政権政党の政権公約で明らかにされたものである場合には，貴族院は，そうした法の通過を遅延させるような立法上の権限を行使すべきではないと言うものである。これが習律となっているかどうかはさておき，1949年以降，貴族院が引き延ばした法案はただ一つである；それは，たとえそれが国外で犯された場合でも，第二次大

---

20) V. Bogdanor, *The Monarchy and the Constitution* (Oxford, 1995), 89-93 参照。

戦における一定の戦争犯罪を審理する権限を英国の裁判所に与えるとする，政党色のない戦争犯罪法案であった。実際の所，政府の政治色がどのようなものであれ，貴族院は，庶民院の見解に反してみずからの見解を主張することを極端に嫌ってきた。ここで重要なのは，今日の貴族院の構成，ならびに，習律によってさらに制限を加えられている貴族院の脆弱な法的権限からして，貴族院は，庶民院が持つ立法上の優越性に対する効果的な抑制機関ではないと言うことである。

III 欧州共同体法と議会の至高性

1 欧州共同体優越の原則

　裁判所が，地方自治体政庁の条例や大権行使に際して発せられる命令のようなその他の法に優先して議会が制定した法を適用しなければならないと言うこと，ここに，議会立法の至高性が端的に表明されている。しかし，議会が制定した法と欧州共同体法との間に争いが生じた場合には，事態はそれほど簡単ではない。前章で説明したが，欧州共同体法の下，ルクセンブルクの欧州司法裁判所が明確にしてきたように，ローマ条約および共同体が制定した法の規定により，各国家の裁判所が擁護しなければならない権利が個々人に与えられている。そして，これらの規定は加盟国の法制度の中で「直接的効力」を持つとされている；各国家の裁判所は，これを自動的に適用しなければならない。さらに各国家の裁判所は，国家法にこれに反する規定が存在しても，直接的効力を持つ権利を強行しなければならない。例えば，共同体の賃金平等指令および平等処遇指令における多くの規定は，直接的効力を持つ；それゆえ，共同体法の下，これらの規定には，例えば，英国における1970年賃金平等法や1975年性差別禁止法にみられうるような，これに矛盾する他の全ての国家的規則に対する優先権が認められなければならない。

　欧州司法裁判所は，それが共同体法が導入された後に制定されたものであっても，当該国家法が共同体法に矛盾するものであれば，直接的効力を持

つ共同体の規定が優先的に適用されなければならないと判示してきた[21]。加盟国の制定法およびその他の法は，これらの共同体の規定に譲歩しなければならないのである。これが，多くの指標となる判決の中で欧州司法裁判所が定式化してきた共同体法優位の最も重要な点である[22]。

理論上，欧州司法裁判所が直接的効力の原則や共同体優位の原則を言明し，英国（およびフランス，ドイツ，ならびにその他の加盟国）の裁判所が国家法に優越性を認めることもありえよう。しかしながら，少し考えれば，こうした取り組み上の不一致が極めて非現実的なものであることが分かる。そのようなことが起これば，明確な共同体の法秩序の発達が阻害されることになろう。それゆえ，欧州共同体法の適用は，もっぱら，さまざまな加盟国の裁判官個々の取り組みに委ねられることになる。ローマ条約ないし共同体の法が，例えばドイツやその他の国々では強制力を持つがイタリアや英国では強制力を持たないような権利を作り出すということがあるかもしれない。共同体が，時として生じるこの種の相違に寛容でありえるかも知れない。しかし，この不一致が広がれば，ローマ条約およびマーストリヒト条約の目的であるより緊密な結合は勿論，共同の市場と言う考えも無意味なものとなるであろう。

2　英国における欧州共同体優越性の受容

英国の裁判官は，共同体法と議会の法律との対立をどのように取り扱うべきであろうか。共同体の一員としての英国の地位に法的効果を与えるために制定された1972年欧州共同体法が，その重要な道標となっている。同法第2条(4)は，「制定された，もしくは制定されるであろう」すべての法律は，同条の先に定めるところに従い「解釈され，その効力を生じる」とし，その一つとして，共同体法の中で直接的効力を持つ諸規則は英国内において強行されると定めている。この分かりにくい規定の意味するところは，それが1972年欧州共同体法の後に制定された場合でも，裁判所は，直接的効力を持つ共同体の諸規則がこれに矛盾する当該英国法に優先するものと認めなければな

---

21) *Simmenthal* [1978] ECR 629.
22) 第四章III参照。

らないと言うことである。第3条はより明確である；ここでは，裁判所に，欧州司法裁判所が判示したところにより定められた原則に従って共同体法に関する問題を判断するという義務が課せられている。これによって裁判所は，間接的に，共同体法の優越性を受け入れるよう求められているのである。

　イングランドおよびスコットランドの裁判所は，多くの事件でこの原則を受け入れてきたが，ここでは，貴族院の主要な判決を一つあげておけば十分であろう。*Factortame* 事件では，1988 年商業船舶法がローマ条約に違反するかどうかの最終的結論がだされるまで，英国の裁判所は同法の強行を一時的に停止すべきか否かという問題が提起された。申立人であるスペイ国籍を有する者を重役とする会社側は，同法は英国の漁船を所有し管理する者は英国国民でなければならないとしており，これは国籍に基づく差別に関する条約上の禁止事項に抵触するものであると主張した。当初，貴族院は，同法が共同体法を侵害するものであるとする欧州司法裁判所の判決に先立ち，憲法律上の問題としては 1988 年商業船舶法を適用しなければならないと判示していた[23]；しかし，貴族院は，申立人の権利を侵害する可能性があることを根拠に，共同体法の下，同法の適用を一時停止すべきかどうかの判断を欧州司法裁判所に委ねた。

　欧州司法裁判所は，加盟国の裁判所は，例え一時的にせよ共同体法により与えられた権利を侵害するような国家法（およびその他の規則）を無効としなければならないとの判断を示した。その結果，貴族院は，申立人の主張を受け入れ，商業船舶法の適用を停止する暫定的命令を発した。その判決の中で，ブリッジ卿は，以下のような原則的に見て重要な言葉を述べている[24]。

　1972 年法の下，最終的判断を下すに際して，直接強行しうる共同体法の規則に抵触すると判明した国家法上の規則は，それがいかなるものであれ，これを無効

---

[23] *R* v. *Secretary of State for Transport, ex parte Factortame Ltd.* [1990] 2 AC 85. 後に，欧州司法裁判所は，所有者の国籍を船舶登録の条件とすることは共同体法に違反すると判示した：[1992] QB 680。
[24] *Factortame Ltd.* v. *Secretary of State for Transport* (*No.* 2) [1991] AC 603, 658.

とするのが英国裁判所の義務であるということは従来より明らかであった。……それゆえ，共同体法の規則があてはまる分野でこれらの規則に優先権を与えるということについては何も目新しいものはないし，共同体法に基づく権利の保護に際して，国家の裁判所が適切な場合に暫定的な救済を与えることが国家法上の規則により禁じられてはならないとする主張は，先の優越性からして論理的に当然認められるところである。

Factortame 事件における判決は特に重要である。1988 年の法律には，明らかに，英国籍を持たぬ者の権利を制限しようとする意図があり，同法は，言うまでもなく，1972 年欧州共同体法によってローマ条約が英国法に組み込まれた後に制定されたものであった。通常，二つの制定法の間に対立があれば，裁判所は後に制定された法を適用しなければならない。なぜなら，後法によって既存の法の後法に矛盾する規定は廃棄されたものと解されるからである──「黙示的廃棄(implied repeal)」の原則。しかし，この事件では，貴族院は，共同体の規則に，後に制定された議会法を凌駕する優先権を与えなければならないと判断したのである。だが，これによって先の議会法が無効とされた，あるいは効力を持たないと解されてはならない；この制定法は，欧州共同体以外の国民には適用され続けるのであり，欧州共同体関連諸国内で適用されないのである。[25]

それゆえ，直接的効力を持つ共同体法との関係においては，英国議会は最早至高の立法権を持たないことは明らかである。裁判所は，共同体法の直接的効力条項に抵触する制定法を適用しないと判示してきた。もし，英国が欧州連合から脱退し，その結果として，1972 年欧州共同体法を明示的に廃棄する法を制定すれば，その立場は，ほぼ間違いなく異なったものとなるであろう。裁判所は，ローマ条約やその他の共同体法に優先してその法を適用するはずである。しかし，このように予想されると言うだけでは，議会がなおも無制限な立法上の至高性を維持しているとする見解を支持するには十分でな

---

25) *Equal Opportunities Commission* v. *Secretary of State for Employment* [1994] 1 WLR 409, 418-9 におけるキース卿の見解も参照。

い。英国が欧州連合の構成国である間は，英国議会は，無制限な立法上の至高性を持たないのである。

　ブリッジ卿は，*Factortame* 事件において，議会は，1972 年欧州共同体法を通過させることによって自らの立法権に対する制限を受け入れてきたのであると言うことを強調していた。議会は，同法の第 2 条および第 3 条において，裁判所に対し，直接的効力を持つ共同体法に優先性を認めるよう指示していたのである。事実上，議会は，議会立法の至高性と言う明らかに絶対的な原則に自ら限界を定めたのである。これは，既に本章で述べたように，憲法上，議会の至高性と言うコモン・ロー上の原則が，議会自身の手で修正されうることを証明するものである。なるほど，議会立法の至高性の範囲に対するこの制限を「法的革命」とみなすことも可能ではある。しかし，このような解釈はいささか大袈裟にすぎよう[26]。むしろ，1911 年と 49 年議会法の場合と同様，1972 年欧州共同体法も英国の軟性憲法の修正としての扱いを受けるべきであろう。

IV 議会の審議機能

　ウェストミンスター議会の唯一の役割は法律を制定することであるとの結論を下すとすれば，それは大きな間違いであろう。実際，バジョットは，法律の制定は首相や政府の選任という議会の機能に付随するものであると考えていた[27]。政府に責任を負わせると言う機能もこれに関連している。大臣責任制の原則の下，もし議会が信任動議において政府を支持しないと表明すれば，政府は退陣しなければならない。19 世紀半ば，この原則に基づき，政府はしばしば解散された。理論上は，議会，特に庶民院は，個々の大臣に辞職を強

---

26) P. P. Craig, 'United Kingdom Sovereignty after *Factortame*' (1991) 11 *Yearbook of European Law* 221, 250-2, および T. R. S. Allan, 'Parliamentary Sovereignty：Law, Politics, and Revolution' (1977) 113 *LQR* 443 参照。
27) Bagehot, ch. IV, esp. 150-5.

要することもできる。大臣の議会に対する連帯責任の原則および個別的責任の原則については次章で述べる。

ここでは，議会の二院が果たしている他の二つの役割，バジョットが「教化」および「情報伝達」と呼んだ機能に力点を置いて考えてみたい。議論や大臣への質疑，そして近年増加している特別委員会をとおして，庶民院議員や貴族院議員は，政策の実施にかかわる諸問題の調査と同様，政府の政策の進展状況を監視する。後者の業務は，公共会計委員会に報告をなす会計検査院総裁，および，同様に庶民院の特別委員会に責任を負う議会行政調査委員（オブズマン）のような役人による調査により相当強化されてきた。特に貴族院は，政党的な政治活動の範囲に属するもの以外の現代の社会問題や倫理的問題に関する議論を喚起すると言う点で，重要な役割を果たしている；貴族院の委員会の中には，特に欧州共同体特別委員会に見られるように，広く世間に尊重されているものもある。

これらの職務を遂行していくなかで，庶民院は，政府の活動を調査し抑制する。このような職務は，現代的な議会や委員会の特色をなすものである。これは，法案を考慮しこれを法として制定するという議会の立法上の任務とは全く異なるものである。英国には強力な権力分立原則がないため，議会に種々の事柄を審議する非立法的な権能があると見なしても何ら憲法上の問題は生じない；事実，議会は，政府に対して必要な抑制機能を果たしているのである。さらに，法律によって，官職にある者を免職せしめる権限を両院に与えることもできる[28]。また，制定法により，しばしば，庶民院および貴族院に，反対決議によって大臣の定める規則を無効とする権限が与えられる。時には，法律により，政府が政策を実施しようとする場合に両院の賛同が求められる場合もある。

これとは対照的に，憲法が権力分立の上に成り立っている場合には，法的に困難な問題が生じる可能性がある。アメリカでは，議会が制定した法が，憲法第Ⅱ条に基づき大統領の責務とされている法の執行を規制する権限を議

---

28) 議会行政調査委員は，両院の投票により解任されうる。1967年議会行政調査委員法（Parliamentary Commissioner Act 1967）第1条(3)。

会に与えるものである場合には、それらの法は違憲であると判示されてきた。こうした考えに基づいて、最高裁の多数は、省の予算の削減を命じる「執行」権を持つ役人である会計検査院長官を両院が（合同決議によって）解任しうるとする規定を設けた連邦議会制定法を無効とした。こうした手続は連邦議会に法の執行を管理する権限を与えるものであると言うのが、最高裁多数意見の見解であった；これを根拠に、この法律は権力分立に反するとされたのである[29]。同様に論争の的となってきたのが、「議会の拒否権」として知られる手続は違憲であるとする判決である。この手続の下、連邦議会が制定した法により、連邦議会の一院に、行政上の決定、この事件の場合には法務長官による外国人の国外追放を一時停止せしめる決定を無効とする決議をなす権限が与えられていたのである[30]。

このような憲法上の問題は、英国憲法の下では生じえない。アメリカでは違憲と判示された「議会の拒否権」と言う手続は、反対決議によって大臣が定める規則を拒否することができるという、議会の各院が持つ通常の権限と酷似している。両者の相違を説明するのは極めて簡単である。アメリカの連邦議会は、最高裁の解釈にみられるように、憲法に明記された「立法権」を行使する以外の権限を持たないからである；これとは対照的に、英国議会の権限にはこのような制限は付されていない。法律によって、議会に、行政府による法の執行に関与する、あるいはこれをコントロールする明確な権限が与えられるし、またしばしば与えられているのである[31]。

V 議員の役割と特権

現代ヨーロッパの憲法には、しばしば、議員の権利および特権に関する規定がもりこまれている。特に一般的なのは、1689年権利章典第9条に見られ

---

29) *Bowsher* v. *Synar*, 478 US 714 (1986).
30) *INS* v. *Chadha*, US 919 (1983).
31) 議会による司法権の行使に関しては、第2章Ⅲおよび第7章ⅠならびにⅡ参照。

るような，議員としての職務を遂行する中で言われたこと，あるいはなされたことの全てに関し，訴追ないしは起訴されないと言う規定である[32]。これらの規定は，立法府において自由な討論がなされるようにすることを目的としたものである。議員にとって，彼らが言ったこと，あるいは，議会の報告書やその他の書類に書いたことが，名誉毀損として起訴される，もしくは，刑事訴追を受ける根拠となるのではないかと案じる必要がないと言うのは，重要なことである。言論の絶対的自由は，本来，個々の議員のために保障されたものではなく，全体としての議院および国民一般の利益のために保障されたものである。それゆえ，立法府が，討論の自由を妨害しようとする者に対して訴訟を提起することによりその自由を守ることができると言うのは適切であると言えよう。こうした状況にある場合，英国では，庶民院の判断の下，同院の活動を妨げたと判断された議員や国民に対して懲罰を与えるような措置をとることにより，庶民院は，その特権，とりわけ重要なものとして言論及び討論の自由を守ることができる。後で述べるように，特権の侵害および侮辱を根拠とする訴訟の提起を含め，両院およびこれらの特権を持つ議員による特権の行使を裁判所は進んで規制しようとはしない。

　一般に，憲法によって，立法府の個々の議員の独立を維持しようとの試みがなされている。特にドイツの規定は際立っている[33]。

　[連邦議会の議員は]全国民の代表であって，委託や指示に拘束されず，自己の良心にのみ従う。

　フランス憲法およびイタリア憲法にも同様の規定が見られる[34]。これらのものは，ブリストルの選挙民に向けてなされた演説の中でエドモンド・バークが定式化した，庶民院の議員は独自の判断に従って活動すべく選出された者であるという，代表制政府の古典的原則を反映したものである。議員は，選

---

32) フランス第五共和国憲法第 26 条およびドイツ基本法第 46 条参照。
33) 基本法第 38 条 (1)。
34) フランス憲法第 27 条；イタリア憲法第 67 条。

挙民の代理人ではない。しかしながら，立法府内で厳格な党の規律が求められる現代の政党政府と言う現象とこの原則を調和させることは困難である。もし各議員が純粋に誰からも干渉されることなく個々の法案を判断するとすれば，政府が選ばれた基となる要綱を確実に押し進めることができなくなるであろうし，同じ理由で，これに取って代わる明確な法的要綱を持つ有力な野党の存在も難しくなるであろう。

　英国では，ヨーロッパ大陸の諸国に見られる規定と類似する原則が，様々な庶民院の決議により具体化されてきた。1947年，決議により，庶民院議員は，その独立を制限する，あるいは彼らに対して当該団体の議会における代表として活動することを求めるような外部団体と同意契約をなすことを禁じられた。この決議によって，議員が，その一部ではなく，全体としての有権者および国家に責任を負うものであることが明確にされた[35]。理論上は，議員も懲戒の対象となりうるし，例えば企業や労働組合のような外部団体も，もし議員がその利益に反する投票をなせば財政上の援助を打ち切ると言った脅しをかければ，懲戒の対象となりうる。極端な場合には，議員が議院から排除されるということもありうる[36]。これらの原則が，議会内のグループや政党，あるいは議員の選挙区の後援団体に同じように当てはまるかどうか定かではない。もし，庶民院で政府を支持しなかった場合には投票指示カードの配布を差し止めると脅すことによって，多数党の議員の支援を得ることができるよう「保証されて」いなければ，政府は維持されえないであろう。しかし，議会外での，政党による，もし独自の判断で投票すれば議会から排除すると言う恫喝は，おそらく，庶民院の特権に反するものと解されるべきであろう。こうした点が明確でないこと，ここからして，伝統的な憲法上の原則を現代の巨大政党による民主制に当てはめることが困難であることが知れる。

　公人としての生活基準に関するノーラン委員会（Nolan Committee on

---

35) *W. J. Brown* 議員にかかわる特権委員会報告を受けての決議。MP（HC 118, 1947）：440 HC Deb.（5 th ser), col. 284.

36) 今日でも，庶民院は，適正に選出されてきた議員を除名する権限があると主張しており，かかる権限が行使されうるかもしれない。この権限が最後に行使されたのは1947年で，この時ガリー・アリガン議員が議院侮辱を理由として除名された。

Standards in Public Life) の第一次報告書を受けて，1947 年の決議は庶民院により大幅に強化された[37]。議員は，例えば，議会での質問，討論に際しての演説と言った方法により，代償をえて外部団体を擁護するような活動をなすことが禁じられた。さらに，議員は，外部組織と協定を結んだ場合の条件や，顧問料として支払われるおおよその報酬の程度を公開しなければならない。基準と特権に関する庶民院委員会(Commons Committee of Standards and Privileges) に責任を負う議会基準調査委員 (Parliamentary Commissioner for Standards) の任命は，この規則を実施していく上で助けになろう。これらの規則によって，議員は，彼らのコンサルタントとしての仕事の内容をある程度明らかにし，これにより自らの意思で自己の職務を果たすようになる。

　英国では，議員の活動や報酬に関するすべての問題は，庶民院自体が決定する。裁判所はこれには関与しない。裁判所は，例えば，議員の除籍が合法的かどうかと言う問題でも，進んでこれに関与しようとはしない。このように裁判所が消極的なのは，裁判所は，たとえ法の間違った解釈を含む問題であっても，議会の両院がその特権を行使する方法を問題とすべきではないと言う，長きにわたるコモン・ロー上の原則が存在するからである[38]。裁判所には，ある特権が法律上存在するかどうかについて，またその特権の範囲について判断を示す用意がある。しかし，さらに進んでその特権がどのように行使されるかという問題にまで立ち入ろうとはしない。こうした消極的な態度が時として奇妙な結果をもたらしてきた。1839 年，女王座裁判所は，庶民院は議会の正式な議事録を作成する権利を認められた出版者ハンサードに対し文書による名誉毀損の訴えを受けないとする特権を与えることはできないと判示した[39]。これが認められれば，議院の特権が違法に拡大されていたであろう。しかしながら，ミドルサセックス州の長官がハンサードに対する判決を

---

37) (1995) Cm 2850。
38) 例えば，*Bradlaugh* v. *Gossett* (1884) 12 QBD 271 参照。この事件では，議院は，ノーサンプトン選出の無神論者である原告に，議会で宣誓することを許さず，それゆえに議席を持つことも許さなかった。議院の法解釈は間違っていたが，裁判所はこれに干渉することを拒否した。
39) *Stockdale* v. *Hansard* (1839) 9 Ad. & E 1, 112 ER 1112.)

強行しようとした時,庶民院は彼を侮辱罪で拘禁し,同じ裁判所が,これに対しては裁判所は何もなしえないとの判断を示したのである。コモン・ロー裁判所は,議院の特権を侵害した,あるいは議院を侮辱した議員やその他の者を処罰する庶民院の権限を認めており[40],これらの裁判所は,庶民院がその権限を行使する方法を問題とはしないであろう。

　裁判所はまた,議会の両院の内部手続についても,進んでこれに干渉しようとはしない。例えば,議会が定めたある個別法（Private Act）が,同法の制定を促進しようとする陣営の不正な手段によって制定されたものであると言う主張を,裁判所は考慮の対象とはしてこなかった；どのような形であれ,司法府が関与すれば,議会手続の調査が必要となったであろう[41]。その結果,不正が正されないこともありうる。さらに,その特権に対する侵害があった,あるいは侮辱行為があったとの決定を下す権限が両院にあり,かかる「告発を受けた者」には,これに対して法的手段による抗議ないしは上訴権が認められないと言うことになっている。これは,原則的にみて,極めて問題の多い制度である。

　議会の院の特権を侵害する行為あるいは侮辱的行為があったかどうかを判断する権限を司法府に与えようとの主張がなされている。こうした方向に向けての先例はある。1868年以来,選挙の有効性をめぐる紛争が,選挙裁判所,実際には二人の裁判官に委ねられてきた。それまでは,この問題には庶民院自体が決定を下していたのである。無論,議会の二院が持つ特権は,議会の至高性と言う論理とは全く関係のないものである。議会の至高性の原則の下,議会における女王は法を制定する権限を持ち,裁判所はこれを適用しなければならない。しかし,そうだからといって,独自の判断で活動する両院を,裁判所がこの立法の場合と同様に尊重すべきであると言うことにはならない。

---

40) *Case of the Sheriff of Middlesex* (1840) 11 Ad. & E 273, 113 ER 419. しかしながら,首席判事デンマン卿は,議会に対する侮辱として示された根拠がこのような措置をとるには明らかに不十分な場合には裁判所が干渉することもありうると示唆した。
41) *British Railways Board* v. *Pickin* [1974] AC 765.

これらの問題を法的に規制することは，総括的に見て望ましいものであると同時に，事実上可能でもある。ドイツ基本法は，連邦議会の議員は，「その独立性を維持するにふさわしい報酬を得る権利を持つ」と定めている。[42]憲法裁判所は，他の事柄にも触れつつ，法律により，議員に対し，十分に議会活動に専念することができ，かつ他の収入源を放棄しうるに足る給与を与えなければならないと判示してきた。さらに，法律により，議員が，これに対して報酬が支払われるような不定期の業務ないしはコンサルタントとしての業務に依存することを禁止すべきであるとされる；このような収入に依存しなければならないとすれば，基本法で保証された，誰からも干渉を受けない独自の判断をそこなう可能性があるからである。[43]アメリカでは，最高裁判所が，同裁判所は，選挙によって選出された議員を除籍すると言う下院の決定を審査することができると判示してきた。[44]これらの問題は，議会立法の至高性とは何の関係もないが，ウェストミンスター議会が最終的決定権を持つと主張してきた事柄である。原則として，議会特権の範囲は，可能な限り制定法によって明示されるべきであり，少なくとも，議院が合法的な根拠に基づきその権限を行使したことを確認する司法上の権限が裁判所に認められるべきである。

VI 結　　論

　議会の至高性の原則が英国の憲法制度の基底をなすものであり，この原則は，他国では法典化された法文の占めるべき地位にある。この地位も，1972年欧州共同体法によって修正されてきた。しかし，両立しえない欧州共同体の法との対立が見られる場合を除けば，この原則は，憲法上，議会はその欲するいかなる法をも制定することができると言うことを意味している。議会

---

42) 第48条 (3)。
43) 40 BVerfGE 296 (1975).
44) *Powell* v. *McCormack*, 395 US 486 (1969).

が国際法の基本的原則を侵害するような法や次回の総選挙を延長するような法を制定した場合でも，裁判所は，この法を適用するように求められるであろう。なるほど，1998年人権法の下，今日，裁判所は，ある法律の規定が欧州人権条約により保護された権利と矛盾するとの判断を示すことができる。しかし，議会の至高性の原則があるため，裁判所は，今日でも，当該規定を無効と判示することはできない。この原則を受け入れ定式化してきたのは裁判所である；裁判所が，この原則がおよぶ範囲と欧州共同体の法との関係を決定するのである。さらに，議会が，後の議会の自由を制限するような法を制定することができるかどうを決定するのも裁判所である。今日，極端な場合には，勇気ある裁判所が悪しき法の適用を拒否するかもしれない。

　18世紀から19世紀初頭にかけて，議会立法の至高性の原則が発達していく過程においては，この理論は，憲法律の原則と政治的権限の君主から議会への移行に関する声明を示すものであった。18世紀には，まだ，国王と議会との間で権力の均衡が見られたが，君主ではなく議会が徐々に政府を支配するようになった。さらに19世紀には，議会の至高性が，実際には庶民院の至高性を意味するものであることが徐々に明らかになった。こうした変化は，貴族院の権限を大幅に削減した1911年議会法の制定によって公式に認められるところとなった。そしてついに20世紀に至り，議会の至高性は，政治的権力に関する限り，ある程度虚構性を帯びたものとなってきた。憲法律に関する限り，議会は立法上の至高性を享受しているが，実質上の政治的権力は，今日，政府を形成している政党の指導者によって行使されているのである。

　こうして，議会の至高性と言う論理は，政府およびその政府を形成する政党が，憲法上何の制約もなく自らの政権公約を定めうると言う重要な結末を迎えるところとなった。裁判所は，権力分立に反しているとして法律を無効にすることはできないであろうし，1998年人権法が通過した後でも，基本的権利の侵害を根拠として法律を無効とすることはできないであろう。新しく誕生した労働党政権も，一見大きな志とも見える憲法改正を要綱として掲げながら，従来の政権と同様，議会主権の原則に固執している。当然のことながら，議会立法の至高性という理論は政治家の間では人気を集めている。な

ぜなら，これによって，政治家は，自分たちが政府内部にいる間は，ほぼ無制限とも言うべき権力を保持することができるからである。しかし，まさにそれゆえに，議会立法の至高性は自由な立憲主義の精神に反しているのである。

第6章
政府と行政権

I 序　論

　現代の立憲民主制の下では，政府の三つの部門（立法府，行政府および司法府）の中で，行政府が最も大きな権力を持つのが一般的である。行政府，より正確には政府は，外交政策や防衛策を組み立てて実行に移し，また，その一方で，実質上どの法律を立法府で制定するかを決定する。英国およびその他多くの国家では，政府は，立法府に代表された多数政党（あるいは政党の連合）の構成員によって形成される。それゆえ，ある意味では，立法府が行政府を選出するのである。しかし，逆に，政府，より明確には首相が，議会を解散し新たな選挙の実施を求める権限を利用して立法府をコントロールすることも可能である。現代民主政治の下で行政府が中心的地位を占めるものであることは，選挙が，行政府の構成を自ら自由に判断する議員の選出というよりも，主として，二つないしはそれ以上の政府を形成する可能性を持つものの選択として扱われているところからして知れる。ウォルター・バジョトは，立法府と行政府の融合を，「英国憲法がうまく機能している秘訣である」と述べた[1]。そしてこれは，彼の見地からすれば，極めて異なった状況にある

---

1) Bagehot, 65.

アメリカと比べて評価されるべきものであった。アメリカでは，政府の立法部門と行政部門が厳格に分離されている。大統領は，議院とは別の選挙で選ばれ，大統領もその閣僚も議会に議席を持たない。[2]

　行政府は，最も強力な存在であるだけではなく，三つの部門の中で最も説明しにくいものでもある。まず第一に，行政府の機能がどのようなものであるか正確に述べることは困難である。行政府の機能は，立法府や司法府の機能と比べて，はるかに多様化している。首相の選任，政府の形成，議会の解散，条約の締結，および戦争の指揮の全てが，行政上の決定事項である。一般的な経済政策や社会政策を細目にわたり実施するのが政府の仕事であるが，これを準備するのも行政府の職務である。行政事務官や軍隊の長にあたる者およびその他の公務員の任命も行政府の任務である。それゆえ，行政府の機能と権限は，極めて重要で微妙な政治的決定をなすことから，ほとんど，もしくは全く裁量の余地のないものを含む事細かな行政上の職務にまでおよぶ。実際，それが，立法権や司法権の範囲内にあるものでなければ，政府ないしは公機関によってなされるすべての事柄を行政上のものと見なしてもよいと思われる。

　行政上の機能をはたす機関や人物の範囲について語る場合にも，同様の困難が生じる。法典化されていない英国憲法の下で，君主の地位にある国王が個人的に決定を下す事項は極わずかであるが，法律上，君主は膨大な権限を持っている。憲法習律の下，国王の行政上の権能と権限の大部分は，大臣，特に首相の助言に基づいて行使される。しばしば，制定法により，国務大臣（Secretary of State）に権限が与えられる。法律上，国務大臣の地位にある何人がこの権限を行使しようと問題はないのであるが，実際にこの権限を行使するのは，特定の分野の活動に責任を負う，例えば健康担当大臣とか教育担当大臣のような大臣である。これとは対照的に，首相や内閣は，制定法によって彼らに与えられた明確な権限を持たない。彼らは，君主が彼らの助言に基づいて法的権力を行使するがゆえに，政治的権力を行使しうるのである。そ

---

2) 変則的ではあるが，副大統領は上院の議長を務める。しかし，可否同数の時以外は投票権を持たない：第1条第3節。

の他の権限は,郵政公社,原子エネルギー局,独立テレビ委員会,および健康局のような,様々な官庁や委員会およびその他の機関に与えられている。これらの機関が政府の一部と見なされることは余りないが,これらの機関が行政上の機能およびこれにかかわる機能を果たしていることは確かである。実際,こうした機関の多くは,重要な行政上の任務が,権力を持つ政府の管理下にない独立した公的機関によって確実に遂行されるようにするため設置されたものである。最後に,公務員,および,おそらく軍隊も行政上の機能を果たす機関あるいは人物の中に加えられなければならない。

　国によっては,国家元首が実質上政府の中の行政部門の長となっていることがある。アメリカおよび1989年ロシア連邦憲法後のロシアがこれにあたる。[3]両国とも,大統領が行政権を持つと言う制度をとっている。英国,ドイツ,イタリア,およびスペインの様なその他の憲法では,国家元首の役割は,大統領であれ君主であれ,完全にそうであるとは言い切れないが,おおむね国家の尊厳を示すものであり儀礼的なものである。こうした元首は,国家を代表するが,政策の決定には関与しない。これらの国では,議会が行政権を行使する制度をとっている;行政府は,立法府の構成員からなり,立法府に対して責任を負う。[4]こうした国々でも,国家元首が,一定の状況の下で,何らかの政治的判断を求められる場合もありうる。これは英国にもあてはまる。今日でもなお,国王ないしは女王が,例えば,首相の選任あるいは議会解散承認の拒否に際し,自らの裁量によって重要な決定を下すような場面がある。これについては本章のⅢで触れる。

　英国の行政権に関する様々な側面を細かく考察する前に,その他の点での他国との比較をしておきたい。憲法の条文の中には,憲法の「守護者」あるいは「保証人」としての大統領の役割に触れているものもある。[5]また,大統領が就任に際してなすべき宣誓を明示している憲法もある;宣誓文には,そ

---

3) 1993年憲法第80-93条
4) 大統領制の憲法と議会制の憲法との相違については,第1章Ⅱ参照。
5) フランス憲法第5条,ロシア憲法第80条参照。

の他の事項に混じって，憲法を擁護し維持するとの誓約が含まれている[6]。これらの規定は，必ずしも単に装飾的なものであるとは言えない。これらの規定は，おそらく，フランスの偉大な憲法学者ベンジャミン・コンスタンにより注目されるところとなった，全ての憲法は，政府の中の様々な機関が共同して円滑にその職務を遂行することができ，かつこれら機関間の紛争を解決することができるようにするための中立的機関を必要とすると言う考えの名残であろう。自らの権限に基づき政治的活動をなす者と言うよりは，むしろ国家元首としての地位を持つドイツの大統領のような大統領などは，この役割に適した存在と言えよう。この役割の中には，例えば，法律が公布される前にその法律の合憲性を審査すると言った行為も含まれうる[7]。これとは対照的に，アメリカの大統領やフランスの大統領のような政治的色彩を濃くする大統領に中立的な機関としての役割を求めるのは，あまり適切ではないと思われる。

　英国憲法の下で，国王あるいは女王がこの種の役割を持っているのかどうか，これは考察に価する。本章のⅡ以下では，他の問題とともに，法的に見て疑いの余地無き権限の行使に際し，今日君主がどれほどの個人的裁量権を持っているのか，あるいは君主の行為は憲法習律によって完全に規制されているのかどうかを論じてみたい。ある一定の状況，例えば，確定的な結果が出なかった選挙の後で首相を選任する場合，君主の裁量権は憲法習律によって制限されていないと言うことについても述べたいと思う；この種の裁量権に基づき国王あるいは女王によってなされる決定は，ベンジャミン・コンスタンが言った中立的権限の行使と見なされうるものかもしれない。

---

6) アメリカ憲法第Ⅱ条第1節，ドイツ基本法第56条，ロシア憲法第82条。
7) ドイツ基本法第82条は，「基本法の規定に従って制定された法は」大統領の署名を得なければならないと定めている。これは，大統領が法律の合憲性を審査する権限を持つことを意味するものである。

II 国王，政府および大権

1 国　王

　何よりも，「国王(Crown)」と言う概念が曖昧なものであるため，憲法上の国王の地位は複雑なものとなっている；この国王と言う言葉は，君主個人や政府を，あるいは国家や公機関の何らかの側面を意味するものとして用いられている。二つの例をあげてみよう。これによって，この言葉が様々な意味で使われており，いかに紛らわしいものであるかが知れるであろう。1947年国王訴訟手続法（Crown Proceedings Act）によって，不法行為ないし契約に関して，政府という意味での国王が訴訟手続の対象とならないとする免責制度が廃止された。今日では，それが妥当であれば，役人の一人が不注意により何らかの損害を与えた場合には，政府の部局に対して過失を根拠として訴訟を提起することができる。しかし，同法により，君主には，今なお，個人的には訴訟手続の対象とならないとする免責特権が与えられている。[8] 刑事上の訴追は公訴局（Crown Prosecution Service）によってなされるが，個人的な意味での女王ないし行政的な意味での女王のどちらも，この訴追に加わることはない；実際のところ，どちらかの意味での女王が訴追に加わるのは不適切であろう。ここでは，「国王(Crown)」と言う言葉は，そうした訴追が，個人的なものではなく公的なものであることを示すために用いられているにすぎない。

　こうした紛らわしい点が残っているのは，何よりも憲法の歴史に由来する。16世紀まで，国王の個人的権限と国王の指示に従い行動していた政府あるいは行政府の構成員の権限の間には，全く，もしくはほとんど相違がなかった。ところが，徐々に，君主の個人的思惑とは全く別に，国務大臣やその他の大臣により政治的な権力が行使されるようになってきた。そして今日では，制

---

8) 第40条(1)。この点に関する議論については，H. W. R. Wade and C. F. Forsyth, *Administrative Law* (7 th edn., Oxford, 1994), ch. 21 参照。

II 国王，政府および大権   139

定法により，国王よりも国務大臣に法的権限が賦与されるのが普通になっている；こうした状況の下では，行政上の決定は，明らかに大臣によってなされることになる。憲法上難しい問題が生じる可能性があるのは，制定法により明確に規定されていない分野で重要な行政上の決定がなされなければならない場合である。例えば，外交政策の遂行，首相の選任，議会を通過した法案に対する君主の裁可，議会の解散などである。

2 国王大権

多くの行政上の決定が，制定法上の権限ではなくコモン・ロー上の権限に基づきなされている。これらの決定が国王に特有のものである点をとらえて，大権として知られている。歴史的には，国王は議会に依存することなくこれを行使することができたので，これらの権限は極めて重要なものであった。憲法史上最も大きな事件の一つである *Case of Proclamations*[9]において，裁判官は，コモン・ローであれ制定法であれ，ジェームズ一世は布告を発することによって法を変えることはできないと判示した。国王に認められる大権は，裁判所が国王に認めたものだけであり，コモン・ローを変更させる，あるいは新たに犯罪を設けると言う行為はこうした大権に含まれていなかった。内乱に前後する17世紀の対立抗争は，政治的には，議会とスチュアート朝の国王との争いを示すものであったが，憲法論としては，国王大権の制限にかかわるものであった。ジェームズ二世が英国から逃れ，議会が王位継承のためウィリアムとメアリーを迎え入れた時，議会の勝利は明らかになった。1689年権利章典は，憲法律の形で議会の勝利を表明したものであった。これによりいくつかの大権は廃止され，その他の大権も議会の同意を得た場合にのみ行使されうるものとされた。国王が法を停止せしめること，あるいは，特定の人物に遵法義務を免除せしめることは違法であると宣言された；また，権利章典によって，国王が，議会の同意無く課税し軍を維持することも禁じられた。

---

9) (1611) 12 Co. Rep. 74.

しかし，国王は，多くの大権を保持してきた。こうした大権の中には，首相の選任，大臣の任命と罷免，新たに貴族を認める権利，制定法に定められた5年間が経過する前に議会を解散する権限のような，政治的に見て極めて重要なものが含まれている。国王大権には，例えば，条約の締結，戦争宣言，および国家の承認と言った外交上の行為に関する場合，特に注目すべきものがある。その他，パスポートの授与と回収，恩赦の承認，栄典の授与のように，個人個人に対して重要なものもある。一方，今日では古めかしく思われるようなものもある；例えば，聖書や一般祈禱書の印刷を許可すること，公設市場開設の特許権授与がこれにあたる。[10]

厳密な意味での憲法律上の問題としては，これらの大権はすべて，君主の個人的裁量に基づき行使されうる。ダイシーは，その法的立場を次のように述べている。[11]

大権は，歴史的にも事実としても，裁量権が認められた権限，あるいは専断的な権限の名残以外の何ものでもないと思われる。そしてこれは，常に合法的なものとして国王の手中に残されているのである。

しかし，彼も説明を加えているように，この言葉は，憲法上の現実を十分に説明したものではない。なぜなら，これらの大権事項の行使のほとんどが，憲法習律によって規制されているからである。その習律の中でも最も重要なのは，女王は大臣の助言にのっとって行動しなければならないとするものである。若干の事例をあげておけばこうした状況は明らかになると思われる。欧州共同体への加盟は，外交および条約締結に関する大権に基づき決定された；言うまでもなく，これは君主の決定によるものではなかった。犯罪者に恩赦を与えるかどうか決定するのは，個人としての君主ではなく国務大臣である。大臣は，法律上国王の大臣であるが，首相により任命され罷免される。

---

10) 種々の国王大権を包括的に取り扱ったものとして，de Smith and Brazier, chs. 6 and 7；Bradley and Ewing, ch. 12 参照。
11) Dicey, 424.

裁可に関する国王の憲法上の立場は，おそらくより複雑なものであろう。法律上，女王は，法案に対する裁可を拒否することができるであろう。しかし，明確な習律の下，女王はその制定に同意するよう求められている。この習律によって課された義務がいかなる状況の下でも絶対的なものかどうか議論の分かれるところであるが，この習律は過去3世紀の間に徐々に確立されてきたものである。アン女王治世の後この裁可を拒否した君主はいない。しかし，1914年のアイルランド自治法案の場合，ジョージ五世が同法案の拒否を考えたと言うことは良く知られている[12]；彼は，アルスター地区をその条項から除外せずに同法案が制定された場合，アルスター地区で反乱がおこるのではないかと危惧したのである。今日でも，これを制定することによって公共の秩序が危機に瀕する場合，もしくは二院が正当な理由無く総選挙を延期する法案を通過させた場合，国王が同意を差し控えたとしても，これが正当な行為として認められる可能性がある。この二つの場合，たとえ女王が政府の助言を無視したとしても，公共の秩序を維持するために，また，後者の事例の場合には民主的価値を維持するために同意が拒否されたもの以上，女王は憲法に則して行動していると言うことになろう。

しかし，こうしたことは架空の仮説である。考えられる限り，ほとんどすべての状況の下で，君主は，習律により大臣の助言にのっとって行動し法案に同意するよう求められている。首相の任命および議会の解散に関するその他の重要な政治的大権も，完全にとは言えないが，おおむね習律の定める所に従って行使されている[13]。それゆえ，憲法の下，大権行使に際して下される決定は，実際には大臣によってなされている。国王の大権は，政府の持つ事実上の政治的権限を覆い隠す法的擬制なのである。

3 首相と内閣

法的見地から見れば，首相と言うのは憲法にめったに表れてこない。その

---

12) V. Bogdanor, *The Monarchy and the Constitution* (Oxford, 1995), 122-35 の記述参照。
13) 本章III参照。

ほとんどが給与や年金制度に関する極一握りの制定法が，首相の存在について触れているにすぎない。内閣に関しては，たとえ見られるとしても，制定法がこれに関して規定するところは，はるかに少ない。しかし，首相および内閣は，政府の行政部門を統括するものであり，個々の省および機関によって実施されるべき政府の主要な政策を決定する。首相や内閣の権限に関する法的な記述がないということ，ここから，英国では，憲法律と実際の憲法の運用との間に大きな相違があることが知れる[14]。

　さらに，英国憲法は，首相と内閣および大臣との関係については何も述べていない。法典化された憲法の中には，興味深い規定が見られることもあるが，その性質からして，これら三者の関係は，憲法の条文による詳細な規定にそぐわないと思われる。例えば，ドイツ基本法は，首相は政策の総括的ガイドラインを定めるべきものとしているが，これらのガイドラインの範囲内で各大臣が自らの省にかかわる事柄を独立して処理する[15]。1958年フランス憲法には，首相は，政府の活動を指揮監督し，かつ「国家の防衛に対する責任を負う」と言う趣旨の，より広範な規定が見られる；ただし，首相は，自らの権限の一定事項を大臣に移譲することができる[16]。しかしながら，フランスでは，首相と大統領の関係が憲法上困難な問題を引き起こしてきた。憲法の条文には両者の関係に関する規定はほとんど見られず，この関係は，現実には，同意を見た習律によって規律されている[17]。大統領は外交および防衛を統括し，一方，首相は国内の政策を決定する。両者共フランスを代表して国際的な首脳会議に出席するが，他のヨーロッパ諸国の首脳と欧州連合の進展に関する交渉をなすのは主として大統領である[18]。この習律を定める必要性があると言うこと，ここから，重要な行政上の責任の割り当ては，憲法の条文で定めるよりも，その時々の政治家の話し合いに委ねた方が良いと言うことが知れる。憲法の条文に首相に関する事項が何も述べられていないというのは

---

14) この点については，第2章IV参照。
15) 基本法第65条。
16) 第21条。
17) 第2章IV参照。
18) Bell, 59-60参照。

驚くべきことかもしれないが,首相の権能が事細かに憲法に明示されるよう望むのも間違っていると思われる。

とにかく,行政機関内部の大統領と首相あるいは個々の大臣間の権限の配分が憲法訴訟上の問題となりうる等と言うのは,普通考えられないことである。これらの関係がどのような性格を持つかは,常に政治的に決定されるであろう。他国と同様,英国においても,政治的な諸要因と個人的な能力により,首相が個人的に支配的な力を持つか,全体としての内閣がそうなるかが決まる。1960年代に,首相は実質上統轄的な役割を果たすと言う論が一般的なものとなっていた[19];そして,サッチャー氏が首相の間に,こうした見方は多くの評論家にとって確たるものとなった。しかし,メイジャーが首相の地位にあった時期のほとんどがそうであったように,政権政党が大きく分裂し,かつ過半数をわずかに上回るにすぎないという状態にあった時期には,個々の大臣がある程度自由に活動しやすくなるであろう。このような状況の下では,首相は内閣の議長程度の者となろう;行政は,事実上,閣僚の共同的指導力に委ねられることになろう。さらに重要なのは,こうした場合,政府は立法府に対して弱い立場に立つと言うことである。

4 行政府に対する司法審査

たとえそのようなことがあったとしても,英国の裁判所が大臣間の争いに審判を下すと言う事態に巻き込まれることは希であるが,裁判所は,行政権の範囲を定め活動を規制すると言う,ますます重要なものとなりつつある役割を果たしている。まず第一に,裁判所は,法により与えられた権限が合法的に行使されているかどうかに関する判断を下す。例えば,裁判官は,国務大臣やその他の行政機関が,議会から与えられた権限の範囲を超えた活動をしているとの判断を示すことができる。これが,イングランド法およびスコットランド法で「司法審査 (judicial review)」として知られているものである;これを,他国,特にアメリカでも同様に「司法審査」と呼ばれている法律の

---

[19] 彼自身ハロルド・ウイルソン第一次内閣の閣僚であったR. H. S. Crossmanの *Bagehot, The English Constitution* (1963) への有名な序文参照。

合憲性を確認する裁判所の権限と混同してはならない[20]。英国の裁判所の権限は，行政上の活動や決定の合法性に関する技術的な意味での法的審査に止まらない；裁判所は，それが，法により行政府に与えられた権限を極めて不当あるいは不公平な形で行使するものではないかどうかも審査する[21]。

　第二に，*Case of Proclamations* 以来，裁判所は，大権の存在および範囲に関する判決を下してきた。裁判所は，また，これに相当する権限を行政府に与えるような制定法が定められたことによって，ある大権が廃止されたかどうかについても判定を下す[22]。しかし，女王が大権として認められている権限を行使した場合には，最近まで，裁判所は，それが妥当あるいは公平な形で行使されたかどうかを問題としたがらなかった。それゆえ，ここでの司法審査の範囲は，制定法上の権限の行使に対する異議申立がなされた場合よりも狭いものであった。今日，*CCSU* 事件[23]の結果，裁判所が，女王(Crown)がその大権を濫用したかどうかの判定を拒否するのは，それが実質上司法審査に適さない場合のみであろう。裁判官は，例えば，女王がどのようにして条約締結権を行使したかを問題としないであろうし，議会の解散権の行使を審査しないであろう。現実には，制定法上の権限と大権との形式的な区分にとって代わって，裁判所が審査しうる権限と，余りに政治的であるために司法府により審査することができない権限との区分がなされている[24]。

　このように審査の対象とすることができない大権事項という一部の限られた例外はあるが，それが違法なものであれば，裁判所はなんのためらいもなく行政府の活動を規制する。近年出された貴族院の二つの判決がこれを明確

---

20) 第1章Ⅳ参照。
21) 司法審査は，行政法の中核となる問題である。例えば，Wade and Forsyth，前掲註8，8-15 における議論参照。
22) このリーディングケースとして *Att.-Gen.* v. *De Keyser's Royal Hotel* [1920] AC 508 があげられる。
23) *Council of Civil Service Union* v. *Minister for the Civil Service* [1985] AC 374. 政府通信司令部の職員が公務員労働組合の構成員となることを禁じるために大権が行使された。実際，その大権行使は国家の安全保障を根拠とするものであるから，労働組合と協議する必要はないとの判断に司法審査の余地はない。
24) 大権に関する司法審査につきより詳しくは，第7章第Ⅲ参照。

にしている。*M* v. *Home Office*[25]では，貴族院は，難民が提出した保護申請に対する決定が下されるまで同人物を国外に追放してはならないとする裁判所の命令に従わなかった内務大臣は，法廷侮辱の責任を問われると判示した。従来どおり，君主は，個人的には侮辱罪による提訴を免除されるが，政府の行政部門としての君主および政府の各省を統括する個人の両者に対し同法は強行されうるのである。二年後，*Criminal Injuries Compensation* 事件において，内務大臣が，刑事事件で負傷した被害者に補償金を支払うための要綱を法に定める所によるとした1988年刑事裁判法を実施しないと決定した際，貴族院は，内務大臣の行動は違法であると判示した。同内務大臣は，現存する制度に代えてそれよりも安価な要綱を採用するコモン・ロー上の権限を行使すると述べたのである。これに対して，貴族院の多数意見は，制定法上の要綱を実施しないとする決定は違法であるとの判断を下した；実際，同内務大臣は，議会が彼に与えていた制定法に定められた制度を実行にうつす日付を選ぶ裁量権を誤った形で放棄したのである[26]。

　ここで憲法上重要なのは，この二つの事件で，貴族院が，裁判所が行政府に対して法を強行するのは不適切であるという主張，およびこのような状況においては議会に対して大臣が政治的に責任を負いうるという点に信頼を置くべきであるという主張を退けたということである。なるほど，*Criminal Injuries Compensation* 事件において，キース卿ならびにマスティル卿は，おおむね，このような状況の下では司法による統制よりも政治的統制の法が妥当性を持つと言うことを根拠に，反対意見を述べた。しかし，それは間違った指摘である。専断的政府の出現を阻止するためには，行政府に対する司法による統制が必要なのである。裁判所が，大臣の議会に対する責任に信頼を置くというやり方は，誤った方向へ我々を導くことになる。後に本章で見るように[27]，庶民院が個々の大臣に責任を負わせるのは希である；党規律が在る

---

25) [1994] 1 AC 377.
26) *R* v. *Secretary of State for the Home Department, ex parte the Fire Brigades Union* [1995] 2 AC 513, および E. Barendt, 'Constitutional Law and the Criminal Injuries Compensation Scheme' [1995] *Pub. Law* 357 参照。
27) 本章Ⅳ。

ため，政権政党の議員達は，大臣が自己の権限を越えたことだけを理由として大臣の辞職を強いるようなことをしようとはしない。裁判所は，法律を無効とした場合，司法審査が多数決主義に反するものとみなされうるためこれをためらうかもしれないが[28]，多数決主義に反すると言う主張は，行政府の判断が適切であるか否かを裁判所が考慮する場合には当をえたものとは言い難い。

III 政府の成立

習律により，女王の権限の絶対的大多数は，憲法上，大臣，とりわけ首相の助言に基づいて行使されなければならない。しかし，いくつかの重要な大権の行使に際しての裁量の範囲については，議論が分かれている。この問題が生じるような状況については，既に一つ述べた。ほとんど常に，国王の裁可権は大臣の助言に基づいて行使されなければならない。しかし，君主が自らの判断でこの権限を行使し，裁可を拒否する権限を持つような極端な状況が生じる可能性はある。では，その他の事柄［首相の選任，議会の解散，政府の解体，および貴族の任命］に関して国王に個人的裁量権が残されているかどうかと言う問題が提起された場合，答えは同様のものになるであろうか[29]。比較的最近まで，普通の状況であれば，庶民院に代表された多数党の中の重要な人物を選ぶであろうと予想されてはいたが，首相の選任は主として君主の権限に属するものであった。1957年のイーデンの退任の場合にも1963年のマクミランの場合にも，女王は，マクミランやダグラス-ヒュームに政府を形成するよう個別に要請する前に，政権を握っている保守党の古参の人物と相談した。しかし，1976年ウィルソンが辞職を表明した際には，女王は，労

---

28) 第1章V参照。
29) 改革を進めている政府が貴族院における法律の通過を確実なものとするのを助けるために新しい貴族を作り出すと言う大権は，貴族院の拒否権が無くなった今日，ほとんど重要性を持たない：第5章II参照。

働党が新しい党首としてキャラハンを選ぶまで待ち，その後で彼を首相に任命した。1990年サッチャー氏が辞職した際にも同様の方法がとられた。それゆえ，国王は，現職の首相の辞任（ないしは死）後に選出された多数党の党首に政府を形成するよう要請しなければならないとする習律の存在を認めるだけの明確な先例がある。

　通常は，総選挙の後にも同じ方法がとられることを疑う人はあるまい。庶民院で最大の議席を持つ政党の党首が政府を形成するように要請されるべきである。しなしながら，それは，絶対的な規則ではありえない。まず第一に，総選挙の結果が明確なものになるとは限らない。例えば，第三位の，もしくはその他の少数政党が，選挙後議会に最多数の議員を送りこんでいる政党ではなく，第二位の政党と連立を組むことを望んでいるらしいと言うことが分かれば，通常の習律が適用されると言うことはまずありえない；その人物が選挙前に首相であってもなくても，憲法上，君主は，第二位の政党の党首に行政府を形成するよう求めることができよう。他の政党の支持を得ることができれば，その人物は，最大政党の党首よりも政府をうまく機能さすにふさわしい立場に立つであろう。他方，実際には，20世紀を通じて，連合して多数派となったものよりも少数派の単独政党による政府が好まれてきたとする主張が見られた。なるほどそうかもしれない。しかし，こうした主張は，君主に対し，常に最大政党の党首に政府の形成を要請するよう求める習律があることを証明するものではない[30]。このような状況の下で，適切な憲法上の習律が存在するのかどうか，そしてその適用範囲はどのようなものなのかは決して明らかではない。同様に，少数政党が，最大多数党の正式の党首に協力するつもりはないが，最大多数党のある重要な人物に協力する可能性がある場合，もしくは，少なくとも，庶民院でその人物を支持する可能性がある場合，もしあるとすればこの場合どの習律が適用されるのか，これも定かでない。このような状況にある時にも，君主は，憲法上，それが安定した政府を確保するために最も現実的な方法である場合には，党首以外の他の人物に行

---

30) Bogdanor, 前掲註12, ch. 6, esp. 151-7 参照。

政府を形成するよう要請することができよう。

　通常，君主は，習律により，総選挙のため議会を解散すると言う首相の助言を受け入れるよう求められている。首相は，そうしなければ政府に反する投票をしたいとの誘惑にかられる政府側の平議員の統制を保つため，解散と言う脅しを使う。行政府の長は，このような方法で，ままならない議会の動きを制御することができよう[31]。しかし，選挙を行うことが明らかに国家利益に反し，現政権に代わる政府が生まれれば，これが庶民院における多数派を統制することができるであろうと思われる場合には，憲法上，君主は，解散を拒否することができると考える方がよかろう[32]。君主に解散を認めるよう求める習律は絶対的なものではないのである。君主が先のような習律を認めなくてもよい明白な事例として，総選挙で敗れた首相が，もう一度選挙すれば先の選挙結果を覆すことができると言う期待をもって君主に解散を勧める場合などがあげられる。

　極端な場合には，国王は，首相を罷免し，かつ，場合によっては，さらに進めて議会を解散し総選挙を行うよう要求する個人的裁量権を持つ可能性すらある。このような権限が行使されうるのは，例えば，政府が総選挙の実施を延長するための法案，ないしは，反対の立場にある政党に弾圧を加えるための法案を上程した場合のような，憲法が危機に瀕している場合のみであろう。ジョージ五世は，1914年アイルランド自治を認める法案に対する国王の裁可の拒否に代わるものとして，この極端な方法を念頭に置いていたように思われる。この権限の行使には，解散を求める首相の要求を拒否する場合と同様，明らかに大変な危険がついてまわる；特に，現代民主制と言う観点からして，多くの人々が時代遅れのものと見なしている個人的な裁量権を行使することによって，女王ないし国王に対し，他の政党をさしおいてある一つの政党を偏重しているとの非難がなされるであろう。1975年，総督が，首相

---

31) Bagehotはこの点を強調している。115-9, 221-4.
32) de Smith and Brazier, 128-30における議論参照。ただし，彼らは，近年見られる解散に対する拒否権を認めるような事例は，英連邦 (Commonwealth) 内の他の国家にしか見られないとの指摘をしている。

ガフ・ホイットラムを罷免した際，オーストラリアで大論争が引き起こされた；ホイットラムは，上院が必要とされていた財政法を阻止したために生じた行き詰まりの打開策として，議会の両院を解散して総選挙を行うよう総督に勧めるのを拒否していた。総督は，野党の党首マルコム・フレーザーであれば解散を勧めるであろうと確信し，彼に首相になるよう要請したのである。しかし一方，個人的な裁量権の行使は，首相による気まぐれな権限の行使，あるいは単一政党国家のような状況の出現を阻止することができる唯一の方法である。憲法上の価値を守るためのこの最終的な方法がとられるような状況を想定するのは奇抜にすぎるかもしれないが，それと同様に，このような裁量権の存在を完全に否定するのも誤っていると思われる。

憲法習律により，英国の首相には，議会を解散し選挙を実施するのに自分の党にとって最も都合の良い時期を選ぶと言う大きな裁量権が与えられている。制定法により議会には5年という制限が設けられているが[33]，それよりも早い時期に解散する場合には何の制限も設けられていない。これとは対照的に，ドイツ基本法は，いかなる場合に基本法に定められた4年間が経過する以前に連邦議会が解散されうるかを明確に定めている[34]。連邦大統領は，次の二つの場合に限り早期に連邦議会を解散することができる。第一にあげられるのは，連邦議会での第三回投票で最大多数の投票を得て首相が選出されたが，その者が議員の過半数の支持を得ることができなかった場合である。この場合，大統領は，支持者が過半数を割るこの人物を首相に任命するか，連邦議会を解散するかを決定する裁量権を持つ[35]。第二に，首相が信任投票で敗れた後，首相の求めに応じて議会が解散されうる。大統領が解散の求めを受け入れるかどうかの裁量権を持つが，もし期間内に議会が他の首相を選任した場合には大統領の解散権は消滅する[36]。

1982年12月，新しいキリスト教民主同盟（CDU）/キリスト教社会同盟

---

33) 1911年議会法第7条。
34) 第39条。
35) 前掲基本法第63条。
36) 前掲基本法第68条。

(CSU）と自由民主党（FDP）の連合が信任投票に敗れた後，コール首相が解散を求め，大統領がこれを受け入れた際，連邦憲法裁判所は，先の第二の解散権の範囲を審査した。ここでは，同裁判所は，大統領による連邦議会解散に対する異議申し立てを拒否した。この解散は連立政党によって巧みに工作されたものであることは明らかであるが，解散は合憲であった。しかし，憲法裁判所は，首相および大統領の権限にいくつかの制限を課した。首相は，1982年末の事件がそうであったように，安定的過半数の支持を得た政府の存在が不可能になった場合にのみ解散を進言しうる。首相は，すでに十分過半数を占めているのに，なお次の選挙で議席を増やすために解散を求めることはできない。また，前任者の不信任投票の結果連邦議会により選出された首相は，その憲法上の正当性と同様民主的意味での正当性を得るために解散および選挙を求めることもできない。大統領に関しては，大統領は，首相の要求が憲法上正当な根拠に基づいてなされたものであることを確認しなければならない；しかし，大統領は，安定した政府を確立するために選挙が必要であるとする首相の見解を問題とすることはできない。

それゆえ，ドイツ基本法は，党の政治的都合に合せて選挙を求める首相の裁量権に制限を課している。大統領も連邦裁判所も，選挙後に安定した政権を確立するという目的で解散が求められていると言うことを確認する。これとは対照的に，自党の都合に合せて何時選挙を行うかを決めると言う英国の首相が持つ自由に歯止めをかけることができるのは，君主によって課される制限のみである。しかし，すでに述べたように，それが明らかに国家利益に反する場合でなければ，憲法習律により，女王は，議会を解散したいと言う要求に同意するよう求められていると見て間違いない。この点に関する首相の権限に効果的に歯止めをかけうるものがないと言うこと，ここに英国憲法の大きな弱点がある。政府が信任を失えば早期に解散されうるとしつつ，議会の存続期間を固定的なものとする制度を導入すれば，この弱点も大きく改

---

37) 62 BVerfGE 1 (1983).
38) 基本法第67条。この規定（建設的不信任投票）の下，連邦議会は後継者を選任することによってのみ首相に対する不信任の意を表明しうる。

善されるのではなかろうか。[39]

IV　大臣責任制

　大臣責任制の原則は，立法府と行政府が融合している議院内閣制をとる憲法 (parliamentary constituion) の重要な特色をなしている。この制度の下では，アメリカの憲法のような大統領が行政を担当する制度と異なり，選挙で選出された議院で多数を占める政党や集団の議員によって政府が構成されると言う意味で，立法府が政府を選択する。さらに，大臣は，大抵の場合，人民によって直接選出された議院の議員である。英国はこの制度を優れて明確に示している。政府は，庶民院における多数派政党の議員によって構成されている；大法官は例外として，主要な大臣が庶民院に議席を持たないと言うのは極めて希なことである。もし政府が立法府の信頼を失えば退陣しなければならない。少なくとも，正式な不信任投票や問責動議で敗れたような場合には，そう言うことになる。一方，アメリカでは，例えば，共和党支持者が支配している議会と民主党の大統領が共存していても，憲法上何の矛盾もない。議会が他の政党の支配を受けている場合，大統領は政治的にはるかに弱い立場に立つが，大統領およびその内閣は，いかなる意味でも議会に対して責任を負わない。

　しかしながら，このように比較的はっきりとした点を除けば，英国憲法における大臣責任制がどのようなものであり，それが何を意味しているかについて，多くの不確実な点がある。実際，唯一明確になっているのは，それが憲法律上の規則によるものではないと言うことだけである。事実，フランス第五共和国憲法に見られるように，これに関する規則を憲法の条文に組み込むこともできるのである。[40]フランス第五共和国憲法第 49 条は，国民議会にお

---

[39] 公共政策研究所が 1991 年に起草した憲法にはこの種の規定が盛り込まれている：第 60 条。
[40] また，1948 年のイタリア憲法第 94 条参照。

ける政府に対する問責動議の手続を明示している；また，第50条に基づき，国民議会がこのような動議を通過させた場合，あるいは政府の綱領や一般政策に反対した場合には，首相は政府の退陣を申し出なければならない。この種の規則が法的に実効性を持つとは考えがたい。しかし，その原則を憲法の中に定式化しておくことは決して無意味ではない。少なくとも，これによって，政府の存在が議会における多数派の継続的な信頼に基づくものであることが正式に表明されるのである。

　英国の憲法制度の下では，二つの形の広い意味を持つ大臣責任制がある；連帯的なものと個人的なものである。前者は，議会，とりわけ庶民院に対する政府の全面的な責任と，たとえ個人的には政府の政策に同意できなくともこれを支持すべきであると言う各大臣の義務を意味する。しかしながら，今日，連帯責任の論理から生じる全てのものが，政府および大臣を拘束する習律によって規制されていると見なされるべきかどうか疑問である。問責動議や不信任の動議が出され，庶民院でこれに敗れた場合には辞職を求められるとする規則と，その他の連帯責任の原則に由来するものとは分けて考えた方がよかろう；前者は，拘束力を持つ習律と解してほぼ間違いない。野党の動議に基づく不信任投票で労働党政権が敗れた1979年の事例は，これを明確に示す最も新しいものである。しかし，立法要綱や個々の法案で敗北を喫した場合，あるいは，いかなる問題であれ貴族院で敗北した場合には，このような義務は負わない。これらの点では，政府は，得票数で負けることがあるかもしれないが，首相および他の主要な内閣の構成員によって上程された信任動議で勝利をおさめ，その後も存続し続けることができる。

　不信任動議に基づく辞職義務とは異なり，内閣および大臣連帯の原則および守秘性の原則は，今日では，政府にとって都合がよいと思われる場合にはいつでも放棄される可能性がある政治的慣行ないし慣例にすぎないように思われる。例えば，ハロルド・ウィルソンは，首相として，1975年の国民投票に関する運動期間中，政府内で反対意見を持つ者に対して欧州共同体の構成国であることに反対する議論を展開することを許した際，閣僚は内閣の多数派意見を支持しなければならないという原則を停止せしめたのである。大臣

は，それが自分達に都合のよい場合には，しばしば会議の内容を漏らす。それゆえ，内閣の守秘原則は，それを遵守している場合と同様これを破った場合にも賞賛されているように思われる。無論，この両者に関し，習律は存在するがしばしば破られるという言い方もできる。[41] しかし，こうした言い方は，政治的行動を規制する重要なものとして憲法上の習律に依存することがいかに危なっかしいものであるかを認めるものである。[42] これらの例が示すように，首相や大臣にとって，憲法律上の明確な規則に違反した場合に生じるような批判を受けることなく，自分たちにとって都合良く習律を取り扱うことは簡単なことなのである。

　その範囲と言う点では，大臣の個人的責任の原則もまた明確なものではない。それを定式化すると言う段になると，専門家の意見も分かれる。概して言えば，その原則の下，大臣は，自らが政治的統括者である省庁の行為に関して議会に責任を負う。これは，少なくとも，大臣は，その省庁の政策や活動に関する正確な情報を議会に与え，かつ，これらの問題に関する質問に議会で答えるか，あるいは議会からの質問に対する回答書と言う形で答えなければならないと言うことを意味する；とりわけ，大臣は議院を欺くようなことをしてはならない。これは，明らかに，法的責任と言うよりはむしろ政治的責任である。しかし，もしそのようなことがあるとすれば，どのような場合に，大臣責任制の原則により，省庁の失策を根拠として大臣に辞任を求めることができるのか，この点決して明確にはなっていない。彼が長を務める省庁による非難に値すべき行為に関し大臣が個人的に責任がある場合は，辞職と言う措置がふさわしいかもしれない。さらに，大臣に個人的な誤りがあるかないかにかかわらず，その省庁の由々しき無能ないしは失策を根拠として大臣に辞職を求める習律が存在することを示すような先例がいくつかあ

---

41) 首席判事ウィジュレイ卿は，*Att.-Gen.* v. *Jonathan Cape Ltd*., [1976] QB 752 において，大臣は自分たちの間での議論を秘密にしておく法的義務を負うと言う判断を下す論拠として，内閣の連帯責任と言う習律の存在を認めた。
42) 第2章Ⅳ参照。

る。過去数年の間に、彼らの情事が詳細にわたり報道機関により暴露されたため大臣が何度か辞職したが、これは、省庁に対する大臣の政治的責任とは何の関係もない。

近年、大臣の非難を受くべき責任(*responsibility*)と説明責任(*accountability*)とが区別されてきた。大臣は、彼が個人的に責任を負うている事項、とりわけ政策に関して、責任を負いかつ非難される可能性があるのみであると言われている。議会に説明をなす責任は、これよりもはるかに広範なものである。説明責任により、大臣には、自らの省庁によってなされた詳細な行政上の事項に関する正確かつ事実に即した情報を提供する義務、および誤りが生じた場合にはこれを訂正するよう務める義務が課せられる。それを公開しないほうが公共の利益となるであろう場合には情報の提供を拒否することができるが、大臣は、議会に対して可能な限りオープンでなければならない。(他方、最近創設された、刑務局、社会保障給付局、高速道路管理局のような行政上の機関の活動に関しては、これほどの責任を負わない。これらの機関は、常に大臣の監督下にあると言うわけではなく、ある程度独立して活動している。)しかしながら、大臣が非難を受くべき責任を負う先のような一定の状況の下でも、大臣が辞職するよう強く迫られることはまずありえないと言うことを考えれば、大臣の非難を受くべき責任と説明責任とを分けることで、特に益するところがあるのかどうか疑問である。重要なのは、大臣が彼等の政策や自己の省庁の活動に関するできるだけ多くの情報を与え、この情報で武装した庶民院がこの活動を効果的に調査することができ、そうすることが必要な場合には個々の

---

43) この例として最も良く知られているのは、クリケル・ダウン事件における農業省の失策を理由とする農業大臣トーマス・ダグデール卿の1956年の辞職である。外務省がフォークランド島への侵攻を予測できなかった際、その無能を理由に1982年外務大臣キャリントン卿が辞職した。しかし、このような事例は希である。2nd Report of Public Service Committee, *Ministerial Accountability and Responsibility 1995-6*, HC 313, paras. 22-6.

44) 特に前掲書および the Government's Response to this Report, 1996-7 HC 67 参照。また、the Scott Report on Arms to Iraq, 1995-6 HC 115, paras. K 8. 15-16 参照。ここでは先の区別が受け入れられている。

45) Resolution of 19 Mar. 1997 on ministeral responsibility approved by the Commons : 292 HC Deb. (6 th. series), cols. 1046-7.

大臣を非難すると言うことである。この責任や権限が伝統的な大臣責任制の原則を示すものと見なされるのかどうか，あるいは，そうではなく，別個の説明責任の原則にあたるのかどうかは重要な問題ではない。

　実際のところ，大臣に個人的な過誤があった場合，もしくは，彼が長を務める省庁が大きな失策を犯していた場合に，大臣が辞職しなければならないとする習律が確立していたかどうか定かではない[46]。いずれにしても，その習律が今日存在するかどうか疑わしい。過去に存在した習律も，現代の政党政治によって打ち壊されてきた。大臣が生き残るかどうかは，たとえそれが庶民院に嘘をついた大臣でも，彼の同僚，とりわけ首相が，彼を支持し続けるかどうか，そしてまた，彼の辞職が党に対する政治的損失となるかどうかにかかっている。政府が提案し庶民院が賛同した1997年3月の決議は，この現実を認めたもののように思われる；これは，大臣が故意に議院を欺いた場合には，議院は当該大臣が首相に辞職を申し出ることを期待すると言うものである[47]。辞職は，行政府を効果的に統制することを目的とした強力な習律の下であればそうなるような，自動的になされるものではない。それゆえ，個人的大臣責任制の原則も，政権政党の利益に合致する場合には連帯責任の原則が放棄されてきたように，政党の必要性に応じて修正されてきたのである。

V　公務員と軍隊

　実際には，圧倒的多数の行政上の決定は，たとえその多くが政策的に重要なものであっても，公務員によってなされているが，憲法論としては，それらの決定は国務大臣あるいはその他の大臣の名前でなされる。おおむね，裁判所は，その決定が大臣自身によってなされたものなのか，大臣に代わって

---

46) S. E. Finer の古典的な論文, 'The Individual Responsibility of Ministers' (1956) 34 *Public Administration* 377 は，その存在に対し強力な反論を展開している。
47) この決議の原本およびこれに対する解説として D. Woodhouse, 'Ministerial Responsibility : Something Old, Something New' [1997] *Pub. Law* 262 参照。

公務員によってなされたものなのか問題としない。また，決定をなす権限が正式に公務員に委託されたものかどうかも問題とされない。[48]このようにして，裁判所は，政府の現状を是認している。大臣が個人的に考慮することができるのは，彼が長を勤める省庁がなす決定の極一握りにすぎないと言うのが実状なのである。しかしながら，理論上は，公務員は，政治的統制の下で行動しているのである；すでに説明したように，大臣は，少なくとも，議会に情報を与えなければならず，議会の質問に答えなければならないと言う意味で，彼等の行動に関し議会に責任を負うのである。

　軍隊もまた，法的には国王大権に基づく国王の指揮下にあるが，選挙によって選ばれた政府の統制に服する。さらに，1689年の権利章典の制定以後，議会の同意無く国王が平時に国家内に陸軍を維持することは違法とされてきた。この原則のため，継続的に陸軍，および近年では空軍を存続させる根拠となる法を定期的に制定することが必要とされてきた。[49]国家の緊急事態と言う例外的な状況の場合にのみ，軍隊は，選挙によって選出された政府の指揮および承認を受けることなく，独自の判断で行動することができる；この状態は「戒厳令」の一つとして知られているものであるが，これについては第9章で述べる。

　公務員および軍人は，国王に雇われた者，あるいは，判例集や法律書で用いられる古めかしい言葉で言えば，「国王の僕（Crown servants）」である。彼等は，国王大権に基づき雇用されたものであり，それゆえ，コモン・ローに従い，雇用契約上の期間とは無関係に，簡単に解雇される立場にある。しかし，軍人以外の公務員は，今日，制定法により，不当に解雇されることがないよう保護されている。[50]実際，現実には，公務員にも，他の労働者と同程度の保障がなされ雇用上の権利が認められている；公務員が大権に基づき雇用されていると言う事実が，何らかの点で重要な意味を持つと言うことはまず

---

48) *Carltona v. Commissioners of Works* [1943] 2 All ER 543.
49) これとは対照的に，海軍はおおむね国王大権に服す。軍隊の憲法上の地位に関する詳細については，de Smith and Brazier, ch. 11, esp. 223-6；Bradley and Ewing, ch. 16参照。
50) この分野の法に関する詳細については，Wade and Forsyth, 前掲註8, 68-79参照。

ない。

　しかしながら，そうした義務が契約により課せられるものであれ大権に基づくものであれ，公務員の義務が国王に対するものであると言うことは重大なことである。憲法習律に基づき，その時々の政府は国王の代理であるから，公務員は大臣に対して責任を負うということになる。そして，その大臣が，今度は議会に対して責任を負う。制定法ないしは政府が情報を提供せよとの指示を出していなければ，公務員は，情報を公にする独自の義務を負わない。(それは，政府は「行政部門および軍隊を指揮監督する」とする趣旨のフランス憲法の規定でも暗に示されている[51]。)公務員のこの地位は，法的意味を持ちうる。公機密に関する法律違反で訴追された事件に際してのマックガワン判事の判決の中に見られる法的説示が，その一つを明らかにしている[52]。国防省の役人であるクライブ・ポンティングは，当時フォークランド戦争中に生じた出来事を調査していた庶民院特別委員会の委員である議員に秘密文書を漏らしたため，1911年公機密法に基づき訴追された。ここで裁判官は，公文書を議員に渡したのは国家の利益のためであると主張する抗弁は受け入れがたいものであると述べた[53]。同裁判官は，陪審員に対し，法律論としては，何が国家利益であるかを判断するのは，その時々の政府であると説示したのである。(この説示にもかかわらず，陪審員はポンティングに無罪を宣告した。)結論的に，公務員は，情報が入手できるようにすることが国家の利益であるとは主張できないのである；その決定は，政府に委ねられている。

　極最近では，リチャード・スコット卿の調査を受けていたイラクへの武器輸出事件において公務員が果たした役割が物議をかもした。スコット卿の報告書からして，議会の質問に対する政府の回答が不完全なものであり，解釈の仕方によっては正直に答えたものではないと多くの公務員が知っていたことは明らかであった；実際，これらの回答の草稿を作成したのはこの公務員

---

51) 第20条 (2)．
52) *R v. Ponting* [1985] Crim. L. Rev. 318.
53) この抗弁は，その他の点では従来ほど制限的でない1989年公機密法においても通用しない。

達であった。1995年末に発せられた新公務員規則 (New Civil Service Code) は，公務員には選出された政府や大臣に服従する義務があることを明確にしている。ここでは，また，公務員は，各省庁の処置に不正があれば，特に，違法な行為あるいは非倫理的な行為をなすよう求められた場合には，これを報告しうるものと定めらている。そして，自己が所属するところの長のこれに対する回答に不満があれば，この問題を公務員委員 (Civil Service Commissioners)に申し出ることができる。[54] しかし，公務員は，自分の判断で政府に不正があると考えるところを自由に公にすることはできない；公務員には，命令に従うか，役務を辞するかのどちらかしか方法はない。

これに関連して，例えば，省庁内の政策の相異や政府の政策の欠点を暴くような情報を提供する自由が公務員に認められるべきか，それ以上に，そのような情報を提供する義務が課せられるべきか，と言う問題がある。前の保守党政府は，特別委員会に対する公務員の直接的な説明責任を推進しようとする動きに抵抗を示した。[55] この政府は，刑務局や高速道路管理局のような新しく創設された行政機関の長が，委員会に出席して，大臣から独立して自由に質問に答えることが認められるべきであるとする提案に反対した。委員会で証言する公務員は，大臣の代理として証言するのであり，議会に対して説明責任を負うのは公務員ではなく大臣であると言うのが，同政府の見解であった。

こうした主張を受け入れると，政府はいとも簡単に調査の目をごまかすことができると言う難しい問題が生じてくる。公務員に対し，不完全あるいは誤った情報を提供するよう指示し，特別委員会からなされる真実をすべて述べていないことをあからさまにしてしまう可能性がある質問に公務員が答えることを禁じるような大臣に対する効果的な予防手段が何もないのである。[56] 同様に，国民または議会そのものに対して，公務員により大きな責任を負わ

---

54) (1995) Cm 2748, Bradley and Ewing, 310-12 にこれに関する記述が見られる。
55) Government Response to 2 nd Report of Public Service Committee, *Ministerial Accountability and Responsibility*, 1996-7 HC 67.
56) I. Leigh and L. Lustgarten, 'Five Volumes in Search of Accountability : The Scott Report' (1996) 59 *MLR* 695, 710-15 参照。

せることに反対する主張が見られる。伝統的に，行政府は，立法府や裁判所ほどオープンではなかったし，公の監視を受けてこなかった。より透明性を増すような変革に対して，政府は，より政界で力を持つアドバイザーを重要な地位に任命することによって，あるいは，政府の主張を支持すると信頼できる人物を昇進させることによって，これに対抗しようとの誘惑にかられるかもしれない。そして，これにより，伝統的な公務の中立性が事実上損なわれることになるかもしれない。つまり，もし公務員が庶民院議員と一緒になって全く自由に政策を選択するということになれば，行政そのものがより難しいものとなるであろう。

　こうした主張にも聞くべきところがあるが，これが誇張されすぎるということもありうる。スウェーデンでは，伝統的に，公務員に対し，限られた分野の資料以外のすべての公文書をメディアや一般国民が入手できるようにすることが求められてきた。その他の民主的な国家では，開かれた政府と行政上の処置に関する秘密の尊重と言う相矛盾する利害関係を解決するために，また別の妥協的な解決策が用意されている。これは，情報の自由に関する法律の条文に見られるものであり，ここでは，通常，閣議の議事録，秘密性を要する商業上および個人的な情報や防衛および外交政策ならびにその他の機密事項に関する公文書は除外されている。こうした除外事項は，1998年に労働党政府が提案しようとしている情報の自由に関する法律に組み込まれそうである。白書は，また，同法の下，公開が害をもたらすであろうと思われる場合には，公務員の助言を公開する必要はないということを暗に示している；率直で開かれた議論の重要性と公務員の政治的中立性維持の必要性が，公開が適切であるかどうかを判断する際，考慮されるべき要因の一つとなろう。[57]

　公務員自身が非倫理的な行動をとるように求められていると思慮する場合に訴えて出ることができる，裁判官を長とする公式の上訴委員会が設立され

---

57) Your Right to Know (1997) Cm 3818. 情報の自由一般に関しては，R. Austin, 'Freedom of Information : The Constitutional Impact' in J. Jowell and D. Oliver (eds.), *The Changing Constituiton* (3 rd. edn., Oxford, 1994), ch. 14 参照。

たならば，これは価値ある憲法上の改革となろう。公務員自身に最終的判断を下させるのが良くないことは明らかである。公務員委員会でも良くない。さらに重要なこととして，英国に情報の自由に関する法律が導入されれば，国民がより多くの情報を得て，政府の政策が賢明なものであるかどうかを判断することができるようになるであろうし，それと同時に，政府の中の，立法府と行政府間の権力の均衡を取り戻すのにも役立つであろう。しかし，憲法自体に公的情報を得る権利を規定しているというケースはめったにない。さらに，憲法は，通常，公務員の自由に関しては何も述べていない。それは，一般的に見て，憲法が，巨大政党の出現と言う現象，ならびに巨大政党が行政府と立法府の関係に与えてきた影響に取り組むことができなかったと同様，憲法が，20世紀の間に政府が獲得してきた権限の膨大な増加にしっかりと歩調を合わせてこなかったからであると思ってまず間違いない。

第 7 章
裁判所と司法権

I　司法権の分離

　『フェデラリスト』の筆者の一人であるアレキサンダー・ハミルトンは，司法府をして，政府の中で「最も危険性の少ない」部門であると述べた。彼が言いたかったのは，裁判所は国民の権利に大きな危害を加えることはないと言うことである。裁判所には，立法府が持つ広範な法を作り出す権限も，政策を実行に移す行政府が持つような権能もない。裁判所は，財政的には政府に支えられている。さらに，裁判所は，執行吏およびその他の行政府の役人の助けを得なければ判決を執行することができない。ハミルトンは，裁判官は相対的に見て弱い存在であるというモンテスキューと同じ見解を持っていた。しかしながら，それ以上に我々の関心を引くのは，彼が，「もし司法権が立法府や行政府から分離されていなければ自由は存在しない」と言う，このフランスの法律家の意見に賛同していたと言うことである。さもなければ専断的な政府が出現するかもしれない；この場合，議会ないしは行政府が，い

---

1) No. 78. この言葉は，アメリカの憲法律に関する優れた書物の一つの題名になった。Alexander Bickel の *The Least Dangerous Branch* : *The Supreme Court at the Bar of Politics* (Indianapolis, Ind., 1962) がそれである。
2) *The Spirit of the Laws*, Book XI, ch. 6 (in translation, introd. by F. Neumann, New York, 1949), 152.

つ法が破られたかを判断することができるようになろう。ハミルトンは，憲法に違反する法律を無効とする義務を負う独立した司法府は,「権限を制限する憲法 (limited Constitution) に不可欠なもの」であるとの結論を下した。そうして，*Marbury* v. *Madison*に際し最高裁で下された判決を想定していたのである。英国でも，法律の違憲審査と言う考えにまではいたらないとしても，司法府の独立の重要性については一般的な同意が見られる。しかし，司法の独立が何を意味するのかについては不明確である。

第2章で見たように，英国の憲法は，司法権との関係では，立法府と行政府の関係に関する場合以上に注意深く権力分立原則を維持している。例えば，高等法院であれ巡回裁判所であれ，常任裁判官は庶民院に議席を持つことはできない。庶民院の規則は，裁判官を批判したり係争中の事件について議論し裁判官の判断に影響をおよぼすような議員の自由に大幅な制限を課している。司法府の独立を保障する最も重要なものは，上級裁判官は,「両院より提出された…請求に基づく(国王による)罷免権に服するが，罪過がない限り」その職に止まると言うものである。1830年以後，この手続で罷免された裁判官は一人もいない；実際のところ，政治的に議論の分かれている事件に対する裁判官の判決が気にくわないと言う理由で，政府および両院の過半数以上が裁判官の罷免に同意すると言うことは，まず考えられない。

しかし，これは，英国で司法の独立が十分保障されていると言うことを意味するものではない。多くの重要な点で，とりわけ裁判官の任命に関して，他国の憲法規定と比べて，英国の制度は司法の独立と言う目的のために有効に機能していないように思われる。結果的にそれが事実上極めて重要な問題とはなりえないとしても，原則として包括的な保障がなされていないと言うのはよろしくない。この問題については本章のⅡで詳しく論じることにして，

---

3) 第1章Ⅳ参照。
4) 1975年庶民院議員不適格法 (House of Commons Disqualification Act 1975)。
5) これらの規則について論じたものとして，R. Brazier, *Constitutional Practice* (2 nd edn., Oxford, 1994), 274-80 参照。
6) この規定は元々1701年王位継承法の一部であったが，今日では，1981年最高法院法第11条に見られる。

ここでは，権力分立原則との関係から見た司法の機能についてもう少し述べておかなければなるまい。

権力分立原則に関して最も重要なことは，権力が，唯一人の人間もしくはただ一つの機関の手中に集中しないようにすることである[7]。政府の他の二つの分野からの司法権の分離は，政府の構成員が議会に議席を持ち，政権政党の力により政府の構成員が事実上議会を操作できると言う意味で立法権と行政権が融合している英国憲法のような憲法の下では特に重要である。アメリカ憲法に見られるような，あるいは，大統領と国民議会が異なった政党を代表している場合のフランスに見られうるであろうような，「抑制と均衡」の制度が存在しないのである。イングランドおよびスコットランドの裁判官は，議会が大幅に失ってきた政府に異議を唱える権能を保持している。(これらの裁判官は，1970年から1997年の長期にわたる保守党政権の下でそうであったように，一つの政党が一定期間続けて政権の座についている場合には，通常見られる以上にこの権限を行使する傾向を見せるかもしれない。) ここからも分かるように，モンテスキューやハミルトンが認めたような論拠からして，司法府が，立法府あるいは行政府による統制から独立していると言うことは，極めて重要なことなのである。

従って，司法府の独立のためには，裁判官を政治的影響から隔絶するに適した裁判官の任命と罷免に関する憲法上の規定が求められるのである。しかも，自由主義的な憲法には，裁判所の機能，通常の法律用語で言えば，裁判所の管轄権に関する事柄も明確な言葉で記されていなければならない。でなければ，政府が，法律あるいは命令によって，例えば，伝統的に通常裁判所が判決を下してきた刑事訴追のような一定の事件に対して判決を下す専門家による審判機関を設置することができるようになるかもしれない。もしこのような動きがあれば，これは明らかに司法権の侵害にあたるであろう[8]。わけても，この専門家による審判機関の構成員が政治的な背景に基づいて任命さ

---

7) 第1章Ⅲおよび第2章Ⅲ参照。
8) ドイツではこれが違憲であることは明らかである。ドイツ基本法第92条は，「司法権は裁判官に託される」と規定している。175頁以下参照。

れたり選出されたりした場合には，これが司法権の侵害にあたることは明らかである。刑事事件に対する裁判権を奪われた通常裁判所の裁判官が，完全に独立しており，残された権限を不偏不党の立場で遂行したとしても，それには何の意味もない。

　それゆえ，権力分立原則の下では，憲法により，司法上の機能は裁判所に割り当てておかれなければならないのである。単に憲法が司法府の独立を保障しているだけでは十分でない。*Liyanage* v. *The Queen* において，枢密院はこの点を指摘した。[9] セイロン（今日のスリランカ）議会は，特に反乱未遂事件の首謀者を取り扱うための法律を制定していた。この法律は，刑法の範囲を拡大し，最低刑を定め，特別裁判所を設置すると同時に政府の白書にその名前を掲載するまでしていた「犯罪者」を裁くための手続上の規則を定めていた。この裁判の後，その法律が適用されることはなかった。枢密院は，同法を司法権を侵害するものと見なし，無効とした。それは，ピアース卿の言葉で言えば「司法の分野への重大かつ故意的な侵害」[10] であった。ここで実際に枢密院で問題となったのは，セイロン議会が，程度の差はあれ，有罪か無罪かを決定し犯罪者に刑罰を宣告するという裁判所に特有の機能を奪っていたと言うことであった。裁判官は独立を維持していたし，実際，被告人の中には無罪の宣告を受けた者がいたということ，これは注目に値する。だが，もし裁判所が自らの重要な機能を失えば，司法府の独立はほとんど何の価値も持たないのである。

　しかし，司法上の機能とは何であろうか。本章でそのいくつかを示して見ようと思うが，これに答えることは容易ではない。他国と同様英国でも，裁判所に委ねることができる多くの決定事項が，制定法により，審判所や行政機関に割り当てられている。例えば，社会保障およびその他の生活保護に関する裁定，建築許可，および広範な分野にわたる許認可がこれに当たる。この種の性格を持つものを専門家の組織に割り当てると言うことには，正当な理由がある；通常の裁判所よりも，こうした組織の方が，形式にこだわるこ

---

9) [1967] 1 AC 259.
10) Ibid., 290.

となく，迅速かつ安価に，膨大な数にのぼる申請を扱うことができる。しかし，高等法院が，審判所や行政機関がその権限の範囲を逸脱することなく公正に活動するよう監視の目を光らせており，場合によっては，これらの組織に対し，刑事および民事事件において裁判所が発達させてきたものに酷似した手続を踏むよう求められている。とりわけ，成文法の意図するところがそうであるように思われる場合でも，裁判所は，議会が裁判所の司法審査権を除外しようとしているという判断を下そうとはしない。現代行政法の指標となる判決の一つである *Anisminic* 事件で，貴族院は，たとえ同委員会を創設した法律が，同委員会でなされた決定は「いかなる裁判所においても問題とされない」と明確に規定していても，貴族院には，外国補償委員会の決定の合法性を審査する権限があると判示した[11]。しかし，制定法上のこれらの言葉を文字通り解釈すれば，裁判官には，同委員会の決定を審査する権限はなかった。

　Anisminic 事件で問題となる司法審査の根拠は行政法の中核をなすものであるが[12]，裁判所の介入権は，基本的には憲法原則に基づくものであり，この原則には権力分立も含まれる。これにより，独立した裁判所が，個々の事件における法律上の問題に最終的判断を下すよう求められており，しばしば見られるように，議会が外国補償委員会のような行政審判所やその他何らかの機関によって最初の判断が下されると定めている場合でも，同様のことが言える。さらに，伝統的に，例えば刑事上の訴追であるとか，損害を根拠とする民事上の訴訟のような一定の事件に対しては裁判所が判断を下している。これらの事件が，行政府と密接に結びついた行政上の機関や審判所に割当てられるのであれば，分離独立した司法権の存在は無意味なものとなってしまうであろう。思えば，権力分立の論理よりも議会立法の至高性が優先されている英国では，制定法により，他の機関にこうした権限を与え，通常の裁判所でこれらの権限を審査することができないと規定することも可能かも

---

11) *Anisminic Ltd. v. Foreign Compensation Commission* [1969] 2 AC 147.
12) この議論の詳細については，H. W. R. Wade and C. F. Forsyth, *Administrative Law* (7 th edn., Oxford, 1994)，特に 301-6 参照。

しれない。しかし、この英国でも、裁判所に訴えてでる権利は憲法上の権利と見なされている。*Anisminic* 事件およびその他多くの事例により、その明確な意味からして裁判所に訴えてでる権利を除外しようとしているように見える制定法を、英国の裁判官が無視するであろうことが知れる。裁判所は、政府の他の部門を抑制するものとしての司法権の維持が極めて重要であると言う憲法上の健全な論拠に基づき、この権利に卓越した地位を認めているのである。

II 司法の独立

憲法は様々な方法で司法の独立を保護しようとしている。ドイツ基本法は、その原則を明確に表している；「裁判官は独立しており、法にのみ従う」[13]。しかしながら、可能な限り、法廷が政治的に偏向したものにならないような任命手続を確立し、裁判官が政治的圧力を受けないようにできればより有益であろう。裁判官の任命に際して、必然的に政治的思惑が一定の役割を果たすことになろうが、その影響をなくするために多くの様々な手だてを講じることができる。アメリカでは、大統領が最高裁判所の判事ならびにその他の連邦裁判官を指名するが、上院でその任命が阻止されることがある；上院議員の三分の二がその任命に賛成しなければならないのである。こうした手続により、上院議員は、候補者が裁判官となるのに適切な資格を持っているかどうか、あるいは、候補者が大統領の政治的計画を実行に移すために大統領により指名されたのではないかどうかを調査することができる。1987年レーガン大統領によるボーク判事の任命が上院によって阻止された。これは、上院が、同判事が最高裁で実行しようと目論んでいる保守的な政治計画に執着しているのではないかとの懼れを抱いたからである[14]。

---

13) 第97条 (1)。
14) この出来事に対する明らかに一方的な説明として、R. Dworkin の *Freedom's Law* (Oxford, 1996), 276における 'What Bork's Defeat Meant' 参照。

II 司法の独立 *167*

これとは対照的に，ヨーロッパの憲法は，通常，裁判官の任命に対する独占的権利を排除することにより均衡のとれた裁判所を確立しようと務めている。例えば，フランス憲法は，憲法評議会の三人の評議員は共和国大統領によって任命され，三名は国民議会議長によって任命され，また三名は上院議長によって任命されると規定している[15]。さらに憲法評議会の評議員の三分の一は，三年ごとに更新される。それゆえ，一つの政党が長期にわたって大統領と立法府の両者を支配するようなことがなければ，憲法評議会の評議員の全員が一つの政党の代表によって選ばれる可能性はないに等しい。しかしながら，任命手続に政治的要因が影響をおよぼしているのは明らかである。わけても，最も悪評をはせたのは，社会党の敗北が予想された1986年の選挙の直前にミッテラン大統領が司法大臣ロベール・バダンテールを憲法評議会の議長に選任した時である。その選挙の後，予想どおり過半数はドゴール派によって新しく任命された[16]。ドイツでも，連邦憲法裁判所への任命は高度に政治的なものである。しかし，構成員の半数は連邦議会の委員会により選出され，また半数は各邦の代表で構成される国家的な議会である連邦参事院により選出されるとする規定により，ある程度の均衡が保証されている[17]。憲法裁判所法は，それぞれ，連邦議会委員会の三分の二ないしは連邦参事院の三分の二の賛成投票により裁判官が選出されなければならないとしているが，政府が好む候補者を野党が常に妨害できるところからして，場合によっては，この規定により事実上野党は政府と取り引きすることができる[18]。

残念ながら英国にはこの種の規定は存在しない。英国の高等法院および巡回裁判所の判事は，内閣の一員である大法官によって任命される。一方，控訴院を担当する控訴院裁判官および貴族院の裁判官は，首相により任命される。(実際には大法官もその任命に際して大きな影響力を行使している。)この過程で，政党の政治的な思惑が何らかの役割を果たしていると言う証拠はない。

---

15) 第56条。
16) Bell, 34-41 参照。
17) 基本法第94条 (1)。
18) Law of 11 Aug. 1993, ss. 6 (5) and 7.

先の保守党の大法官マッカイ卿は，自由主義，左翼に好意的なことで知られている裁判官を数名任命した。しかし，政府の任命権独占を弁護する確たる論拠は見いだしがたい。しかも，この任命は，公的監視を受けることもなく，内密のうちになされるのである。裁判官を任命し，例えば，不服の申立に対する検討をなし，極端な場合には裁判官を免職させる権限を持つ司法関係者およびそれ以外の者を構成員とする司法委員会（Judicial Services Commission）のような組織を設立した方が良いのではなかろうか。[19]

権力分立主義の下，何人も，政府の三つの職務のうち複数の職務にたずさわるべきではない。人的分離の原則である。サイモンズ子爵がオーストラリアの権力分立に関する枢密院の説示で述べたように，「同一人物に行政権と司法権を与えることは，極めて重要な憲法上の安全装置を取り除くことである」[20]。大臣ないしは議員が裁判官になるとすれば，それは明らかに間違っている。これは時として「兼職禁止原則（incompatibility principle）」と呼ばれる一般的な憲法上の規則である[21]。しかし，その範囲に関してやっかいな問題がある；例えば，裁判官が，大きな事件や，我が国でしばしば見られる労働争議を調査する委員会の議長を務めるのはこの原則を破ることになるのであろうか[22]。ドイツでは，この原則は極めて厳格に受け止められている。憲法裁判所の裁判官は，ドイツの大学で教える場合を除き，一切の職務に就くことができない[23]。この点，英国の制度は相当緩やかである。まず第一に，大法官の地位は憲法上異例のものである。彼は，主要な裁判官を任命する責任を負

---

19) 公共政策研究所の憲法草案（1991）参照。これに反対の見解として，S. Shetreet, *Judges on Trial* (Amsterdam, 1976), 394-404 参照。
20) *Att.-Gen. for Australia* v. *The Queen & The Boilermakers' Soc. of Australia* [1957] AC 288.
21) 例えば，フランス憲法評議会組織法第4条参照：「憲法評議会構成員の職務と……政府，議会あるいは経済社会評議会の構成員としての職務を兼任することはできない」。
22) 例えば，ウィルバーフォース卿は，抗夫のストライキを解決するための調査に際し，これを統轄する職務についた。また，複数の裁判官が，保険会社の破産やサッカーの競技場における多数の死亡事故のような多様な問題に関する調査の先頭に立ってきた。
23) Law of 11 Aug. 1993, s. 3 (4). これは，ドイツ基本法第94条の兼職禁止規則を拡大するものである。

う内閣の一員であり，立法府である貴族院の議長であり，かつ，最終的な上訴裁判所としての役割を果たす場合の貴族院にも参加する。つまり，大法官は，政府の三つの分野に参画しているのである。これは，明らかに兼職禁止原則違反である。なるほど，現実には，大法官が裁判官として参加することは希である。確かに，今日では，大法官が，私法上の問題点を含む事件とは異なる，政治的に微妙な事件に裁判官として関与すればショッキングな出来事と見なされるであろう。しかし，貴族院に上訴された憲法律にかかわる問題に，大法官が裁判官として参加することを禁止する習律が存在するのかどうか，決して明らかにはされていない。[24]

我々は，裁判官が一般的に行っている，王立委員会や調査委員会の議長を務めると言う行為を同じ様な不安な眼差しで見つめなければならないのであろうか。こういう状況の下では，裁判官は，たとえ助言を与える立場であったとしても，広義には行政上の政策作成の機能を果たしているのである。さらに，法官貴族が，刑罰，法曹界の改革，あるいは欧州人権条約を英国法に組み込むことが望ましいかどうかと言った問題に関する貴族院での討論に際し，自らの言論の自由を行使する時，別の難しい問題が生じる。時として，法官貴族はもっと政治的な問題に関する発言をしてきた。中でも最もよく知られているのは，カーソン卿が，1922年にアイルランド自由国法案に対する反対運動を貴族院内外で展開したケースであろう。おそらくこれらの行為は，権力分立の原則に反するものと思われる。[25] こうした行為が厳格な意味での兼職禁止規則に反することは明らかであり，ドイツであれば違憲と言うことになろう。これらの行為は，政府の各部門の職務はただ一つであり，各部門はその職務の遂行に専念しなければならないとする純粋な権力分立原則の要求

---

24) サイモン卿は，*Duncan* v. *Cammell, Laird & Co. Ltd.* ［1942］AC 624に大法官として参加した。ここで貴族院は，裁判所は，機密文書を訴訟手続のために開示することは公共の利益に反するとする国王の主張を受け入れなければならないと判示した。この原則は覆された：*Conway* v. *Rimmer* ［1968］AC 910.
25) R. Stevens, *The Independence of the Judiciary* (Oxford, 1997), 168-73 および 'Judges, Politics, Politicians and the Confusing Role of the Judiciary' in K. Hawkins (ed.), *The Human Face of the Law* (Essays in honour of Donald Harris, Oxford, 1997) 参照。

を侵害するものである。しかし，こうした行為が実際に政府における三つの部門の権力の均衡を乱すとは言い難い。例えば，労働組合のストを要求する権利ないし刑罰に関する政策のような事件が提起する一定の問題に関して裁判官がすでにおおむね定まった立場をとっている場合，先のような行為によって，事件を公平に審議する裁判官の能力に対する国民の信頼が損なわれるとしても，せいぜい，個々の裁判官の威信に傷がつく程度のことである。とりわけ，このような行為が，政府の中の立法府や行政府の職権を乗っ取ろうとする司法府の組織的な企ての現れではないこと，これは強調しておかねばならない。これらの行為による，個人の自由や自由主義的憲法の持つその他の価値に対する危険性は，例えば，裁判官席を自分達を支持する者で埋め尽くそうとする，あるいは特定の事件で司法上の手続に影響を及ぼそうとする政府や立法府の企てと比べれば，はるかに少ない。

これに比べて，裁判官の給与の支払いに関する制度は，司法の独立および政府の各部門間の権力の均衡にかかわる問題を引き起こす。ハミルトンは，この問題を，賞賛に値するほど率直に『フェデラリスト』で提起している。「その地位の終身制に次いで，安定した生活の糧の供給程に司法の独立に資するものはない。……人間本性の常として，人の生活の糧を支配する力は，人の意思を支配する力に等しいものである」。それゆえ，アメリカ憲法は，裁判官の給与の削減を禁止している。

この点に関する英国の歴史を好意的な立場で述べるのは困難である。給与は，議会の法で定められてきたが，1832 年から 1954 年まで増やされなかった。実際，1930 年代初頭，国民倹約法（National Economy Act）の下で，裁判官は暫定的な給与の削減を受け入れるよう求められた。経済が危機的状況にある場合にこの削減がどのような意味を持つにせよ，立法府，実際には政府が，裁判官の給与を引き下げる権能を有すると言うことについては，明ら

---

26) No. 79.（傍点部分は『フェデラリスト』でイタリック）
27) 第Ⅲ条 1 節。この条項がインフレの場合に給与の改正を義務づけるものかどうか定かではない。
28) Stevens, 前掲註 25, chs. 3 and 7 に十分な説明が見られる。

かに憲法上問題がある[29]。現在のやり方は，どちらかと言えば，より奇妙なものである。大法官が，公務員担当大臣の同意を得て給与を増額する権限を持っている。ただし，削減することはできず，議会が何らかの形で関与することもない。憲法習律に相当すると思しきものに基づき，政府は常に最高給与審査会（Top Salaries Review Body）の勧告を実施してきた。しかしながら，その慣行が習律に相当するものなら，その習律の精神は，首相ジョン・メィジャーが，1992年の選挙の直前に，裁判官の給与を実質上増額させよとの審査会の要求は即座には実施されないであろうとの発表をした時，破棄されたものと見てよかろう。

　こうした問題は重要なものであるが，給与制度は，在職期間の保障ほどに司法府の独立にとって決定的な役割を果たすものではない。裁判官として任命される期間は理にかなったものでなければならないし，政府により恣意的に罷免されることがないよう保護されていなければならない。その極端な例がアメリカにおける裁判官の地位である。ここでは，裁判官は，「過誤なき限り」その職に止まり，定年退職もない。確かに終身任期制は保障となる。しかし，その職務の遂行に適した年齢をすぎても，なお，その地位に止まるかもしれないという危険性もある。最高裁判事の中には，顕著な例としてはタフト首席判事，近年ではブレナン判事やマーシャル判事のように，主として，大統領が，彼等とは異なった憲法観を持つ判事と彼等を置き換えるのを防ぐためにその職にとどまり続けた者もある。1930年代のアメリカで見られた，あの有名な裁判所抱き込み論争の要因はここにあった。一連の事件でニュー・ディール福祉立法を違憲と判示してきた，そのほとんどが70歳をこえた保守系の判事が支配的な力を持つ最高裁が，ルーズベルト大統領の前に立ちはだかっていた。そこで大統領は，判事の数を9人から15人に増やす法案を提出した。これは最高裁の独立にとって脅威であり，最高裁が福祉立法に好意的な態度をとりはじめたこと，すなわち，かの有名な「手遅れになる前に処置することにより9人制を救った」と言うこと，これによって，やっ

---

29) W. Holdsworth, 'The Constitutional Position of the Judges' (1932) 48 *LQR* 25 参照。

とその危機は回避された。

　任期の保障に関するドイツの制度は全く異なったものである。連邦憲法裁判所裁判官の任期は12年間であり，この期間が更新される可能性はない。これには有能な裁判官が憲法律の発展に対して貢献しうるであろう期間を制限すると言う不都合もあるが，司法の独立を確たるものにすると言う点では，十分な任期である。アメリカ憲法と比べてより大きな相異点は，裁判官は，司法府による決定によってのみ，罷免，停職あるいは他の地位に代えられるというところである。裁判官の独立を保障する上でこれ以上確実な方法を考えることはできない。

　英国の状況については既に述べた。アメリカの場合と同様，主要な裁判官は，「過誤なき限り」その職を保持するが，議会の両院の請求により国王によって罷免されうる。憲法習律上，高等法院の（ないしはその他の上級の）裁判官の罷免の場合に議会の両院の請求が必要であり，このような手続がとられるのは，裁判官に職務上の由々しき不正行為があった場合に限られるというのが一般的な見解である。ひとたび請求が議院を通過すれば，国王がそれに従って行動することを拒否しうるかどうか疑わしいし，裁判所が司法審査によりこれに介入しようとするというようなことはありえないと思われる。しかしながら，もし政府がその解任に賛同していない場合には，政府が，議会に，罷免請求に関する議論をなす時間を与えるなどと言うことはまずありえないであろう。1973年の，労働党議員187名がこれに賛同していた，当時の労使関係裁判所所長であるジョン・ドナルドソン卿の罷免請求動議は，議論されることなく終わった。議長は，正式な動議に基づく場合以外，個々の裁判官を非難することを認めたがらない。それゆえ，議員が庶民院自体で裁判官を批判するということは極めて困難である。

　司法府のその他の構成員は，任期の上で上級の裁判官ほどの保障を受けて

---

30) 基本法第97条(2)。アメリカ憲法の下では，上院の弾劾により連邦裁判官は解任されうる：第I条第3節。
31) 本章I参照。
32) このような難しい問題を十分に論じたものとして，Shetreet, 前掲註19, ch. IV参照。

いない。大法官は，巡回裁判官および刑事法院臨時裁判官（Recorders）を，不適切あるいは不正行為を根拠として解任することができる。なお，刑事法院臨時裁判官の場合，その任期が短期間であり，これが更新される可能性があるため，理論的にはその独立性が弱められるとも考えられる。専門家ではない治安判事はいつでも解任されうる。必要があれば解任に先立ち，裁判所自体が実施する手続きである聴聞がなされる。しかし，裁判所が，例えば，大法官が巡回裁判官を政治的理由で解任したと言う主張を受け入れるかどうか疑わしい。こうした場合，原則として，巡回裁判官は，独立した裁判所への上訴権を持つべきである。

　他の純粋な立憲民主制の国家の場合と同様，英国でも司法の独立が重要な問題となることは希である。しかし，英国では，これは，ドイツやアメリカの場合とは異なり，憲法律によるものと言うよりは，むしろ，主として習律や慣行によるものである。法廷外での裁判官の役割は，我々の関心を引く問題を提起しているが，これが重要な問題の核心をなすことはまずない。最も重要な問題は，いかなる問題を，裁判官が裁判官として裁くべきかと言うことである。言葉を代えて言えば，司法権の範囲はどこまでかと言うことである。

III　司法権の範囲

　アメリカ憲法に，先のIIの末尾で提起した問題に対する回答の基本的なものを見ることができる。第III条第2節により，司法権は，「この憲法，合衆国の法律および条約……の下で生じる法律および衡平法上のあらゆる事件におよび，」，さらに，その他のものに加えて，各州の間，および一つの州と他の州の市民との間の「訴訟」におよぶとされている。司法権は，最高裁判所およびその他の連邦議会が設ける下級裁判所に与えられる。しかしながら，裁判所の権限は排他的なものではない；それが，裁判所の統制に服するものであれば，紛争を解決する権限は，行政上の機関や審判所にも与えられる。

さらに，最高裁に司法権が付与されているが，最高裁がその権限をどのように行使すべきかは，明らかにされていない。特に，第III条は，裁判所に議会を通過した法律の合憲性を審査する権限があるかどうかと言う，*Marbury* v. *Madison* 事件で確たる回答が与えられた問題を明確にしないままに放置していた。

最高裁は，「事件または争訟 (Case or Controversy)」条項からして，大統領ないしは行政府のその他の部門からの求めに応じて，勧告的意見を与えるべきではないものと推定している。それゆえ，ワシントン大統領が，1793年，国際法上の様々な問題に関する助言を最高裁に求めた際，最高裁は助言を拒否した。ドイツ憲法裁判も同じ様な立場をとってきた。その結果，立法府と行政府共同の要請に基づき勧告的意見を与えると言う憲法裁判所の権限は，1956年の制定法によって撤回された。他方，同裁判所は，個々の事件とは無関係に，制定された法の合憲性を判断し(「法の抽象的審査」)，連邦政府と邦政府間の意見の相違に裁定を下す司法上の権限を持つ。これら二つの司法上の権限は，事件または争訟条項に基づきアメリカの最高裁に与えられた権限の範囲を超えるものである。

裁判所が，政府や議会に法的な意見を述べた場合，それは，行政上の(あるいは立法上の)職務の遂行を助けることになる。これが特にはっきりと現れてくるのは，裁判所の意見を拘束力を持つものとして受け入れる必要がない場合である；この場合，裁判官は，事実上，政府の法的助言者としての仕事をしていることになる。たとえ，憲法上，裁判所が最終的判断を下すことになっていても，裁判所が，これに対して慎重になって当然と思える理由がある。政府（あるいは議会）が法案を提出しようとしているまさにその時に，法案の合憲性に関して勧告的意見を与えると言う行為は，裁判官を，政府(あるいは議会)と極度の緊張関係に陥らせる可能性がある。もし，（おそらく数年）後に，通常の訴訟の過程で憲法律上の問題が争点として生じてきたとしても，憲法

---

33) *Hayburn's Case*, 2 Dall. (2 US) 408 (1792); *Muskrat* v. *US*, 219 US 346 (1911).
34) 2 BVerfGE 79, 86 (1952).
35) 基本法第93条。

III 司法権の範囲　175

律上の問題を考慮する場合に裁判官にかかるプレッシャーは先の場合より少ない。さらに，裁判官は，制定法あるいは行政上の決定を具体的な事件に照らして審査する方を好む。この場合には，このような制定法や決定が適用される状況の理解，および，これが持つ潜在的欠点を見抜くことがより容易になるのである。

　しかしながら，憲法の中には，裁判所が勧告的意見を与えることを認めているものもある。英国では，国王および庶民院から，枢密院司法委員会に憲法上の問題に関する拘束力を持たない助言を求められることもありうる。また，フランス憲法は，憲法評議会に，大統領が緊急事態に際し種々の処置を講ずる場合に助言をなす役割を与えている。より基本的な問題として，憲法評議会の主要な職務——それが正式に公布される前に，法案の合憲性に関する判決を下すこと——は，アメリカであれば，「事件または争訟」と言う要件に反するものであり，裁判所には適さないと見なされるであろう。ローマ条約は，欧州司法裁判所に，共同体と他の国家あるいは他の機関との国際的な協定が条約と矛盾しないかどうかに関する意見を述べる司法上の権限を与えている。この権限が生じるのは，閣僚理事会，欧州委員会ないしは加盟国から要求があった場合のみである。この点は重要である。憲法裁判所(および欧州司法裁判所)は，他の政治的な機関からそのように求められた場合には，勧告的意見を与え，政府の他の部門の領域に侵入することになる。他の政治的な機関は，事実上，権力分立に反する事態が生じることに同意しているのである。

　通常，憲法は，事件が他の審判所や機関にどの程度まで委ねられるべきか，あるいは，二者択一的に，その本質からして司法府にとっては余りに政治的に過ぎるため裁判所が決定を下すべきではないような問題があるかどうか，これを明確にしていない。例えば，事件または争訟条項は，この困難な問題

---

36) 1833年司法委員会法（Judicial Committee Act 1833）第4条。*Parliamentary Privilege Act 1770* に関する見解［1958］AC 331 において，司法委員会は，同制定法が議会における言論の自由に与える影響についての助言を庶民院に与えた。
37) 第16条。下記第9章参照。
38) 第228条。

に解決を与えていない。こうした問題は英国においても判断を下されなければならない問題であるが，ここ英国では，当然のことながら，裁判所は憲法上の条文なしでこの問題を取り扱わなければならない。これとは対照的に，ドイツ憲法裁判所は，基本法によって相当助けられている。なるほど，第92条は，単に裁判官に司法権が与えられると規定しているだけである。しかし，第101条によって，特別裁判所の設置および裁判所における審理の撤廃を禁止している。さらに，個人の自由の剝奪に関する判決を下しうるのは裁判官のみであり[39]，公権力による権利の侵害に対しては，裁判所に対する訴願――英米法の言葉を用いれば，司法審査――が認められなければならない[40]。司法権の範囲を決定するのは憲法裁判所自体である[41]。憲法裁判所は，これ以外の見解をとれば，権力分立および基本法によって司法権を独立した裁判所に割り当てたことが無意味なものとなるであろうと判示した。これにより，租税にかかわる違法行為に対して行政機関が罰金を科すことができるとした制定法上の規定を同裁判所は無効とした。一般原則を述べる中で，憲法裁判所は，基本法によって，裁判所の「伝統的」責任と呼ばれてきたもの，とりわけ，刑事および民事上の有責性に関する決定は司法府に割り当てられていると説いた。

英国の裁判所も，実際には，自らの司法権を守るために同様の手法を用いてきた。*Anisminic* 事件についてはすでに述べた。ここで，貴族院は，文言を文字どおり解釈すれば制定法上の規定により司法審査が除外されるように思われようとも，外国補償委員会の決定に対して裁判所に異議を申し立てることができると判示した。こうした手法による別の例として，関税消費税委員は，支払われるべき物品購入税の総額を最終的に決定する権限を規則により自らに与えることはできないとした判決が見られる；税負担の有責性に最終的判断を下すのは裁判所でなければならない[42]。裁判所への提訴，これを指

---

39) 基本法第104条 (2)。
40) 前掲第19条 (4)。
41) 22 BVerfGE 49 (1967).
42) *Commissioners of Customs and Excise* v. *Cure and Deeley Ltd*. [1962] 1 QB (Sachs J).

して，「基本的」権利あるいは「憲法上の」権利と呼ばれてきた。例えば，囚人は，刑務所長の干渉を受けることなく，自由に弁護人と連絡を取り合うことができなければならない[43]。部裁判所は，大法官が，1981年最高法院法に基づき訴訟当事者に対し彼等の収入とは無関係に最低限の法廷費用を支払うよう求める命令を導入した際，彼の行為は違法であると判示した[44]。法律は，人々から裁判所に提訴する権利を奪うような結果をもたらすかもしれない状況の下で，費用を徴収する明確な権限を与えてはいなかった；そこで，裁判官は，議会が，明確な言葉で，それが議会の意図しているところであると言うことを完全な形で明らかにしていなければ，憲法上の権利は廃止されえないと判示したのである。

これらの判決から，司法府が，裁判所に提訴する権利を，少なくとも表現の自由や結社の自由のようなその他の基本的な権利と同じように，十分に擁護していると言うことが知れる[45]。司法府は，できる限り，行政府や立法府を抑制しうるものであり続けようと心懸けているのである。しかしながら，ドイツの憲法裁判所とは異なり，議会立法の至高性の原理の下では，英国の裁判所が，裁判所から司法府の権限の「伝統的な」分野を奪い去るような法律を取り消すことができないことは明らかである。

犯罪者に対して刑罰を宣告する権限に関してなされた近年の論争を少し見れば，英国の憲法の状況がよく分かる。議会は，時として，一定の犯罪に対する刑罰を確定的なものとして定めてきた――その顕著なものは，殺人に対して裁判所は終身刑を宣告する義務を負うとするものである――また，一定の種類の犯罪に対して，議会は，最高刑と最低刑を定めているが，伝統的には裁判所が個々の犯罪者にその状況に応じて刑罰を宣告する責任を負ってきた。ところが近年，議会は，「凶悪犯罪」で再度有罪判決を受けた者に対して裁判所は法律で定められたとおり終身刑を宣告する義務を負うとし，これによっ

---

43) *Raymond* v. *Honey* [1983] 1 AC 1 ; *R* v. *Secretary of State for the Home Department, ex parte Leech* (No. 2) [1994] QB 198.
44) *R* v. *Lord Chancellor, ex parte Witham* [1997] 2 All ER 779.
45) *Ex parte Witham* [1997] 2 All ER 779, 787 におけるローズ判事の見解参照。

て裁判所の裁量権は狭められた。主要な裁判官の中には，裁判官の裁量権が奪われたことに対して，それは，権力の分立を侵害するものであるとしてこれを批判する者もあった；立法府は，歴史的に司法府が責任を負うものとされてきた分野に踏み込んでいたのである。しかし，こうした議論が政治原則上の問題としてどのような意味を持つものであれ，先の法律を非難するために法廷でこの議論を用いることはできない。

その一方で，司法権は，欧州人権裁判所の判決によって擁護されてきた。1983年以降，犯罪に対する報復および犯罪の抑止と言う要求を満たすために，終身刑に服している者が服すべき最低の期間として「最低刑期（tariff period）」が確定されてきた。この期間が経過すれば，それが公共の安全を害するものでなければ釈放を命じることができる。もともと，この最低期間は，どのような事件であっても内務大臣が決定してきた。ところが，欧州裁判所は，裁量により終身刑を命ぜられている囚人の場合（例えば，故殺ないし強姦による囚人），裁判所（ないしは行政府から独立した裁判所に類似する機関）が，最低刑期とその期間経過後の留置が正当化されるかどうかの両者を決定すべきであると判示した。そして，これに応じて，1991年刑事裁判法により最低期間を決定する権限が担当判事（trial judge）に与えられ，その後留置するか釈放するかを決定する権限が仮出所委員会に与えられた。

IV 司法審査に適さない政治的問題

それらの問題が政治的に過ぎ，ために裁判所の側がこれに対して進んで判

---

46) 1997年犯罪（刑罰）法［Crime (Sentences) Act 1997］第2条。裁判所は，「例外的な状況」の場合には終身刑を科さないとする制限された形での裁量権を持つ。
47) *Thynne* v. *UK* (1991) 13 EHRR 666.
48) *R* v. *Secretary of State for the Home Department, ex parte Venables* [1997] 3 All ER 97, 147において，スタイン卿は，終身刑に服している者の最低刑期を定める場合，内務大臣は，権力分立に反して「古典的な司法上の職務」を遂行しているのであると述べた。

Ⅳ 司法審査に適さない政治的問題　*179*

断を下すべきでないような，そしてまた，それゆえに，司法府による解決にふさわしくないような問題が存在するのであろうか。あるいは，より単純化して言えば，ある種の問題は，「司法審査に適さない」のであろうか。アメリカでも幾つかの複雑な憲法律が生み出されてきたように，英国でも，多くの事件でこれが問題とされてきた。アメリカでは伝統的に，裁判所は，彼等が「政治的問題」と呼んできた事柄に判断を下すのを控えてきた。これとは対照的に，「司法審査に適した」ないしは「司法審査に適さない」問題という概念は，英国では比較的新しいものである。しかし，この問題を考えれば，なぜ英国の裁判所が，非合法な行政上の行為を審査する一般的な司法上の権限を持っているにもかかわらず，ある種の事件に関与するのをためらうのかが分かるであろう。例えば，裁判所は，「国家行為」として正当化されうる行政府の行為，すなわち，外交分野の政策にかかわる行為に関して，少なくとも英国国民でない者により訴訟が提起された場合にはこれを受け入れようとはしない。裁判所はまた，何人であれ，国王による，外国または国際的な組織と条約を締結する大権の行使に対して異議を申し立てることを許さない。欧州共同体との条約の合意に異議を申し立てた原告が敗訴してきたのはこうした理由による。

　最近まで，裁判所は，国内問題に関する大権(制定法上の権限とは別のものとして)の行使に対しても自動的に審査を控えてきた。しかし，*Council of Civil Service Unions*（*CCSU*）事件で，貴族院の過半数によりこの立場は放棄された。ここでは，個々人は，自己の権利に影響をおよぼす行政府の決定に対して，それが制定法上の権限に基づくものであるか大権に基づくものであるかどうかとは無関係に異議を申し立てることができなければならないと判示された。しかし，それが制定法上のものでも大権によるものでも，特定の権限

---

49) 現代のリーディングケースとして，*Nissan* v. *Att.-Gen.* [1970] AC 179 があげられるが，残念ながら，ここでは，申し立てが英国国民によってなされた場合，国家行為の理論が主張されうるのかどうかについての問題は解決されなかった。
50) *Blackburn* v. *Attorney-General* [1971] 1 WLR 1037 ; *R* v. *Foreign Secretary, ex parte Rees-Mogg* [1994] QB 552.
51) 大権については，既述第 6 章Ⅱ参照。

の性質からして審査に適さないものであれば，この見解は適用されない。ロスキル卿の以下のような説明が見られる[52]。

とりわけ条約の締結，領土の防衛，恩赦，栄典の授与，議会の解散，大臣の任命のような大権事項には司法審査を受け入れる余地がない。けだし，これらのものの性質，および，そこで主として問題となる事項は，司法の処置にそぐわないものだからである。

これらの慎重な考慮を要する分野に関し，裁判所がそれに基づいて大臣が自己の権限を濫用したかどうかを判断すべき基準を定式化することは，裁判所にとって極めて困難であり，不可能であろう。

その後の事件を見れば，司法審査に適した問題とそうでない問題の間に明確な一線を画すことがいかに難しいかが分かる。R v. Home Secretary, ex parte Bentley[53]では，部裁判所は，CCSU事件におけるロスキル卿の言葉にもかかわらず，裁判所は，状況によっては，内務大臣による赦免大権行使の拒否を審査することができると判示した。例えば，有罪とされた人物の人種や宗教を根拠に恩赦を与えることが拒否されたような場合には，裁判所はこれを審査することができるであろう。他方，恩赦を認めるための基準を定式化することは，裁判官の権能を越えるものとされた。ワトキンス控訴院判事は，それは司法審査に適さない政策の問題であると述べた。控訴院は，犯罪被害補償要綱に関する諸規則の司法審査を求める申請につき，この申請が司法審査に適さないものであるとの主張を認めなかった；申請が認められれば補償額が上がり，公費支出につながるであろうと言うことは重要な問題ではなかった[54]。R v. Ministry of Defence, ex parte Smith[55]においては，控訴院は，四人の元軍人によって提起された，同性愛的傾向を持った人物を軍隊から除隊

---

52) *Council of Civil Service Unions* v. *Minister for the Civil Service* [1985] AC 374, 418.
53) [1994] QB 349.
54) *R* v. *Criminal Injuries Compensation Board, ex parte P* [1995] 1 WLR 845.
55) [1996] QB 517.

IV 司法審査に適さない政治的問題   *181*

させると言う政策に対する異議申し立てに対して同様の見解をとった。その政策は国家の安全保障と無関係であり，裁判官の目から見れば，これを審査することは彼等の権能を越えるものではなかった。重要な要素となるのは，申立人の人権，わけても私的生活が尊重されるべき権利に与える明確な影響であった。記録長官トーマス・ビンガム卿は，人権が問題とされている場合に政府の決定を調査する裁判所の「憲法上の役割と義務」を強調した。しかしながら，裁判所には差別的政策を審査する資格があるとしながらも，*Smith*事件では，控訴院は，驚くべきことに，この政策の合理性に対する異議申し立てを認めなかった。

　大臣が自らの制定法上の権限を極めて不当ないしは不合理な方法で行使していると言うことを根拠に異議申し立てがなされた場合には，実際問題として，英国の裁判所は，司法審査に適した問題と適さない問題との間に明確な一線を画する必要はない。とりわけ，裁判官は，国家の経済政策の定式化とその適用を含む政府の決定の合理性を問題にすることを好まない；このような問題の場合，これに基づいて裁判所が安直に政府の決定は不合理であるとの結論を下せるような基準を定式化することは困難であろう。それゆえ，貴族院は，地方自治体政庁が課すことができる人頭税の総額を制限することを目的とし，そのために地方自治体政庁が過剰な予算を有しているとの判断が下されているとして争われた事件で，このような理由に基づく意義申し立ては認められないとした。[56] 裁判所がこの種の決定に無効判決を下すのは，こうした決定が明らかに愚かしいものであるか，悪意をもってその決定がなされたことが明白な場合のみである。このような事件の場合には，「司法審査に適さない」という特別な理論は不要である。さらに，純粋に国家の安全や緊急事態を考慮する場合にはその可能性があるが，このような場合は別として，裁判所が基本的人権を保護するよう求められた時にこの理論を用いるのは適

---

56) *R v. Secretary of State for the Environment, ex parte Nottinghamshire CC* [1986] AC 240, 247 におけるスカーマン卿の見解，および *R v. Secretary of State for the Environment, ex parte Hammersmith and Fulham LBC* [1991] 1 AC 521, 597 におけるブリッジ卿の見解参照。

切ではない。実際,貴族院は,庇護を求める権利(right of asylum)および言論の自由のような基本的人権を侵害する行政上の決定を審査しており,特に,議会から与えられた権限の範囲内でそれらの決定がなされたかどうかを念入りに調査している。

アメリカでも,裁判所は,司法審査に適さない「政治的問題」の合憲性を問題とすべきではないと言う原則が,同じ様な困難を生み出してきた。最高裁がこの原則を適用した事件は極一握りである。二つの事例をあげておこう。ある事件で,最高裁は,カンザス州議会議員によりなされた,(児童労働の制限を有効なものとするために) 1924 年連邦議会より求められていた憲法の改正を 1937 年にカンザス州が批准したのは遅すぎるとする申し立ての審査を拒否した。ここで最高裁は,社会的,経済的変化を考慮して,カンザス州の議会が同改正案を批准するのが遅くなり過ぎたために求められていた憲法改正が失効したのかどうかを判断するのは連邦議会自身であると判示した。それに基づいて最高裁がこの問題に判断を下しうるような基準はなかった。また,*Goldwater* v. *Carter* では,最高裁の四人の判事が,上院の三分の二の賛成を得ずに台湾との相互防衛条約を廃棄しようとしたカーター大統領の政策を阻止するためゴールドウォーター上院議員およびその他の上院議員によってなされた訴えの審査を拒否する正当な理由として「政治的問題」の論理をあげた。(アメリカ憲法は条約の批准にこのような賛成を求めているが,条約の終結について何も定めていない。)

一つの見方からすれば,最高裁は,憲法の正しい解釈に基づけば,憲法により,これらの問題の決定は,政府の他の部門,一番目の事件では連邦議会に,ゴールドウォーター事件では大統領に割り当てられていると判示したにすぎない。こうした方法に基づけば,英国の裁判所が,司法審査の是非に関

---

57) 第 9 章参照。
58) *R* v. *Secretary of State for the Home Department, ex parte Bugdaycay* [1987] AC 514 ; *R* v. *Secretary of State for the Home Department, ex parte Brind* [1991] 1 AC 696 参照。
59) *Coleman* v. *Miller*, 307 US 433 (1939).
60) 444 US 996 (1979).

IV 司法審査に適さない政治的問題　*183*

するほとんどの事件で司法審査に適さないと言う原則を引き合いに出す必要がないのと同様，特別な「政治的問題」の論理も必要ではなくなる。確かに，近年，最高裁は，政治的問題の論理を用いることを好まない。*Baker* v. *Carr*[61]では，最高裁は，政治的問題の論理によりテネシー州議会のための選挙区割の決定が司法審査から除外されることはないと判示した。有権者は，同議会が，1901年という遠い昔に決定された選挙区割を用いるのは，憲法の平等保護条項の下での彼等の権利を侵害するものであると主張した；人口密度の高い選挙区に住む選挙民の票は，人口がまばらな地域に住む選挙民の票と同様の価値を持っていなかった[62]。ここで最高裁は，「裁判所はこのような政治的に見て複雑な問題に介入すべきではない[63]」と言う過去の判決を覆した。

　この事件の場合，司法審査を正当化する二つの理由をあげることができる。まず第一に，最高裁は，個人の権利，修正第14条の平等保護条項によって保障された平等権を擁護するように求められていた。この点で，*Baker* v. *Carr* は，個々人の権利が問題とされていなかった先のパラグラフで述べた二つの事件と異なる。第二に，有権者が，その議員の多くが不平等な選挙区割の見直しに関心を持っていないテネシー州議会による救済を受けることができないであろうことは明らかであった。とりわけ行政府や立法府がこれらの権利を守ろうとはしない場合，裁判所が憲法上の権利を守るために司法権を行使しても，それは正当な行為である。さらに判決は，以前の，この事件と同じように有名になった公立学校での人種差別撤廃を求めた *Brown* 事件[64]の判決と同様に，裁判所は，基本的な権利を侵害するような行為や能動的な決定を無効とすると同様，基本権を守るために適切な手段をとるべき議会の不作為を正すことができるとしている。司法権を立法府や政府に対して消極的な抑制機能を果たすだけのものと見なすのは，完全な間違いである。司法権がそのようなものであれば，平等やプライバシーの権利，およびこれを十分に保

---

61) 369 US 186 (1962).
62) より詳しくは，第8章III (2) 参照。
63) *Colegrove* v. *Green*, 328 US 549, 567 (1946)におけるフランクファーター判事の見解。
64) *Brown* v. *Board of Education*, 347 US 483 (1954).

護するためには州の行動が必要とされる諸権利を保障した憲法との関係からして，裁判所はその機能を十分に果たすことができない。

「政治的問題」あるいはこれに類似する司法審査に適さないものと言う原則を支持する主張で間違っているのは，政治的に見て慎重に考慮すべき事件に際して，立法府や行政府と異なった結論に達するのは裁判所にとって好ましくないと言うものである。このような主張は誤解に基づくものである。なぜなら，もしこの主張が本気で受け入れられれば，政府の判断に反対する判決によって政府が由々しき不都合をこうむる場合には，どのような事件でも司法審査が除外されるであろうと言うことになるからである。裁判所の判断が多数者の見解を妨げるものであっても，あるいは，政府の他の部門を弱体化させるように見える場合でも，裁判所は基本的権利の保護をためらってはならない。同様に，裁判所が行政権の濫用を防ぐ心構えをしていること，これも正当である。例えば，貴族院は，犯罪被害補償にかかわる要綱を制定法に基づくものとしていた議会の法を実施しないとする内務大臣の決定を違法とした；大権に基づき，制定法上の要綱に反する，より安価ですますことができる要綱を導入することによって，同内務大臣は，制定法上の要綱に効力を持たせる彼の裁量権を誤まった形で放棄していたのである。[65] 反対意見の中で，キース卿は，実質上「政治的問題」の原則にあたる論理を援用した；内務大臣の決定は司法審査に「適さない」ものであり，大臣は議会に対してのみ責任を負うと言うのである。そのような見解は決して納得のいくものではない。先の章で見たように，キース卿の頭にあった大臣責任制の原則は，たとえそれが可能であったとしても，脆弱な憲法習律によって強行されるに過ぎないのである。このような状況の下では，専断的政府を阻止するためには司法審査が必要である。

それゆえ，憲法論としては，裁判官自身が，司法権の範囲を決定しなければならない。さらに，可能な限り，個々人が行政府の行為や法律，とりわけこれが基本的権利を侵害するものである場合，それらのものの合憲性に異議

---

65) *R* v. *Secretary of State for the Home Department, ex parte Fire Brigades Union* [1995] 2 AC 513：第2章Iおよび第6章II参照。

を申し立てるために裁判所に提訴することができるよう裁判所は務めなければならない。事例によっては，裁判所が，憲法上，広範な，事実上無制限に近い適切と思われる決定をなす裁量権が政府に与えられていると言う判決を下すことがあるかもしれないが，「司法審査に適さない政治的問題」と言う特異な原則を正当化する余地はほとんどない。英国の裁判所は，アメリカ憲法やドイツ基本法に見られるものに類似する規定が存在していなくとも，首尾良く自らの権限を維持してきた。

　だが，政府の他の部門にはこのような権限が与えられていないのに，なぜ裁判所に，立法府と行政府の権限の境界線を定めると同様，司法権の限界を定める権限が認められるべきなのであろう。これに答えるのは簡単ではない。しかしながら，裁判官が，通常，立法府や政府，あるいはこれらの組織の委員会によって任命されると言うことを思い起こしてみると良かろう；さらに，アメリカ以外では，裁判官の任期は終身ではない。政府は，任命手続の段階で，司法府による判断の一般的方向性に間接的に影響をおよぼすことができるし，およぼしている。この影響がいかに弱いものであろうとも，これによって司法の権限を和らげることができる。つまり，司法府は独立しているが，その独立は絶対的なものではないのである。さらに重要なことは，裁判所が干渉しうるのは，当事者が訴訟を提起した場合のみだと言うことである。議会や政府とは異なり，裁判所は，要綱を作成したり自らの方針を定めたりすることができない。裁判所が政府に与える影響は継続的なものと言うよりは一時的なものである。また，裁判所は，自らの判決が無視された場合何もすることができない。ハミルトンが言ったように，裁判所は，政府の中で「最も危険性の少ない」部門なのである。それゆえ，憲法によって裁判所に，そして裁判所にのみ自らの権能の範囲を定める権限を与えても，不安を抱くべき理由はまずないのである。

第 8 章
政党と選挙

I　政党と憲法

　現代民主制の下では，政党は中心的役割を果たしている。政府を形成するのは，単独政党，あるいは連立政党ないしはゆるやかに提携している政党である；他の政党は，野党となる。実際の所，政党無くして安定した政府を持続させることは困難であろう。政党は，個々人の見解や圧力団体の見解を政治的要綱としてゆく上で不可欠な存在である。そして，今度は，この政治的要綱が，政府の政策を形作り，立法の基礎となるのである。とりわけ，英国のような，立法府内で自党の議員が多数を占めている政党が政府を形成するような議会制度をとる国では，政党の果たす役割は重要である。党の結束と言う点からして，もしそれによって政府が困難な状況に陥るのであれば，政権政党の議員は政府に対する反対投票を極端にしぶるであろうし，個々の大臣の責任を追及することすら嫌うであろう。このような抑止力が働くため，大臣責任制に関する伝統的な説明は徐々に時代遅れのものになりつつある；その結果，議会と国王および大臣の間の力の均衡が乱されてきた。もし一つの政党が立法府と行政府の両者をコントロールする力を持ち，かつまた裁判官の任命に独占的な力を行使しうるようになれば，専断的政府を抑制するものとしての権力分立は大幅に弱められることになろう。最終的に，強い団結

力を誇る政党の野望を抑えることができるのは，総選挙によってそのような政党が政権の座を追われる可能性があること，これしかない。

それゆえ，少なくとも，政党が全体主義的政策を取り入れるのを阻止するため，また，個々の構成員の権利を保護するため，憲法によって政党の骨子となる規則が定められると言った期待が持たれても決して不思議ではない。しかし，憲法に，政党に関する記述が見られるのは希であり，憲法の中には政党の存在を全く無視しているものもある。アメリカ憲法は，政党を全く考慮していない。英国の法典化されていない制度もこれと同じである。[1] そして，これほどはっきりと政党が無視されているのも無理からぬことである。統制されグループの結束を重んじる巨大政党は，おおむね20世紀になって現れた現象である。それまでの200年間，英国では，個々の議員は党の拘束から比較的自由であり，その結果，政府は，しばしば庶民院で敗北を喫した。1880年代まで，全国家的な政党組織は存在しなかった；こうした政党が成立した後でも，議員が政党や政党の地方選挙区の団体に責任を負うものとして扱われることはまれであった。英国では，政党は，契約法および宗教団体や労働組合のような法人化されていない団体に適用される規則に従う私的団体と見なされてきた。[2] 政党が登録されることはないし，法律により，会計簿を公にすることも資金源を明らかにすることも求めれられてはいない。政党は，選挙に際しての候補者の選任手続を選ぶことができるし，[3] 自然的正義に基づく手続上の規則を遵守している限り，自由に地方選挙区の団体を解散することも構成員を除名することもできる。[4]

---

1) 英国法については，K. Ewing, *The Funding of Political Parties in Britain* (Cambridge, 1987), ch. 1, および H. F. Rawlings, *Law and the Electoral Process* (London, 1988), ch. 4参照。
2) 地方の団体とは別の，個別の法的地位を持ったものとしての全国家的な保守党と言うものは存在しない。*Conservative Central Office* v. *Burrell* [1982] 2 All ER I 参照。
3) しかし，*Jepson* v. *Labour Party* [1996] IRLR 116 参照。ここで，労働審判所は，特定の選挙区の最終的選抜候補者名簿上の候補者をすべて女性とする政策は，1975年性差別禁止法に違反すると判示した。
4) *John* v. *Rees* [1970] Ch. 345 では，地方の団体を政党から除名する前に労働党は聴聞を行なわなければならないと判示された。

アメリカ憲法は政党に全く触れていないが，これは，憲法を起草した人々が政党の重要性に全く気付いていなかったと言うことではない。マジソンは，州議会が，公共の福祉を考慮せず自らの利益だけを考えて権力を行使するかもしれない政党や派閥によって支配されることの危険性について述べた[5]。彼は，この危険を避けるため，権力の分立と連邦制度の確立を主張した。権力の分立によって，連邦議会や州議会と強力な行政権を持つ政府が均衡の保たれたものになるであろうし，また一方連邦制をとることによって，権力が中央と州の間でそれぞれに分有されるであろう。

アメリカ憲法でこれらの原則が実行に移されたことにより，マジソンが望んだような結果が生まれた。大統領は連邦議会とは別の選挙で選ばれる；連邦議会では民主党が支配権を握っている時に，大統領が共和党員であると言うこともありうる。下院と上院がそれぞれ別の政党により支配されると言うこともありうる。大統領は，どちらの院であれ，これを解散することはできず，新たな選挙を求めることもできない。それゆえ，議会制の下であれば，これにより行政府の長が自党の同僚達を統制し続けることができる，そのような権力を大統領は持たない。このような制度の下では，一つの党が，英国で通常見られるような権力を行使することは極めて困難なものとなる。さらに，アメリカの地理的な広がりも，しっかりと組織化された政党の発達を難しいものにしてきた。後に発達してきたもの，わけても，多くの州で見られる候補者選出選挙と言う制度により党の団結力はますます弱められてきた。候補者選出投票制度により，州選挙や連邦選挙の候補者を決定する党の有力者の力は失われている；特定の政党に登録した者が候補者を選出するのである[6]。

しかしながら，戦後制定された多くのヨーロッパの憲法では，政党の憲法上の役割が認められている。その最も包括的な規定は，ドイツ基本法第21条に見られるものである。その第1段は次のように定めている。

---

5) 『フェデラリスト』, No. 10.
6) S. G. Calabresi, 'Political Parties as Mediating Institutions', 61 *U Chicago L Rev*. 1479, (1994) 参照。

政党は，国民の政治的意思の形成に参画する。政党の創設は自由である。政党の内部組織は民主的な原則に適合したものでなければならない。政党は，その財源と同様，資金の収支を報告しこれを公にしなければならない。

また，第21条 (2) は，民主的秩序を破壊し，あるいはドイツの存立を危うくすることを目的とする政党は違憲であると定めている。しかし，この問題に関して判断を下すことができるのは，連邦憲法裁判所のみである；連邦議会も政府も政党を解散させることはできない。これにより，犯罪を目的とする場合あるいは反憲法的目的を持つ場合には行政府の命令により禁止されうるその他の団体に与えられる以上の保護が，政党には与えられている[7]。原則として，裁判所が政党の合憲性を判断すると言うのは妥当である。なぜなら，そうでない場合には，野党が急進主義的な政策を持っていると言うことを口実に，政府が野党を追放したいと言う誘惑に駆られる明らかな危険性が存するからである。実際，連邦憲法裁判所が禁止した政党は二つに過ぎない。ネオナチ国家社会主義党と共産党である。そして，いずれの場合にも，それぞれの政党が持つ哲学，組織，政治的活動を注意深く審査した後に禁止している[8]。これに相当する1958年フランス憲法の規定は，はるかに単純である。政党の創設は自由であるが，政党は，「国民主権および民主制の原則を守らなければならない[9]」。基本法とは対照的に，フランス憲法は，全体主義的政党の解散手続を明確にはしていない。しかし，憲法評議会は，国民議会には，ある政党が民主的原則を尊重しており，従って，議会制の目的に合致していると認めるべきかどうかを決定する権限はないと判示した[10]。

ドイツの憲法裁判所は，多くの判決の中で政党の役割を明確にしてきた。基本法で認められた団体として，政党は，例えば，連邦や邦の政府，ないしは議会を相手取って憲法裁判所に訴訟を提起することにより，直接的にその

---

7) 基本法第9条 (2)。
8) 2 BVerfGE 1 (1952) ; 5 BverfGE 85 (1956).
9) 第4条。
10) Decision 59-2 DC of 17, 18, and 24 June 1959, Rec. 58 (Favoreu and Philip, 34).

権利を守ることができる[11]。(これに対して，英国法上，政党やその党首が行政上の決定に対して異議を申し出ることができる立場にあるかどうか明らかではない[12])。憲法裁判所は，多党制を，すべての政党が持つ民主的生活を享受する平等な機会を得ると同時に有力な野党を形成する権利として，憲法の基本原則と見なしている[13]。これらの原則は極めて重要であり，この憲法の下では改正されえない[14]。一般に，現代ドイツが政党国家(*Parteienstaat*)と呼ばれるようになってきたのは，これ故である。ここでは，政党の役割が事実上憲法で守られているのである。

このような規定は，少なくとも原則上，多くの党員，厳格な規律，明確な政治的綱領を特色とする巨大政党の重要性を認めるものである。しかしながら，立法府の構成員の独立性と外部の者から指図されないと言う点を強調するより古い伝統的な代表制民主制と言う立場から，憲法上の他の条項が生み出されることになる。例えば，基本法第38条の下，連邦議会の議員は「全国民の代表であって命令や指示に拘束されず，自己の良心にのみ従う」。この条項と，自党の議員が党の要綱を実行し党としての判断に従うことを期待する巨大政党の現状とを調和させることは困難であろう[15]。なるほど，政党の側には，立法府で自党を支持しなかった議員を再度選出しないでおく権利がある。しかし，同様に，その人物が議会の構成員である限り，彼には党の指示を無視する権利があるし，新たな選挙によらずして他の政党に移ることすらできるのである。英国の慣行では，議員はそうすることができる；過去50年間で，他党に加わるために「討議で反対側についた」議員はわずかである[16]。しかし，

---

11) 4 BVerfGE 27 (1954).
12) *R* v. *Boundary Commission, ex parte Foot* [1983] 1 QB 600 に際し，部裁判所において，オリバー控訴院判事から労働党の党首として選挙区割委員会の提案に対して異議を申し立てるマイクル・フットの地位に疑義が示された。
13) *Socialist Reich Party* 事件, 2 BverfGE 1, 13 (1952).
14) 基本法第79条 (3)。
15) 同様の規定が1958年フランス憲法第27条および第二次大戦後に制定されたイタリア憲法第67条に見られる。
16) P. Cowley, '"Crossing the Floor": Representative Theory and Practice in Britain' [1996] *Pub Law* 214 参照。

議員は有権者の代理人ではなく代表者なのであると言うエドモンド・バークの古典的な原則に従えば，これは完全に憲法に合致した行為なのである；議員は，庶民院でどちらの政党を支持すべきか，自らの判断で自由に決定できるのである。

憲法上の規定が，例えばドイツ政党法 (*Parteiengesetz*) のような法律で補完されると言うこともある。この法律には，政党の内部規律，党員の権利，党執行部の選挙と責任，党内部での紛争の調停，公私にわたる資金の調達，寄付金の出所とその総額を開示し会計簿を公開する義務に関する詳細な規定が盛り込まれている[17]。無論，政党を，政党と同様の憲法および法律上の特権を持たず責任も負わない圧力団体やその他の団体と区別するために，このような法律によって政党とはどのようなものであるかを定義しておかなければならない。このドイツの制定法では，政党の正式名称と略称が対抗する政党の名称とはっきり区別されうるものであるよう求められている。英国では，必ずしもこうした状況にはなっていない[18]。

本章のIIで述べるが，英国の憲法は，伝統的にこの種のもの，とりわけ政党の資金調達といった微妙な事柄を規制するのは好ましくないとする姿勢をとっている。すでに述べたように，政党は，一般の契約法および法人化されていない団体を統制する法律に服するものとされている。（政党の必要にあわせた法律が存在しないということ，これは，おそらく，憲法上の文書で基本的な国民の自由を定式化することを嫌う英国の伝統の一面を示すものであろう。）概して言えば，政党はその本質からして私的団体であると言う考えによって，こうした見方が正当化されているのである；それが一般的な法律に一致するものであれば，政党の組織や，資金の調達および活動が規制されるのは原則としてよろしくないと言うことであろう。さらに，政府が，野党を規制するために，自らの統制的権限を濫用するということもありうる。しかしながら，政

---

17) 1994年1月31日の政党法は40条からなる。
18) 前掲第4条。ある英国の政党は，同党の名称が他党により利用されているとの訴えを提起したが，これを差し止めることはできなかった：*Kean v. McGivan* [1982] Fleet Street Reports 119頁参照。

党を私的団体と見なすような主張は，政党が重要な特権を享受していると言う事実を無視したものである；政党は，選挙に際し，例えば，無料で放送時間を使い，またその他の施設を利用しているのである。それゆえ，政党を，単純に通常の私的団体と見なすのは正しくない。より基本的な問題として，政党が巨大な権力を行使していると言うことを考えれば，政党に対し，その組織を民主的なものにするよう，また，資金の調達に関する制度を透明性のあるものにするよう求めるのは，正当なことである。さもなければ，大企業から密かに資金を融通された少数の有力者が政党を支配し，それによって間接的に政府の政治的分野を支配するようになるであろう[19]。最後に，政府による統制的権限の濫用は，独立した裁判所によって規制されうる。

それゆえ，これにかかわる原則はより具体的な法律によって補足されなければならないが，政党は，ドイツ基本法に見られるような規定にそって，憲法規定の対象とされなければならない。しかし，これにも重要な条件がある。政党を規制するその方法次第で，既存の政党制度を固定化してしまう可能性がある。これと同じことが，選挙法についても言える。例えば，もし国家的な財政援助や選挙のための放送の機会が，すでに立法府に代表を送っている政党にのみ割り当てられるようなことがあれば，新しい政党やグループの発展が妨げられ，政治的な議論を衰弱させることになる。さらに，選挙制度や選挙に関する規制，例えば候補者は1000人の有権者によって指名されなければならないと言うような条件が付されたなら，先と同じ様な結果となろう；この問題については，本章のⅢで述べたいと思う。しかしながら，このような配慮が必要であると言うことが，政党や基本的な選挙規則に関する規定を憲法に設けることに反対する主張に説得力を与えることにはならない。むしろ，これは，裁判所によって，憲法に明示された基本原則に基づく詳細な規則が監視されなければならないとする主張の有力な論拠となる。裁判所は，少数派を犠牲にした既存の多数派グループに都合の良い政党法や選挙法が作られないようにするために，司法審査と言う自らの権限を行使することがで

---

19) こうした考えを進めたものとして，本章Ⅱ参照。

きる。同様に，憲法裁判所が，政党制度が安定していることの必要性を考慮するということも妥当なことである。これによって，少数派政党よりも政府を形成する可能性を持つ政党を優先的に扱うことが正当化されうる；本章の他の箇所で，ヨーロッパ大陸の裁判所が，党の資金や選挙放送の規制に際し，先の事柄を配慮しつついかにしてバランスを保とうとしてきたかを見てみよう。

II 政党の資金

政党の資金と言う問題は，多くの国々で憲法上の大きな論争を引き起こしてきた。アメリカ最高裁判所は，後の指標となる判決で，連邦議会の法により選挙の立候補者による支出，あるいは立候補者のための支出に制限を課すことは，憲法の修正第1条，言論の自由の保障を侵害するものであると判示した[20]。しかし，立候補者に対する寄付金の最高限度額を1000ドルとすることは，汚職および汚職の出現を防止するために必要であるとして認められた。同様の理由で，同裁判所は，10ドル以上の寄付金を与えた者を開示するよう立候補者に求めた規定も是認した。最後に，最高裁判所は，これに基づき，少数政党あるいは新しく設立された政党以上に主要政党（前の大統領選挙で25％以上の得票があった政党と定義された）が多くの連邦の助成金を得ることができるとする政党および個人に対する公的助成金に関する複雑な要綱を合憲と判示した。最高裁は，立法府が，軽薄な立候補者を助長したり，多党乱立の政党制度を生み出したり，際限ない派閥主義を後押しすることのないようにすることは適切なことであるとし，共和党や民主党に対するよりも寛大でない態度で少数政党を扱うようなことは許されないとする主張を退けた[21]。

ドイツでもフランスでも，憲法裁判所は，数回にわたり政党の資金に関する法律の合憲性についての判決を下してきた。この分野でのドイツの憲法律

---

20) *Buckley* v. *Valeo*, 424 US 1 (1976).
21) Ibid., 101.

は，二つの基本的な原則を基準としている。第一の原則は，政党は国家的統制から自由（*Staatsfreiheit*）でなければならないと言うことである。また，第二に，政党には政治手続に参画する平等な機会（*Chancengleichheit*）が与えられなければならないと言うことである。1992年，憲法裁判所は，公的資金供与を選挙費用の弁済に限定する必要はないと判示した[22]。しかし，国家的統制から自由であるべきだとする原則により，部分的資金供与は認められるが全面的な公的資金供与は不可能となった。公的資金の供与は，政党の私的財源から得られる収入を越えるものであってはならない。また，公的資金供与を受ける資格として国民の投票数の2％と言う限界を定めること，および，政党の選挙結果に比例してこの資金を割り当てることも合憲とされた。平等な機会原則は，国家が，政党間に見られる既存の財政上の不平等を補正しこれに対する補償をなすよう求めるものではないが，この原則の下，不均衡なほどに高収入なグループに属する個々人や法人を優遇し，結果的にこうした寄付をなす者に支持されている政党を優遇することになるような税金の減免を認め，これにより先の不平等を激化させるようなことは許されないとされた。党の収入源を明らかにしなければならないとする憲法上の義務から知れるのは，基本法の目的とするところが，政党を国家から影響を受けないようにすると同様，個人的影響や法人からの影響も受けないようにしようとするところに在るということである[23]。

フランスでも，同じ様な事柄に関心が持たれている。憲法評議会は，それによって政党を国家に依存させず，また，開かれた政治的討論の必要性を尊重すると言う条件で，政党に対し公的資金を供与する法律を承認した。それゆえ，既に国民議会に代表を送り込んでいる政党にのみ資金を供与すれば，それは違憲となろう；さらに，憲法評議会は，このような条件を課せば新しい政党や政治的見解の発達を阻害することになるであろうことを根拠に，助成を受けるための資格として政党は各選挙区で5％の票を得なければならないとした規則を違憲と判示した[23]。他方，先の資格を得るための条件として，

---

22) 85 BVerfGE 268 (1992).
23) Decision 89-271 DC of 11 Jan. 1990, Rec. 21.

政党は少なくとも 75 の選挙区で候補者を立てることとする要件は合法とされた。後に，法律により，この要件は 50 議席分の候補者の指名に減じられた。

ここ数年，フランスの法律は，汚職の危険性を最小限のものとするため，徐々に私的献金を厳しく規制するようになってきた。1990 年の法律により外国の政府および法人からの献金が禁止された。また，その三年後，憲法評議会は，政党および立候補者に献金した者のリストを公開するよう求める制定法を承認した。憲法評議会の見解からすれば，こうした要求は，1958 年憲法第 4 条で保障された表現の自由や政党の自由を妨害するものではない[24]。1995 年の法律で，政党および選挙運動に対する全ての法人からの支援が禁じられた。

英国の状況は，こうした規則とは著しい相異を見せている[25]。議会における野党の活動を援助するため庶民院より割り当てられる「ショート・マネー (Short money)」と呼ばれる公的援助が見られる。(この名称は，1975 年にこの制度を導入した，庶民院のリーダー，エドワード・ショートにちなんで名付けられた。) 選挙に立候補した者は，無料で公の部室を使用することができ選挙の演説文書を郵送することができる。より重要なのは，政党は，無料で，政治的放送や選挙放送のために，BBC やいくつかの民営放送を利用することができると言うことである。これについては，本章のⅢでより詳しく述べる。しかし，政党に対する一般的な公的資金援助は見られない。1976 年，ホウトン委員会の多数派による報告書，「政党に対する資金援助」[26]が公的資金援助の導入を勧告していたが，当時の労働党政府は，これを立法化する提案をしなかった。保守党がこれに反対していたことが，その主たる理由である。1994 年，庶民院の内務委員会に所属する保守党の多数派が，再度，保守党が国家的援助に反対の立場に立つことを明らかにした[27]。

政党への公的資金援助に反対する者は，三つの主要な反対理由を掲げてい

---

24) Decision 92-316 DC of 20 Jan. 1993, RJC I-516.
25) Ewing, 前掲註 1, 特に chs. 5-6 参照。
26) Cmd. 6601.
27) *Funding of Political Parties*, HC 301, 1993-4.

る。まず第一は，政党が私的な任意的団体であると言う憲法上の伝統的な理解に反することになるであろうと言うものである。これが認められれば，国民に対して，その目的に強く反感を抱いている政党の活動を援助するよう強いることになるであろう；なぜ，労働党に投票している者が，保守党や自由民主党を援助しなければならないのか。第二に，私的献金の規制を正当化するために，政府が，公的資金供与制度を導入する可能性があるということである。最後に，もし国家から援助を受けることができるようになれば，政党が，今まで程に新たな党員を勧誘したり，私的な資金供与を求めたりする必要を感じなくなるのではないかと言うことである。

だが，こうした主張のどれも納得がいくものではない。まず第一の点に関して言えば，国民は，課税により，しばしば自分が反対している活動を支持するよう義務づけられている。例えば，税金を納めている平和主義者も，軍隊を援助しなければならないのである。さらに，例えば現在の政府を支持している者でも，より賢明な考えの持ち主であれば，健全な野党の必要性を理解せざるをえないのである。第二に，私的献金の制限を認めるべき有力な論拠がある；フランスやアメリカで認められてきたように，巨額の献金をすることによって，これを寄付した者は，関係する政党に対して潜在的に不正な影響をおよぼす可能性を持つ。また，国家の援助が必然的に党員数の減少に結びつくと言う何の証拠もないところからして，第三の主張も間違っている；ドイツで見られるように，公的な資金供与を党員や献金をする人々から私的に調達される額に匹敵する程度の額に限定することにより，この危険性を減じることができる。

私的な資金供与に関して言えば，英国の状況の最も大きな特徴は，法人や個人が寄付しうる額の総計に何の法的制限もないこと，および，献金した者の身元を開示するような要求が政党に対してなされていないことである。保守党は，全くの匿名で政党に無制限に寄付をする自由を，同党の見解からすれば，プライバシーの権利の側面をあわせ持つ民主的権利であると見なしてきた。[28] 保守党は，法的制限が原則的に望ましくないものであるだけでなく，

---

28) Ibid., paras. 73 and 81.

例えば，政党に関連している団体に献金することにより容易に逃れることができるものであると主張してきた。保守党にとっては，個人および政党の誠実さをある程度信用することが重要なのである。しかしながら，開示規則を導入することにより，たとえこれによって汚職を完全に払拭することができなくとも，汚職の可能性を減らすことはできるであろう。(今日，労働党も保守党も，その人々がした献金の正確な額までは公表しないまでも，主要な献金者の名前を公表すると決めている。)寄付金の制限も同じ効果をもたらす。また，これにより，政策が大きな資産を持った者の利益になるようにされている場合に起こる政治過程におけるゆがみを，ある程度阻止することもできよう。立憲民主制は，単に平等な投票権だけではなく，合理的な議論により説得する平等な機会が与えられるべきことも求めているのである。献金者に依存せしめるに足るほどの十分な金額を政党に与えることによって，個人ないしは会社が，事実上，政党に対する影響力を買い取ることができるなら，これらの価値は損なわれてしまう。

　改革に反対の立場の者も，政党への資金供与が憲法上の問題であることを認めている。例えば，ホウトン委員会における少数派の報告書は，国家的援助は，政治団体は任意のものであるという既存の憲法上の慣行からの離脱を示すものになろうと述べている。庶民院の内務委員会は，憲法問題に対する同委員会の責任事項の一環として，政党への資金供与を検討してきた。それゆえ，その本質からして政党は私的団体であるとの伝統的解釈を擁護している者も，政党を完全に憲法の範囲外のものとは見なしていないように思われる。問題となるのは，むしろ，政党の規制や資金供与に関してどのような制度が憲法上適切かと言うことである。この問題は，近年，ニール卿を議長とする公人としての生活基準委員会（Committee on Standards in Public Life）に委ねられてきた。

　政党は，政府の立法府と行政府を同時にコントロールすると言う自らの力により，事実上の政治的権力を行使している。それゆえ，自由主義的な憲法の下では，政党への資金供与の規制は，個々の議員に彼等の資金供与面での利害関係を登録するよう要求することと同様に正当なことなのである；ま

た，これを私的な問題にすぎないと主張する合理的根拠もない。もし，私的な資金供与に制限が課せられたならば，その時には，失われた資金の埋め合わせをするため，また，さほどに十分な資金を得ることができない弱小政党に必要不可欠な資金を供与するため，何らかの公的な財政支援の導入が妥当なものとなる。この慎重な配慮を要する問題が憲法原則を十分に考慮しつつ実施されるようにするため，とりわけ，政党が国家によって簡単に統制されるような存在にならないよう，公的資金の配分は司法審査に服すべきものとされなければならない。

III 選　　挙

1　定期的で自由な直接選挙

英国の総選挙や地方選挙で用いられている最高得票制ないし比較的多数得票主義をとるか，それとも比例代表制のような他の制度をとるかどうかの決定をも含む，多くの重要な問題が立法府に委ねられることになるであろうが，自由主義的憲法は，選挙の基本原則を明示していなければならない。憲法には，定期的で，自由，平等かつ秘密選挙の規定が設けられなければならない[29]；少なくとも一定の状況の下では，裁判所は進んでこうした要請が強行されるようにするべきである。というのは，そうでなければ，選挙制度を操作することによって自らの権力の座を永続させている政党や政府内の派閥に対する予防手段がなくなってしまうからである。例えば，政権を握っている政党が，自党のために選挙期間中マスメディアを利用する排他的な権限を獲得しようと目論むかもしれないし，あるいは過半数割れの得票で過半数を超える議席を獲得しうるよう選挙区の区画を恣意的に定めるかもしれない。

---

29) 欧州人権条約第1議定書の第3条は，各国家に対して「合理的な期間をおいて秘密投票による自由な選挙を行うこと」を求めている。また，公共政策研究所 (IPPR) 憲法第83条1参照。

III 選 挙 199

　英国憲法は，定期的な選挙の必要性を認めている。1911年議会法は，議員の最長の任期を7年から5年に短縮した。また，この5年の期間を延長しようとするいかなる法案に対しても，貴族院は拒否権を行使しうるものとしていた。憲法学者のある者は，わけてもトーマス・ペインは，憲法による抑制として，少なくとも議会の一部は毎年選挙されるべきであると主張したが，その可能性は，『フェデラリスト』上でマジソンにより拒否された。英国の選挙は，誰でも容易に立候補者として名乗り出ることができると言う意味で，自由な選挙である；立候補者が5％の票を獲得しなければ返金されない供託金が求められており，このために立候補を断念させることがあるかもしれないが，立候補者指名の要件として最小限度の条件しか設けられていない。これに対して，アメリカでは，各州が，比較的小さな政党や個人に対し，例えば無所属の立候補者には登録されている有権者の5％（もしくはそれ以上）の指名を求めるなどして，立候補者名簿への掲載にしばしば制限を加えている。時として，最高裁は，選挙民の混乱を回避し政治上の手続を安定したものにすると言う点で州の実質的利益を促進するものであるとしてこれらの規則を合憲と判示してきた。

　英国の選挙は直接選挙である；有権者に代わって立法府の議員を選挙する選挙民団を選ぶのではなく，有権者自身が，庶民院議員や地方自治体政庁の議員を選挙するのである。この方式は，今日，欧州議会議員の選挙に際してもとられている；欧州議会は，当初，それぞれの国家の立法府によって選出された者で構成されていた。ドイツ基本法およびアメリカ憲法ともに，立法

---

30) *Rights of Man* (1791-2, Penguin ed., 1985), 201.
31) No. 49。アメリカの代議院議員選挙が二年ごとに行われること，これが憲法によりこの原則を護ろうとしていることを示している：アメリカ憲法第Ⅰ条第2節第1項。
32) 他の多くの者，例えば，貴族，外国人，公務員は庶民院議員となれないが，立候補者指名すらされえないのは，一年以上の刑に服している者のみである。
33) *Jenness* v. *Fortson*, 403 US 431 (1971) および *Storer* v. *Brown*, 415 US 724 (1974) 参照。
34) 直接選挙は，欧州共同体条約138条 (3) を実施する1976年の閣僚理事会の決定に基づき1979年はじめて行われた。
35) 第38条 (1)。

府の選挙に対しては直接選挙を行うと規定している[36]。しかし，フランス第五共和国憲法は，直接選挙または間接選挙を行うことを認めている[37]。上院は，現在でも，主として，当該県選出の国民議会議員，当該県の県会議員および市町村議会の代表からなる複雑な選挙人団によって選出される[38]。一方憲法律の厳に定めるところに従えば，アメリカ大統領は，各州の代表からなる選挙人団によって間接的に選挙されるのであるが，習律により選挙人は自らが代表する各州の人民投票に拘束される。従って，大統領は，事実上直接選挙により選ばれる。間接選挙は，国家レベルおよび地方レベルの政治家にさらなる影響力を与えるものであり，明らかに憲法の民主的かつ平等主義的性格を損なうものである。

2 平等選挙

選挙に関して最も難しい憲法律上の問題は，平等選挙の原則に関するものである。「一人一票制」に関しては今日問題はない。人種，宗教，性別とは無関係にすべての健全な成人に選挙権を拡大することにより，平等選挙の求めるところは容易に達成される。もっと困難な問題は，選挙，特に比較的多数得票主義の下で実施される選挙が，それぞれの票に平等な価値を与えているかどうか，および，それぞれの票に平等な価値を与えることができない場合，それが憲法に違反するかどうかである。おそらく，極めて多くの有権者をかかえる選挙区の一票は，有権者の数が少ない選挙区ほどの価値を持たないであろう。もし，その相違が大きなものであり，多くの選挙区でかかる事態が再生産的に発生するということになれば，選挙が真に平等なものであるとは言いにくくなる。さらに，もし，それが，裁判所あるいはその他の独立した機関によって阻止されなければ，立法府を支配している政権政党が，前もって，例えば，自党の支持者を比較的小さなより多くの選挙区にまとめること

---

36) 修正第17条（1913年）によって，上院への直接選挙が導入された。
37) 第3条。
38) D. Lavroff, *Le droit constitutionnel de la V. République* (2 nd edn., Paris, 1997). 278-9 参照。

により，選挙を不正な形で有利に進めたいとの誘惑にかられるかもしれない。

英国では現在，四つの区割委員会(イングランド，ウェールズ，スコットランドおよび北アイルランドに各一委員会)が，法律で定められた規則や指針に従って，定期的に議会議員選挙のための選挙区の数や規模に関する提案を作成する。この提案は内務大臣に提出され，内務大臣は，修正を加えるか，あるいは無修正のまま，この提案に効力を与えるための枢密院令案を付してこれを上程しなければならない。これが確定されれば，この枢密院令に関し裁判所に異議を申し立てることはできない。[39] この区割委員会は，他の諸規則と共に，選挙区が各県ないしロンドン自治区を分断するものであってはならないとの原則，および他の規則を勘案した上で「実行可能な」範囲で選挙区における有権者数の平等と言う原則を考慮するよう命じられている；それが，選挙人数の「過度の不均衡」をもたらさない限り前者の原則が重んじられなければならないことは明らかである。[40]

さて，これに関連して，二つのはっきりとした憲法上の問題が生じてくる。第一は，区割委員会の独立性と権限に関するものである。この委員会のメンバーは，野党との協議の上で，大臣によって任命される；彼等の中立性を懸念する必要はほとんどない。しかしながら，原則として，政府が実質上選挙区の区割に決定権を持つというのはよろしくない。1969年，労働党の内務大臣ジェームズ・キャラハンは，区割委員会からの提案を議会に提出するのを遅らせた。最終的に，彼は，枢密院令案を付して同提案を上程したが，当然のことながら労働党が過半数を占めている議会にこれを否決するよう勧めた。その結果，翌年の総選挙は，1954年に定められた選挙区割の下で戦われた。こうした選挙区の区割を決定する権限を政府や議会から完全に取り去り，司法審査にのみ服する委員会に委ねれば，有効な改革ができるであろう。

第二の問題は，先の場合ほど明確ではない。英国の制度では，選挙区の規

---

39) この複雑な手続を十分説明したものとして，Rawlings, 前掲註1, chs. 1 and 2 参照。
40) 1982年議会選挙区法 (Parliamentary Constituencies Act 1982) 要綱2，規則4，5。これらの規則の解釈に関する主要判例として，*R v. Boundary Commission for England, ex parte Foot* [1983] QB 600 参照。

模および形を定める際に，一票一票に平等な価値を与えると言うことが最優先事項とはされておらず，区割委員会は，それよりも，地方自治体政庁の境界線の方を重視しなければならない。さらに，スコットランドやウェールズは，両者とも，その人口に比して過剰な数の代表をウェストミンスター議会に送ってきた。これは，議員は，単に個々の人間の集合体の代表ではなく，地理的，社会的共同体の代表であると言う伝統を反映したものである。さらに，現実的な視点からして，その有権者の数を平均的なものに近づけようとすれば，ノースアンバーランドないしスコットランドのハイランド地方のような人口のまばらな選挙区は，地理的に極めて広大なものとなろう。そして，そのようなことになれば，その地区選出の議員は，自分の選挙区の代表として十分に活動することができなくなるであろう。

　ここに，憲法上の問題として，各投票に平等な価値を持たせると言う原則に固執する必要はないとする有力な主張がなされることになる。しかし，憲法裁判所の中には，この原則からの逸脱に対して寛容な態度をとりたがらないものもある。これらの裁判所は，この原則を，その条文により各個人を平等に尊い存在として扱うこと，および，平等な選挙を行うことを約束した憲法の下で何よりも重要なものであると見なしている。これを最もはっきりと表しているのは，アメリカである。*Baker* v. *Carr*で州選挙のための選挙区の割当ては司法審査が完全に免除されるような政治的問題ではないと判示した後，最高裁は，多くの事件で，憲法の平等保護条項は，各州に対して，州立法府の両院の選挙のために平等な選挙区割をなすことを求めていると判示した[42]。地方自治体の境界線を尊重すると言う観点からある程度の逸脱が認められることはあるが，単にある地域の規模や特性と言うことを根拠にしてこの原則からの逸脱が認められるということはなさそうである。裁判所の見解からすれば，交通上の移動が以前よりも容易であると言うこと，これにより，裁判所が他と比べて人口の少ない地域に対し寛大なあつかいをすることがより難しくなっている。平等な価値原則からの逸脱を求める地域尊重主義者の

---

41) 第7章Ⅳで既に述べた 369 US 186 (1962)。
42) リーディングケースとして，*Reynolds* v. *Sims*, 377 US 533 (1964)。

主張に対して，ウォーレン首席判事は，古典的な回答を与えた。「立法府は，樹木や地所の代表者ではなく，人民を代表するものである。立法府は，選挙民によって選ばれるのであって，農場ないし都市あるいは経済上の利益によって選ばれるのではない[43]」と。こうした取り組みに対し，スチュワート判事は，ある事件で反対意見を述べて，多数意見の言うところを論理的に突きつめていけば，立法府は比例代表制で選ばれなければならないと言うことになると述べた[44]。彼の見解からすれば，全体の配分が合理的で均衡が保たれたものであれば，各州は，他の共同体と明確に区別されうる社会的，経済的共同体を代表するような選挙区制を採用する憲法上の資格があると言うことになる。

　フランスの憲法評議会も，各票に等価値を認める原則に傾倒している。1958年憲法第3条に定められた平等選挙は，国民議会の選挙が本質的に人口統計に基づくものであることを求めている。ある一定限度内でのみ，公共の利益を根拠として，選挙法がこの原則から逸脱することが許される。こうした原則に基づき，憲法評議会は，ニューカレドニアにおける，白人ではない人々に明らかに過剰な代表を認め，白人の入植者に不利益をもたらす法を無効と判示した[45]。

　アメリカやフランスで平等価値原則に与えられている優越性が問題とされうるのは明らかである。すでに述べたように，英国では，伝統的に，平等な投票権を行使する個人の権利よりも，共同体の代表性の方が重視されてきた。(スコットランドやウェールズの代表過剰も，イングランドに支配されている中央集権的な英国への併合に対しある程度の代償を与えるものであると言うことを根拠に擁護されてきた。ここで我々の関心を引くのは，1998年スコットランド法が，スコットランドの選挙区の数が削減されるとし，英国の選挙区と同様の基準に基づ

---

43) Ibid., 562.
44) *WMCA* v. *Lomenzo*, 377 US 633 (1964).
45) Decision 85-196 DC of 8 Aug. 1985, Rec. 63 (Favoreu and Philip, 626). 他方，憲法評議会は，平等価値原則からの一定限度内の逸脱を認めて，フランス本土での選挙法案を是認した。Decision 86-208 DC of 1 July 1986, Rec. 78 (Favoreu and Philip, 679).

き計算されると規定していることである。）さらに，たとえ裁判所が平等の権利のような抽象的な原則に基づく選挙制度の形成に消極的であるとしても，それは理解できる。しかし，裁判所が，立法府に対し最終的判断を示す権利を放棄しないと言うこと，この正当性に疑問の余地はない。もし割当てが明らかに不合理なものであれば，もしくは，特定の党派の利益をより重んじて恣意的に選挙区の線引きがなされた場合には，裁判所は干渉すべきである。

3 比例制

　憲法上の諸原則を比例制に近い制度に応用した方が簡単ではないかと言うと，そうでもなさそうである。ドイツは，追加議席制度（Additonal Member System）として知られているものを採用してきた[46]。有権者にはそれぞれ二票が与えらる。一票は特定の議席の候補に，他の一票は政党に投ぜられる。政党は，それぞれ，この第二の選挙のための候補者の一覧表を提示する。連邦議会の議員の半数は，比較的多数得票主義により一人区から選出される。他の半分は，政党が全国で得た投票数に比例して選出される；その人物がすでに比較的多数得票主義の選挙で特定の議席を得ていなければ，政党の候補者一覧の中で最も高い順位にある者から順次立法府の議席を得ることになる。しかしながら，立法府に選出されるためには，政党は，第二の選挙で少なくとも5％の票を得るか，全国で三議席を得ていなければならないと言う最低限度の要件がある。ここで生じる難しい問題の一つは，政党によって作成された一覧表に掲載される候補者の選択と順位付が，憲法の求める直接選挙に違反するのではないかと言うことである。憲法裁判所は，政党およびその候補者に投票するか否かを決定する権利を有権者が保持していると言うことを根拠に，政党の一覧表を合憲とした；しかし，選挙が行われた後で，政党が一覧表に掲載された候補者の順位を（例えば，健康上の理由で辞退した当選候補

---

[46] 初期の事件で，憲法裁判所は，これは選択の問題であって憲法上の義務にかかわる問題ではないと述べた：1 BVerfGE 208, 246 (1952)。欧州人権裁判所は，欧州人権条約の第1議定書第3条は特定の選挙制度を求めるものではないとしてきた：*Mathieu-Mohin* v. *Belgium* (1988) 10 EHRR 1。

者と代えるために)[47] 変えることはできない。

　連邦議会に議席を得るための最低限度の要件が憲法訴訟を引き起こした。おそらく，このような条件を課すことによって，小さな政党が立法府に代表を送り込む機会を不合理な形で害することになり，それぞれの票が平等な価値を持つという原則を犯すことになるであろう。例えば3％か4％しか得られなかった政党へ投票された票は，最高得票制度の場合も同様に言えるかもしれないが，事実上完全に無視されることになる。憲法裁判所はこれが有力な主張であることを認めたが，多くの小さな政党からなる議会では安定した政府を形成することが困難になるかもしれないとう危険性についても触れた[48]。選挙は，有権者の様々に異なった意見を代表すると同時に，政府を選出するために行われるものである。7.5％と言う最低条件は余りに高すぎるとの判断が示されているが，通例，裁判所は，政党が国民全体の投票の5％を得ることを最低限度の基準として求めることには同意してきた。しかしながら，東ドイツを拠点とする政党が抱えることになるであろう困難と言う見地から，再統一後最初の全国家的選挙に際しこの規則を先の政党に適用することは憲法に違反するものであった；こうした状況の下では，先のような政党は，前東ドイツ内部の邦で5％の票を得れば十分であった[49]。

　これらの事件におけるドイツの裁判所の対応は，必要となる妥協案を示すものである。基本法の下，有権者および政党は，平等な選挙に参加する権利を持っている；これは，小政党およびその支持者の利益を尊重すると言う意味を含んでいる。同様に，有権者は，政府および政府を支えるであろう議会を選択するために投票する。憲法はこれら両者の目的に合致するように解釈されなければならないのである。

4　選挙放送

　同様の原則が，今一つの議論の対象となる分野，選挙放送の割当てにもあ

---

47)　7 BVerfGE 77（1957）.
48)　1 BVerfGE 208, 247-8（1952）.
49)　82 BVerfGE 322（1990）.

てはまる。自分たちの主張をテレビ（およびその他のメディア）で表明する公平な機会を与えられない政党は，効果的な選挙運動を展開することができなくなるであろう。このような形での放送等の拒否は，自由で平等な選挙と言う憲法上の要求に反することになろう。しかしながら，他方，報道の自由および放送関係のメディアの自由が危険にさらされる。憲法律上，新聞は特定の政党のために自由に運動を展開することができ，反対党のために紙面をさくよう求められることがないような国家もある。しかし，放送局はより厳しい規制を受けてきた。特に，公的放送局は，各政党を平等に扱い，選挙放送のための時間を割り当てるよう求められている。[50]この分野での英国の慣行は，最近まで，英国らしく非公式のものであった。政党の選挙（および毎年なされる政治的）放送の回数は，主要な政党の代表と二つの放送団体，BBCと独立テレビジョン委員会 (ITC) からなる政党政治放送委員会の同意によって決定されてきた。今日，各政党と協議されるが，民間放送の場合には ITC がこれに対する法的責任を負う。[51]放送は，前の選挙における政党の得票と政党が推薦する候補者の数を基に割り当てられる；少なくとも50人の候補を立てている政党は，5分間放送する「資格」が与えられる。この割当てがしばしば訴訟を引き起こしてきたが，この問題は，国民党が，英国全土で運動を展開している主要政党と同様の放送回数を持つ資格が認められるべきであると主張しているスコットランドやウェールズでは特に難しいものとなっている。[52]

他国であれば，この訴訟は，おそらく憲法問題となっていたであろう。1962年に判決が下されたドイツの主要判例を一つだけ見ておこう。[53]第三政党，自由民主党は，北ライン-ウェストファーレンの公共放送局が，二つの主要政党，キリスト教民主同盟および社会民主党よりも相当少ない放送時間しか同党に割り当てなかった際，同放送局は，全ての政党に対する平等な機会と言う憲

---

50) この問題を比較検討したものとして，E. Barendt, *Broadcasting Law* (Oxford, 1995), ch. VIII参照。
51) 1990年放送法 (Broadcasting Act 1990) 第36条。
52) スコットランド国民党が敗訴した事例を参照：*Wilson* v. *IBA* (*No. 2*), 1988 SLT 276.
53) 14 BVerfGE 121 (1962).

法上の原則を侵害したと主張した。憲法裁判所は，この申立を却下し，放送局が政党の相対的重要性および政党が前の選挙で得た議席を重視することは許されるとした。しかし，放送局は，こうした先の選挙の結果以外の要素も考慮しなければならない。そうでなければ，新しく生まれた政党が必然的に放送手段を奪われることになるからである。小さな政党に対しても，ある程度の放送を認めなければならない。他方，政党が擁立している候補者の数は，あまり重要視すべきではないとされた。なぜなら，この数字は，信頼するに足る政党の力を示すものではないからである。このような必要最小限の制限範囲内で，放送局は，相当の裁量権を享受することができた。そして，憲法裁判所は，その裁量権が行使されてきた方法に憲法上の問題点はないとした。

　この判決は，本章における重要な問題点のいくつかをわかりやすい形で説明している。憲法で政党や選挙に関する事柄をあつかうのは適切なことである。なぜなら，政党や選挙は，立憲民主制の運用に不可欠であり，またこれと結びついた役割を果たしているからである。自由主義的な憲法は，政党の資金および自由かつ平等な選挙の管理にかかわる根本的な問題を無視してはならない。もしこれを無視すれば，憲法によって独裁的な権力を制御することができないであろう。他方，憲法裁判所がなしうるのは，これらの問題に関するおおまかな原則を定めると言うことであって，これ以上のことをするのは通常困難である。裁判官が，立法府や区割委員会および選挙委員会ないしは放送機関が特定の状況の下でこれらの原則を適用する方法を問題としたがらないのも，もっともなことである。個々の票が平等な価値を持つことに関する判決，特にアメリカ最高裁判所の判決は，こうしたためらいを見せなかった例外的なものである；こうした判決は，個々の有権者の平等な権利を尊重したものとして正当化されえよう。

第9章
戦時および緊急事態における憲法

I　一般原則

　本書の主題の一つは，一般的に見て，統治機構の中の各分野間の権力の分立と基本的人権の保障への配慮に現代の自由主義的憲法の特徴があると言うことであった。実際，その背後で政府が欲するところを何事でもなしうるような，せいぜい見せかけの憲法を作っているに過ぎない専制的ないしは全体主義的支配下における憲法と自由主義的な憲法との相違は，こうした面に現れている。しかし，最も啓蒙的な政府でも，通常の規制，とりわけ権力分立および個々人の自由を十分に尊重するための必要性から生じる規制を受けることなく自由に権力を行使しなければならない事態に直面することがある。国家が，他国からの侵略を受けている場合，あるいはテロに直面している場合，自由主義的な憲法は贅沢なものに思えるかもしれない。
　第一次世界大戦および第二次世界大戦の間英国議会がしたように，戦争期間中，政府に特別な権限を与えるのが普通である[1]。テロ，現実に起こっているあるいはその可能性が認められる暴動や破壊活動，極めて重要な公益事業のストライキ，および自然災害，これに対処するためにも，しばしば緊急権

---

1) 本章II参照。

が認められてきた。過去30年間，北アイルランドで続いている紛争に関連するテロに対処するため，英国では多くの成文法が制定されてきた。他方，一般法である1920年緊急事態権限法により，重要な事件のため，その典型的なものとして労使紛争により社会に対し必要不可欠な業務を提供できなくなりそうな場合に，緊急事態を宣言する権限が政府に与えられている。さらに加えて，今日，情報局保安部や情報局秘密情報部が制定法による規制を受けているが，その一方，1985年通信傍受法により，内務大臣には特定の場合に電話を盗聴し郵便物を盗読するための令状を発する権限が与えられている。この最後の分野に関する法は，破壊活動への対処だけではなく，平和な社会でも時々生じる可能性がある一定の凶悪犯罪をも対象としている。それゆえ，これらの法があらゆる状況の下で効力を持ちうることからして，このような法を真の意味で緊急措置としての性格を持つものとは言い難いかもしれない。これらの法は，特定の危機的状況に対処するために制定されたものではない。

　真の緊急事態に関する規定には，二つの主要な特色がある。まず第一に，行政府に対し広範な分野にわたり規制を設ける権限を与えることにより，あるいは，例えば，逮捕，捜索，勾留に関し，通常の状況で許されるよりもはるかに広範な権限を与えることにより，権限を行政府の手中に集中させている。極端な場合には，行政府あるいは軍が，反逆者あるいはテロリストの裁判を行いこれに刑を宣告する特別な裁判所を設置することによって，司法府に取って代わることすら許されることがありうる。論争の的となっている「戒厳令」の原則が憲法律上認められる限り，これは，英国でも許容されうる。これについては本章のIIで論じる。第二に，戦争期間中もしくはその他の緊急事態が生じている場合には，国民の自由の範囲を制限するのが普通である。警察や軍に特別な逮捕および捜索の権限が与えられるだけではなく，政府は，移動の自由を制限し，不信と疑われるような政党や結社を解散させ，さらに，言論や報道の自由を制限する権限すら持ちうる。

　緊急権は濫用される可能性がある。まず第一に，客観的に見ればこのような宣言が認められないような段階で，政府が，緊急事態を布告ないし宣言し

たいとの誘惑に負ける可能性がある。第二に，戦争，あるいはその他の国家の安全や公的秩序に対する危険性がなくなっているのに，人為的に緊急事態が引き延ばされる可能性がある。英国では，過去25年間テロ防止（暫定規定）法が毎年更新されてきたが，ここでは，先のようなことがなされてきたと思われる。この法は，当初，さらなる攻撃がなされるのではないかとの懸念を広めたIRAによるバーミンガムのパブの爆破が原因となって，1974年わずか数時間討議されただけで制定された。第三の危険性は，テロや破壊活動を容赦なく取り締まりたいと願うあまり，政府が国民の自由の行使に過剰な制限を課すであろうと言うことである；さらに，戦時，あるいはその他の緊急事態に際しては，裁判所が通常の場合よりも人権の保護に消極的になる可能性がある。この危険性については，本章のIIIで述べる。

憲法の中には，緊急事態にある期間，政府が単独で活動する自由に制限を課すことによってこの危険性を削減しようとしているものもある。例えば，アメリカ憲法は，侵略あるいは反乱に対処するためにこの極端な手段をとることが公共の安全の上で必要となる場合には，大統領よりも，議会に，人身保護令状を停止させる権限を与えている[2]。大統領は人身保護令状を停止させることができず[3]，軍法会議に戒厳令下の規則に違反したことを根拠として文民を裁く権限を与えることもできない[4]。同様に，1968年，テロ事件に対処するためドイツ基本法が修正された際，政府ではなく連邦議会に緊迫状態の存在を決定する権限が与えられた；この緊迫状態は，広く，武力攻撃あるいはテロリストによる武力侵害のおそれがある状況と定義されている[5]。防衛上より深刻な状態にあるかどうかの決定は，政府の要求に基づき，連邦議会の投票における三分の二の多数決（これには，投票の有無にかかわらず，連邦議会議員の過半数が含まれていなければならない）によってなされる[6]。さらに，憲法裁

---

2) 第I条第9節。
3) *Ex parte Merryman*, 17 Fed. Cases 144 (1861).
4) *Ex parte Milligan*, 4 Wall. (71 US) 2 (1867).
5) 第80a条。
6) 第115a条。連邦の領土が軍隊による攻撃を受けている，ないしはそのような攻撃が差し迫っている場合にのみ，防衛状態が要求されうる。

判所は，防衛状態にある間もその権限を行使することができなければならず，これに支障をきたすようなことがあってはならない[7]。連邦参事院(各邦の政府構成員により構成される議院)の同意を得て，連邦議会がいつ防衛状態が終了したかを決定する。基本法は，いつ緊急権が必要とされる状況に入ったかを決定する権限を立法府に与え，その期間中にとられた措置に対する憲法上の審査を保障している。

1996年の南アフリカ憲法は，行政権の濫用に対して特に強力な予防措置を設けている[8]。第一に，憲法そのものに詳細に規定されたような状況にある場合にのみ，緊急事態は議会の法によって宣言される；戦争，侵略，暴動，無秩序状態，ないしは自然災害によって国民の生存が脅かされている状態でなければならず，秩序の回復のために緊急権を掌握することが必要な場合でなければならない。まず，この宣言（およびその後に制定された法）は，その後，時により更新されうるが21日間しか効力を持たない。憲法裁判所だけではなくどの裁判所も緊急事態宣言および緊急権に基づいて定められた全ての法および行政府のすべての行動の有効性に関する判決を下すことができる。最後に，憲法で保障された人権を緊急立法によって制限しうる範囲に厳しい限界が課せられている。

これとは対照的に，1958年のフランス憲法は，共和国大統領に広範な権限を与えている。「憲法の定める共和国の公権力の正常な機能が阻害される…」ような場合，共和国の組織，国家の独立，および領土の保全に対する重大かつ差し迫った脅威に対処するため適切な処置をとる権限が大統領に与えられている[9]。しかし，この権利が濫用されないようにするため，いくつかの予防措置が設けられている。この特殊な権限を行使するためには，大統領は，事前に首相，議会の両院議長，および憲法評議会に諮問しなければならない。格別の緊急措置がとられる場合にも憲法評議会に諮問しなければならない。1961年春，アルジェリアで軍の反乱が勃発した際，ドゴールは緊急権を行使

---

7) 第115g条。
8) 第37条。
9) 第16条。

する権限を得た；反乱軍の首謀者が，合法的な政府のメンバーを捕虜にし，市民生活を統制しようとしたのである。ここで，憲法評議会は，このような状況からすると，共和国防衛のため大統領が緊急権行使の権限を得るとの見解を明らかにした。しかし，もし憲法評議会があのような見解をとっていなかったなら，憲法上どのようなことになるのか明らかではない。[10] 法律の合憲性に関する憲法評議会の判断とは異なり，こうした場面での憲法評議会の見解は公機関を拘束するものではない。それゆえ，大統領が特殊な権限を得ようとする場合，これに対する憲法上の規制は相対的に弱いものである。さらに，緊急事態の期限に対する制限はない；わずか数週間で危機が収まったにもかかわらずドゴールの緊急措置は五ヶ月続いた。しかしながら，憲法16条は，その期間国民議会は開催されると規定しており，これは，少なくとも不適切な緊急事態の延長は政治的批判を受けることを意味している。

英国には，緊急権の掌握ないしは行使に対する憲法上の制限に相当するものはない。議会は，戦時，緊急事態にある期間，もしくは実際の所いつでも，法律上自由に行政府に対し無制限な権限を与えることができる。行政府は常に，たとえ貴族院はそうではなくても庶民院を支配している。それゆえ，事実上，行政府は自由に無制限な緊急権を掌握することができるのである。その上，行政府に特別な権限が与えられるべき戦時および国家的緊急事態と，このような権限の授与がさほど適切でないその他の時期とが憲法上明確に区別されていない。

実際，緊急権の無制限な延長に対して何の歯止めもないこと，ここに，緊急権と言う面から見た英国の憲法律の持つ欠陥の一面が見てとれる。第二次世界大戦中に政府が掌握した緊急権の多くが，1945年以降何年間も維持され，あるいは更新された。すでに述べたように，1974年にはじめて制定されたテロ防止（暫定規定）法は，毎年更新され，憲法上永続的な性格を持ったものとなってきている。なるほど，政府は，このテロに関する法律を独立した立場で審査するよう何度も勧めてきた。しかし，この法律を継続させるべき

---

10) Opinion of 23 Apr. 1961, 1961 Rec. 69 (Favoreu and Philip, 126).

だと言う要求をなすかどうかを最終的に決定する権限を持っているのは政府である。さらに，緊急措置に関する法を制定するための特別な憲法上の手続はなく，このテロに関連する法律は単純多数決で更新される。緊急状態を延長するためには議会議員の特定多数決による賛同を得なければならないとしている 1996 年の南アフリカ憲法の規定に相当するような規定はない[11]。

英国政府の自由に法的制限を課しているのは，欧州人権条約 (ECHR) のみである。ECHR 第 15 条 (1) は，次のように定めている。

戦時および国民の生命を脅かしている公的緊急事態に際しては，当該措置が，国際法に基づくその他の義務に違反しない限り，厳にかかる危機的状況に際し必要とされる範囲内で，いずれの国家も，本条約により課せられた義務を離脱する措置をとりうるものとする。

本章のIIIで説明するように，国家は，拷問を受けない権利のような，ECHR で保障された最も基本的な権利を擁護する義務に反する行為をなすことはできない。その他の権利を擁護することができない場合には，国家は，欧州評議会に，とられた措置とその理由を届け出なければならない[12]。

欧州人権裁判所には，事実関係からして国家が義務から離脱する正当性があったかどうか，さらに，国家によってとられた特定の措置がその緊急性からして必要なものであったかどうかを独自に審査する用意がある。主要な判例において，同裁判所は，「公的緊急事態」と言う言葉は，組織的な生活を脅かすにいたる，全住民に影響をおよぼすような例外的な危機を言うと判示した[13]。しかし，同裁判所には，国家が緊急事態を宣言し，それに対応するための措置をとった場合，国家に広範な「判断上の許容範囲」を認める用意がある。例えば，*Brannigan* v. *United Kingdom*[14]において，同裁判所は，勾留

---

11) 第 37 条。二回目およびそれ以上の緊急事態の延長には三ヶ月毎に議会議員の 60% の同意を得なければならない。
12) ECHR, 第 15 条 (3)。
13) *Lawless* v. *Ireland* (*No. 3*) (1961) 1 EHRR 15.
14) (1994) 17 EHRR 539.

中の容疑者を「即座に」司法官権の下に移送しなければならないとするECHR第5条に基づく義務に英国が違反したとする申立を却下した。テロ防止法に基づき，国務大臣は，テロリストとしての容疑がかけられている者を七日間勾留する権限を持つが，同裁判所は，以前，この権限は第5条により課せられた義務に違反すると判示していた[15]。そうした判断が示されていたが，これに対し，英国政府は，この義務から離脱したのである；このテロ防止法における勾留規定は，北アイルランドにおける危険な状況からして必要であると主張し，これが認められた。

このような場面では同条約の効力に関し疑問が持たれるが，これによって，英国の憲法律に一つの教訓が与えられる。少なくとも理論上，もし，欧州人権裁判所が，基本的権利を擁護する義務から離脱することが正当化されるような緊急事態が存在するかどうかを自ら進んで独自に審査しようと言うのであれば，明らかに，英国の（およびその他の国家の）裁判所も，同様に，これに関連する政府の決定を問題にする心づもりをしておかなければならないと言うことである。実際，これらの裁判所は，超国家的裁判所ほどに干渉をためらうべきではないのである。欧州人権裁判所とは異なり，これらの裁判所は，真の緊急事態に対処するために善意で特別な権限が得られたのかどうか，および，対応するためにとられた措置が適切であったかどうかを判断するのに比較的有利な立場にある。原則として，裁判官は，例えば，国家的安全あるいはテロのため緊急権の行使は当然であるといった行政府の言葉を単純に受け入れるべきではない。さもなければ，立憲的な政府がいとも簡単に堕落して専断的支配を行うようになるかも知れない。

II 戒厳令および緊急事態法

緊急権の最も極端な形態は，軍の司令官が整然とした公共の秩序を回復す

---

15) *Brogan* v. *UK* (1988) 11 EHRR 117.

るために市民生活を統制しこれに制限を加える軍による統治である。この場合，司令官は，裁判を行い，暴動その他の犯罪で有罪とされた者を処刑するということまでなしうる；ここでは，たとえ普通裁判所が開かれていても，裁判所は軍の権限の行使に統制を加えようとはしない。このような状態が「戒厳令」として知られているものである。(戒厳令は，あらゆる状況の下で軍隊の構成員に適用され，軍法会議で強行される一群の軍法と区別されなければならない。)本来の意味での戒厳令は，チャールズ一世がしぶしぶ同意した1628年の権利請願によって禁止されてきたように思われる。しかし，この権利請願が，平時の戒厳令のみを違法としたのか，戦争およびその他の危険な騒乱状態にある時でも戒厳令の布告を認めないのか，明らかではない。[16] ともかく，17世紀初頭以後，英国で戒厳令を宣言した軍の司令官はいないし，過去30年間，北アイルランドの紛争に際しても戒厳令が宣言されることはなかった。

　南アフリカのボアー戦争および1920-1年のアイルランドにおける暴動の鎮圧に際して提起された事件で，憲法上不明確であった戒厳令が明確なものとなった。[17] 通常，こうした事件は，戒厳令が宣言された後に設置された軍法会議によって死刑を宣告され収監されている文民の釈放を通常裁判所に申し立てる場合に生じるものであった。こうした事件により，戦争状態が存在するか否かを判断するのは裁判所自身であることが知れる。軍の司令官は，戒厳令を宣告するだけでは，戒厳令下の状態におくことはできないのである。一方，裁判所が戦争状態にあると言うことを認めると，緊急事態が継続している期間裁判所は軍に干渉しようとはしない。軍の機関が，普通裁判所の干渉を受けることなく死刑を宣告することすらできるのである。しかし，戦争終結後，軍の機関が公共の秩序を回復するために合理的に見て必要な範囲を逸脱していた場合には，軍の構成員に対して刑事あるいは民事上の責任を問うことができる。現実には，議会は，通常，軍によってなされた行為を遡及

---

16) ダイシーは，英国法にはこのような言葉見られないとして，これを誇りにしている：Dicey, 287 参照。
17) 特に，*Ex parte Marais* [1902] AC 109 ; *R* v. *Allen* [1921] 2 Irish Reports 241 参照。

的に有効なものとするような損害賠償法を制定してきた。こうした事例に基づけば,「力に対しては力で対抗すると言う通常のコモン・ローの権限を拡大したもの[18]」が戒厳令であると見なすのが,最も適切な考え方である。

今日英国で戒厳令が主要な憲法上の問題とならないのは,議会が,戦時に必要とされる包括的権限を行政府および軍に与える緊急事態法を制定しているからである。理論的にはそのようなことが可能であっても,戒厳状態を宣言する必要がないのである[19]。特別な権限を認めた法の方がはるかに有効な手段となる。戒厳令とは異なり,これによって行政府に明確な権限が与えられる。さらに重要なのは,議会至高性の原則の下,通常の国民の自由に制限を加えるために用いられる権限を含む特殊な権限を行政府に与えることが適切であるとの立法府の基本的な決定を,裁判所が進んで問題視しようとはしないと言うことである。

第一次および第二次世界大戦の両者に際し,国民の自由の制限にまでおよぶ行政上の決定をなすとともに一般的諸規則をも制定すると言う,緊急事態に対処するための広範な権限が行政府に与えられた。1914年統合国土防衛法により,公共の安全を確保するための規則を制定し,これらの規則に違反する犯罪を犯した文民を軍法会議で裁くことを認める権限が政府に与えられた。勾留および抑留を認めるような規則を制定する明確な権限は認められていなかった。しかしながら,*Ex parte Zadig* 事件において,貴族院の多数意見は,先の法律により与えられた権限は,敵国生まれあるいは敵国の団体の者であると言う点を考慮して内務大臣が必要と思われる人物を勾留することができるとする規則の制定を認めるに足るほどに広範なものであると判示した[20]。ショー卿はこれに激しく反論した。彼は,同法に対する多数派の解釈

---

18) R. F. V. Heuston, *Essays in Constitutional Law* (2 nd edn., London, 1964), 159 参照。
19) 戒厳令は国王大権に基づいて宣言されるものではない。それゆえ,これを宣言する権限は,同様の権限を与える法律の制定によっても廃止されないであろう。第6章IIの4参照。
20) *R* v. *Halliday, ex parte Zadig* [1917] AC 260. 大法官フィンレー卿が同院の議長を務めたが,これは明らかに司法権の分離に反する:第7章II参照。

によれば，緊急事態における自らの統制権を行使することによって，政府は，事実上，国民の自由を完全に無視することができるような権限を持つことになると論じた。例えば，公共の安全を確保するために必要であると言うことを根拠にして，全てのローマカトリックの信者あるいはユダヤ教徒を勾留する権限を与えるような規則が制定されうるであろう。これに答えて，多数派の一人ダニーディン卿が，憲法からして，事実上，議会は行政府に対してこのような絶対的権限を賦与する自由を有していると指摘した。

　第二次世界大戦の勃発に際し制定された緊急事態法は，どちらかと言えば，より広範な範囲におよぶものであった。1939年緊急事態権限(防衛)法は，明確に，一定の状況の下，裁判を経ずに人身を拘束する権限を内務大臣に与えるような規則の制定を認めていた。[21] 大蔵省には，防衛規則により認められた要綱に関連する負担金を徴収する権限が与えられた。これは，立法府のみが課税権を持つと定めた1689年権利章典の規定に反するものである。[22]

　1939年の法律では，同制定法上の権限は，国王大権に取って代わることを目的とするものではなく，大権に加えられるものであるとも規定されていた。実際，危機的緊急事態に対処するため，さらに言えば，危機的緊急事態にはいたらない社会的混乱に対処するため，いかなる大権を国王が行使しうるか公式には明確にされていなかった。しかし，*Northumbria Police* 事件[23]に際しての近年の控訴院判決で，単に緊急事態にある期間だけではなく，常時，公共の秩序を維持するための処置を講じる広範な大権が存すると認められた。その上で，同裁判所は，内務大臣が，現地の警察委員会 (police authority) の希望とは無関係に，地方の警察がプラスティック弾や催涙ガスを使用することができるようにしても，それは合法であると判示した。この判決により，英国では，純粋な緊急事態期間中に行政府が享受しうる権限と，通常の状況の下で行政府が享受しうる権限との間に明確な境界線がないと言うことが証明された。議会が，好きな時にいつでも(欧州人権条約に基づき課せられた制限

---

21) この権限についてより詳しくは本章のⅢ参照。
22) Emergency Powers (Defence) Act 1939, s. 2 (1).
23) *R* v. *Home Secretary, ex parte Northumbria Police Authority* [1989] QB 26.

に服するが)非常事態法を制定しうると同様,実際に緊急事態が発生しているか,あるいは発生すると危惧される状況にあるかとは無関係に,治安を維持するための措置をとる広範な大権が存すると控訴院は認めたのである。

1920年緊急事態権限法およびその他種々の法令により,戦時および暴動発生時以外の緊急事態に関する定めがなされている[24]。1920年の法律の下,食料,水,燃料,ないし照明の供給を妨害する,あるいは,輸送機関の運行を妨害することにより,社会から生活に不可欠な物を奪い去るような事件が起こっている,もしくは起こる可能性があると考える場合には,国王,実際には政府が,非常事態を宣言することができる。これは,議会に通告されなければならない。もし議会が開会されていなければ,議会は五日以内に開会されなければならない。政府は,社会が生活必需品を確保することができるようにするための規則を設ける広範な権限を持つ。しかし,こうした規則も,議会の両院がこれを認める決議をしなければ効力を失う。さらに,この宣言は,一ヶ月以上効力を持たない。この法律は,もともと生活に必要な物資を供給する公益事業のストライキに対処するために,無制限ではないが包括的な権限を政府に与えるために制定されたものである;今日では,自然災害や社会生活に重大な混乱をもたらすおそれのあるその他の出来事もその対象に含まれている。

重大な労使紛争および自然災害に際して政府に広範な緊急権を与えるこの法律およびその他の法令により,関連する二つの憲法律上の問題が浮上してくる。まず,この法律によって,議会が統制権の行使を規制し,間接的に非常事態を宣言するないしは非常事態宣言を継続するとの決定を規制することができるが,これは実効性を持たないと言うことである。政府は常に,庶民院内における政府の支持者に対して政府の行動に賛同するよう説得することができるであろうと言うこと,これがその主たる理由である。それゆえ,政府による,平時における緊急権の濫用に対する唯一の重要な安全保護装置として残されるのは裁判所のみである。このような緊急権濫用の危険性が無視

---

24) Bradley and Ewing, 677-9 ; G. S. Morris, 'The Emergency Powers Act 1920' [1979] *Pub. Law* 317.

されてはならない。例えば，政府は，只々ストライキを粉砕するために1920年の法律に基づく政府の緊急権に訴えたいとの誘惑にかられるかもしれない。ところが，*Ex parte Zading* 事件における貴族院の判決，および本章のIIIで論じるその他の判決を見れば，裁判所が，緊急権の行使に関する審査にいかに消極的であるかが分かる。裁判所のこのような消極的な態度は，しばしば，政府は議会に責任を負うと言う主張により正当化されている；裁判所が，議会の両院の賛同を得た規制を審査するのは不適切であろうと言われている。しかし，こうした主張は，他の場合と同様，緊急事態にある期間でも説得力を持つとは言えない。実際，これは，行政府に対する一切の規制を放棄すると言うことにつながるのである。

III 緊急事態における国民の自由

　欧州人権条約は，戦時および社会全体が緊急事態にある場合には，各国家は条約上の権利を尊重する義務に反する行為をなす自由を持つと認めている。しかし，こうした自由も制限を受ける。まず，国家は，これらの権利のうち最も基本的な権利を尊重する義務を免れることはできない；生命に対する権利（戦争における合法的な行為により生じた死亡に関するものを除く），拷問を受けない権利や非人間的な扱いを受けない権利，奴隷状態にされない権利がこれに当たる。国家は，緊急事態を口実にして，遡及的効力を持つ刑法を制定することもできない。第二に，国家が基本的な権利ほどに重要ではない権利を尊重する義務に反し取りうる措置は，当該緊急事態のため厳に必要とされるものに限定される。無差別に，例えば，表現の自由や，結社の自由，あるいは専断的逮捕や勾留に対する人身の自由のような権利を侵害することはできない。さらに，欧州人権裁判所は，緊急事態に関連して，何が適切な措置であるかを決定する広範な裁量の余地を国家に与えつつも，義務を離脱した措置が真に必要とされるものであったかどうかを審査する。同条約の下で戒厳令が認められる余地が無いことは明らかである。なぜなら，戒厳令の

下では，戦争期間中，司法府の統制を受けることなく軍が略式裁判により文民を処刑することが許されるからである。

英国の裁判所は，通常，国民の自由が問題とされている場合でも，緊急事態にある場合には行政府の判断に従ってきた。第一次世界大戦下での *Ex parte Zadig* 事件における判決については既に述べたが，ここで，貴族院は，内務大臣は敵国団体の者と思われる人物を強制収容しうるとした規則を是認したのである。これらの基本的な権利を制限する規則の制定が法律によって明確に認められていなければ，人身の自由や移動の自由が保護されなければならないとの見解をとったのはショー卿のみであった。悪評をはせた第二次大戦下の事件，*Liversidge* v. *Anderson*[25]でも，貴族院は，同じように行政府の見解を受け入れる姿勢を見せた。防衛規則の下，内務大臣に，敵対的である，あるいは公共の安全を害する行為に参加すると「信じるに足る正当な理由」がある人物を勾留する権限が与えられた。内務大臣は，毎月議会に対して勾留された人物の数を報告するよう求められていると言う事実にかんがみて，貴族院の多数派は，内務大臣の信じたところに「正当な理由」があるかどうかを判断するのは内務大臣自身であると判示した；言葉を換えて言えば，大臣が勾留に関する彼の権限を行使すべき「正当な理由」に相当する何らかの根拠があったかどうかを裁判所は判断しないと言うことである。これに対し，アトキン卿は，雄弁に反対意見を述べ，個々人の自由を保護すべき裁判所の任務が放棄されており，かつその文言により明確にされている防衛規則の意味が曲解されているとして反対した。

テロリズムと闘い北アイルランドの秩序を維持するために制定された緊急事態法は，英国で伝統的に享受されてきた多くの国民の自由の行使を抑圧してきた。[26]例えば，1989年テロ防止(暫定規定)法は，指定されたテロリストの組織を禁止し，国務大臣から見て北アイルランドのテロを助長するようなそ

---

25) [1942] AC 206.
26) C. Gearty, 'Political Violence and Civil Liberties', in C. McCrudden and G. Chambers (eds.), *Individual Rights and the Law in Britain* (Oxford, 1994), 145； Bradley and Ewing, ch. 25 参照。

の他の組織を禁止する権限を国務大臣に与え，結社の自由を制限している。英国内における移動の自由は，テロ防止のため追放令を発する国務大臣の権限により制限される；こうした命令は，一定の人物が英国内に入ることもしくは滞在すること，ないしは北アイルランドに入ることもしくは滞在することを阻止するために発せられる。国務大臣は，この法律に基づき逮捕された人物を最長一週間勾留することができる。これに比して，英国およびウェールズにおける勾留権を規制している一般法，1984年警察及び刑事証拠法（PACE）によって認められる最長の勾留期間は96時間である。また，PACEに基づく36時間を超える被疑者の勾留は治安判事の承認を得なければならないが，テロリストとしての容疑をかけられた者の勾留には独立した司法府による審査はない。欧州人権裁判所は，勾留に関するこの権限は勾留された人物を「直ちに」裁判官もしくはその他の司法権を行使する官権に移送すべきであるとする欧州人権条約の定めるところに違反すると判示していたが[27]，その後も，英国は，最長一週間と言う勾留権を維持するため，この義務を免れた[28]。

　北アイルランドにのみ適用されるその他の法律により，様々な犯罪に対する陪審員による裁判は廃止され，警察および軍隊に広範な逮捕権が与えられ，また，この法律にはテロリストおよびテロリストであるとの疑いが持たれる者の強制収容制度を導入する権限が含まれている[29]。この法律の定めるところにより，英国の他の地域で見られた制限よりもはるかに大きな制限が国民の自由に課されている。例えば，軍隊は，警察官に義務として課される逮捕の理由を告知する通常の義務に従う必要はない；兵士は，軍の構成員として行動していると告げるだけでよい[30]。(北アイルランド以外では，兵士は，全ての国民が持つ逮捕権以上の特殊な逮捕権を持たない。) もう一つ例をあげれば，放送法により内務大臣に与えられた権限に基づき，1988年から1994年まで，内務大臣

---

27) *Brogan* v. *UK* (1989) 11 EHRR 117.
28) 本章 I 参照。
29) 1996年北アイルランド（緊急事態規定）法。この法律が最初に制定されたのは1973年であり，その後25年間様々な機会に修正されてきた。
30) 1996年北アイルランド（緊急事態規定）法第19条（2）。

は，シンフェイン党を含む，北アイルランドの様々な政治団体の構成員や後援者とのインタビューのラジオ放送，およびテレビ放送を禁止した。この禁止は，表現の自由に干渉するものである。

北アイルランド紛争が続いている期間，裁判所は，おおむね，国民の自由に課せられた制限の合法性を認めてきた。放送の禁止も，内務大臣の正当な権限の行使として認められた；当時，欧州人権条約が英国法に組み込まれていなかったため，貴族院は欧州人権条約により保障された表現の自由に反するか否かの審査を拒否した。[31] ウェストミンスター議会による北アイルランドの直接統治以前に判決が下された事件で，貴族院の多数意見は，共和党員クラブないし「呼称がどのようなものであれ，これに類する組織」の構成員になることを犯罪とした北アイルランド担当大臣の定めた規則を是認した。[32] この規則は，明らかに結社の自由を制限するものであり，その適用範囲が極端に不明確なものであったが，多数意見は，平穏を維持するため規則を定めることができるとする制定法上の権限に基づき，同大臣は合法的にこの規則を定めることができるとした。また別の事件では，貴族院は，通常の状況にある警察官とは異なり，軍の士官には最初の検束の際に家の居住者に対し逮捕する旨知らせる義務はないとして，軍の士官の逮捕権の範囲を広く解した。[33]

しかし，こうした状況の下での行政府の主張を認めていると言う点で英国の裁判所は特殊な存在であることを示していると解するなら，それは間違いであろう。他国の憲法裁判所も，時として，緊急事態あるいはテロ行為が見られる段階にある場合には，その期間，国民に十分な自由を与えることに同様のためらいを見せてきた。[34] *Korematsu* 事件において，[35] アメリカ最高裁判所の多数意見は，そこから強制収容所へ移動させられるであろう管理局への出頭を怠った日系アメリカ国民に対する有罪判決を是認した。通常の状態であ

---

31) *R* v. *Home Secretary, ex parte Brind* [1991] 1 AC 696：前掲第2章Ⅴ参照。
32) *McEldowney* v. *Forde* [1971] AC 632.
33) *Murray* v. *Ministry of Defence* [1988] 1 WLR 692.
34) G. J. Alexander, 'The Illusory Protection of Human Rights by National Courts during Periods of Emergency' (1984) 5 *Human Rights Law Jo*. 1.
35) *Korematsu* v. *US*, 323 US 214 (1944).

れば，最高裁は，同強制収容命令を，修正第14条の，人種，国籍，ないしは血統を根拠とする差別禁止に違反する違憲の行為と見なしていたであろう。この行為は，明らかに，この人々の戦争に対する態度がどのようなものであれ，また，彼等が公共の安全に危険をもたらすか否かにかかわらず，強制収容するために日系人を選び出したものであった。しかし，最高裁は，コレマツは血統を根拠に拘束されたのではなく，制定法に基づき行動している軍当局が，アメリカ西海岸への侵攻を恐れ，強制収容が安全策として適切であると考えたから拘束されたと言う見解をとった。フランスでは，憲法評議会は，テロ犯罪に対しては陪審員制度はとられず，多数決で判決を下す7人の裁判官によって裁判が行われると定めた刑法上の規定を合憲とした。[36] 憲法評議会は，法廷における判事が公平なものである限り，適正手続の要件は満たされていると指摘した。

　戦争あるいは緊急事態にある間，裁判所が慎重になるにはそれなりに正当な理由がある。裁判官にとって，例えば，緊急事態を宣言しなければならないとの判断あるいは警察や軍の個々の判断の合理性を問題にするのは，困難を伴うものである。裁判所が情報を十分に得ることができないその責任は行政府にあるのかもしれないが，裁判所は，行政府が持っているような情報を持っていない。極端な状況の下では，もし，裁判所が，現時の国家的危機や戦争のための努力以上に国民の自由の保護を配慮したように見える判断を示すことによって政府や国民の信頼を失えば，裁判所自体の存続が危うくなるとすら裁判所は考えるかもしれない。さらに，事件を裁判所に持ち込むのに時間がかかり，裁判所が関与しても遅すぎると言うこともありうる；第二次世界大戦中に起きたアメリカのある事件では，裁判所は，違法に強制収容されてから二年半後に日系女性を解放した。[37]

　また，憲法裁判所が，行政府ないしは軍の行動が合法的なものであったと判断すれば，その判決の結果，緊急事態にある間国民の自由を抑圧しても良いというお墨付きを与えることになるかもしれない。ジャクソン判事は，

---

36) Decision 86-213 of 3 Sept. 1986, Rec. 122.
37) *Ex parte Endo*, 323 US, 283 (1944).

Korematsu 事件に際しての反対意見の中でこの点を指摘した；この事件で人種差別を合法化することによって，戦争終了後の法の展開に影響をおよぼすような先例を生み出すことになるであろう危険性を多数意見は孕んでいると言う点を彼は指摘したのである。(幸いにもこのようなことは起こらなかった。おおむね，裁判所は，平時には，政府の行為に対しより批判的な態度で審査する用意がある。)ジャクソン判事が反対意見で言わんとしたのは，裁判所は，第7章で見た「政治的問題」論のような原則を援用し，戦時および極端な緊急事態に際しては行政府の行為に対する不服申立の審理を拒否した方が賢明であるということであろう。軍の行為に干渉する司法上の権限を裁判所は持たないと判示することによって，少なくとも国民の自由の抑圧を合法化すると言う危険は回避しうる。

　しかしながら，このような方策をとれば司法府の責任放棄と言うことになろう。裁判所は，緊急事態時に必要となる強力な行政府と，可能な限り国民の自由を保護するという自らの責任との間のバランスを取らなければならない。裁判官が，緊急事態に際しては，通常の状態にある時より広範な裁量権を政府に認めるのは正しいことである；同様に，裁判所は，通常，行政府に対し，自らの行動を正当化する証拠ないし理由を提示するよう求めるべきである。二つの世界戦争およびアイルランド紛争，この間の貴族院判決に見られたような，行政府の行為に全面的に服従するような態度を認めることはできない。われわれは，第二次世界大戦下での事件に際し，アメリカ最高裁の判事が述べた言葉を想起すべきである。「太古の昔から，暴君は，不必要に人権を廃棄するための口実として，公共の福祉に対する真の危機ないしは想像上の危機を利用してきた」[38]，これである。裁判所が国民の自由を守るという自らの義務を放棄しなければならない程に重大な国家的危機は存在しない。

---

38) *Duncan* v. *Kahanumuku*, 327 US 304, 330 (1945) におけるマーフィー判事の見解。

主要文献

一般的著作

英　国

学生諸君には，次の二つの古典的著作の中の何章かを読まれるように勧める。A. V. Dicey, *Introduction to the Study of the Law of the Constitution* (10 th edn., London, 1961) および Sir Ivor Jennings, *The Law and the Constitution* (5 th edn., London, 1959) の二冊である。W. Bagehot, *The English Constitution* (Fontana edn. with Introd. by R. H. S. Crossman, London, 1963) は，今日でもなお政治的見地から見た優れた憲法の入門書である。また，S. de Smith and R. Brazier, *Constitutional and Administrative Law* (7 th edn., London, 1994) および A. W. Bradley and K. D. Ewing, *Constitutional and Administrative Law* (12 th edn., London, 1997) 等，多くの良い教科書が出版されている。

The Changing Constitution, ed. by J. Jowell and D. Oliver (3 rd. edn., Oxford, 1994)は，我々の向学心をそそる論文集である。Lord Nolan and Sir Stephen Sedley によるラディクリフ講座 *The Making and Remaking of the British Constitution* (London, 1997) も勧めたい。G. Marshall, *Constitutional Theory* (Oxford, 1971) および T. R. S. Allan, *Law, Liberty, and Justice* (Oxford, 1993) は，憲法の基礎をなす諸原則を考察したものである。この二冊とも，意欲的に学ぼうとする学生にとっては有益なものとなろう。

フランス

J. Bell, *French Constitutional Law* (Oxford, 1992) は，フランス憲法の明解な解説書であり，これには，英訳された憲法評議会の判決がいくつか抜粋されている。L. Favoreu and L. Philip, *Les grandes décisions du Conseil constitutionnel* (7 th edn., Paris, 1993) には，多くの主要な判決が掲載されており，それらの判決の意義が十分に論じられている。

ドイツ

ドイツの憲法律に関する英語の著書で最も良いのが D. P. Currie, *The Constitution of the Federal Republic of Germany* (Chicago, Ill., 1994) である。D. P. Kommers, *The Constitutional Jurisprudence of the Federal Republic of Germany* (Durham and London, 1989) には、憲法裁判所の英語訳された多くの判例とこれに関する有益な解説が掲載されている。同裁判所の二人の構成員、D. Grimm および P. Kirchhof により編集された二巻からなる判例集、*Entscheidungen des Bundesverfassungsgerichts* (Tübingen, 1993) がある。

アメリカ

奇妙なことに、アメリカ憲法の簡単な入門書で良いものはない。古いものではあるが、R. G. McLoskey, *The American Supreme Court* (Chicago, Ill., 1960) は、裁判所の歴史に関する古典的な著作である。A. M. Bickel, *The Least Dangerous Branch* (Indianapolis, Ind., 1962) および S. M. Griffin, *American Constitutionalism* (Princeton, NJ, 1996) では、他の論点とともに、民主的政府に固執しつつ司法審査制と調和を保っていくことができるかどうかが論じられている。

比較論的著書

ここでは、三冊の著書をあげておかなければなるまい。K. C. Wheare, *Modern Constitutions* (Oxford, 1966)、ならびに R. C. van Caenegem, *An Historical Introduction to Western Constitutional Law* (Cambridge, 1995)、および S. E. Finer, V. Bogdanor, and B. Rudden, *Comparing Constitutions* (Oxford, 1995) の三冊である。最後に名前をあげた著書には、欧州人権条約および欧州共同体/連合条約から抜粋したものとならんで、アメリカ、ドイツ、フランス、およびロシアの憲法が付されている。

特定の問題点に関する著作

立憲主義

C. H. McIlwain, *Constitutionalism : Ancient and Modern* (New York, 1947) は，立憲主義の歴史に関する優れた入門書である。G. Sartori,'Constitutionalism : A Preliminary Discussion' (1962) 56 *American Political Science Rev.* 853 は立憲主義の意義を考察したものである。

権力分立

最も優れた比較論的研究は，M. J. C. Vile, *Constitutionalism and the Separation of Powers* (Oxford, 1967) である。M. P. Sharp,'The Classical American Doctorine of Separation of Powers' (1935) 2 *U Chicago L Rev.* 385 は，アメリカにおける原則について論じている。P. L. Strauss,'The Place of Agencies in Government : Separation of Powers and the Fourth Branch' (1984) 84 *Columbia Law Rev.* 573 は，現代的な統治機構と関連させつつ分立原則を再度解釈しなおしたものである。権力分立の意義を近年評価したものとして，E. M. Barendt,'Separation of Powers and Constitutional Government' [1995] *Public Law* 599 を参照されたい。

連邦主義

K. C. Wheare, *Federal Government* (3 rd edn., Oxford, 1953) および G. Sawyer, *Modern Federalism* (Carlton, Victoria, 1976) は，様々の連邦主義を概観した重要な著作である。欧州共同体の検討に関連性を持つ議論については，K. Lenaerts, 'Constitutionalism and the Many Faces of Federalism' (1990) 38 *American Jo. of Comp. Law* 205 を参照されたい。アメリカの連邦制については，A. R. Amar, 'Of Sovereignty and Federalism' (1987) 96 *Yale LJ* 1425 を，また，比較論的なものとしては，J. E. Finn,'Federalism in Perpetuity : West German and United States Federalism in Comparative Perspective' (1989) 22 *New York Univ. Jo. of International Law and Politics* 1 を参照されたい。

欧州連合の憲法

欧州連合の基本となるものを扱った教科書のほとんどが，何章かをこの問題にあてている。J. H. Weiler による論文, 'The Transformation of Europe' (1991) 100 *Yale LJ* 2403 は, 欧州共同体の憲法上の発展を考察したものの中で最も洞察力に富むものである。以下の著書も推薦しておきたい。T. C. Hartley,'Federalism, Courts, and Legal Systems : The Emerging Constitution of the European Community' (1986) 34 *American Jo. of Comp. Law* 229 ; G. F. Mancini and D. T. Keeling, 'Democracy and the European Court of Justice' (1994) 57 *MLR* 175 ; B. De Witte, 'Sovereignty and European Integration : The Weight of Legal Tradition' (1995) 2 *Maastricht Jo. of European and Comp. Law* 145 である。

議会立法の至高性

H. W. R. Wade,'The Legal Basis of Sovereignty' [1955] *CLJ* 172 は, ダイシーの原則を擁護する古典的な論文である。これに対して, R. F. V. Heuston が, 彼の *Essays in Constitutional Law* (2 nd, edn., London, 1964) 所収の'Sovereignty' で雄弁に答えている。N. MacCormick,'Does the United Kingdom have a Constitution? Reflections on *MacCormick* v. *Lord Advocate*' (1978) 29 *Northern Ireland LQ* 1 は興味深いものである。P. P. Craig,'Sovereignty of the United Kingdom Parliament after *Factortame*' (1991) 11 *Yearbook of European Law* 221 では, この原則に対する共同体法の影響が論じられている。

国王, 行政府および憲法習律

この複雑な問題に関しては, R. Brazier の *Ministers of the Crown* (Oxford, 1997) および *Constitutional Practice* (2 nd edn., Oxford, 1994) が極めて有益である。V. Bogdanor, *The Monarchy and the Constitution* (Oxford, 1995) は, 君主の憲法上の役割について新たな見解を示している。G. Marshall, *Constitutional Conventions* (Oxford, 1984) は, この問題に関する最も重要な著作である。C. R. Munro,'Laws and Conventions Distinguished' (1975) 91 *LQR* 218 もあわせ参照されたい。

裁判所

J. A. G. Griffith, *The Politics of the Judiciary* (5 th edn., London, 1997) は，裁判所が保守的な立場をとり国民の自由の擁護に消極的であるとして，英国の司法府に対して批判的である。S. Shetreet, *Judges on Trial : A Study in the Appointment and Accountability of the English Judiciary* (Amsterdam, 1976) および R. Stevens, *The Independence of the Judiciary* (Oxford, 1993) は，英国の裁判所をまた別の視点から考察している。W. E. Leuchtenburg, *The Supreme Court Reborn* (New York, 1995) の第4章および第5章は，最高裁を抱き込もうとしたルーズベルト大統領の計画について論じている。

政　党

K. D. Ewing, *The Funding of Political Parties in Britain* (Cambridge, 1987) は，英国関連の権威のある著作である。比較論的な研究としては，G. Casper,'*Williams* v. *Rhodes* and Public Financing of Political Parties Under the American and German Constitutions' [1969] *Supreme Court Rev.* 271 および S. G. Calabresi, 'Political Parties as Mediating Institutions', (1994) 61 *U Chicago L Rev.* 1471 を参照されたい。

戦時および緊急事態における憲法

M. P. Boyle,'Emergency Situations and the Protection of Human Rights : A Model Derogation Provision for a Northern Ireland Bill of Rights' (1977) 28 *Northern Ireland LQ* 160 では，憲法上の問題に関し広範な議論が展開されている。比較論的に概観したものとしては，G. J. Alexander,'The Illusory Protection of Human Rights by National Courts during Periods of Emergency' (1984) 5 *Human Rights Law Jo.* 1 を参照されたい。

訳者あとがき

　本書のタイトルは，原文では *An Introduction to Constitutional Law* であり，本来であれば「憲法入門」と訳すべきであろう。そしてまた，確かに，本書では，比較憲法学的な手法を援用しつつ，広く憲法を学ぶ上で必要不可欠と思われる基礎的事項が平易に述べられている。そうした点を重視すれば，「憲法入門」と言うタイトルが本書にふさわしいものと思われる。

　しかし，「本書は，英国憲法の持つ諸原則を批判的かつ比較論的な見地から考察しようとするものである」，「本書は，主として，英国の憲法の一般原則に論評を加えることを目的としたものである」と言う著者の序文に見られるように，本書は，基本的には英国憲法の理解を目的としたものである。そこで，日本語訳のタイトルとして，先のような著者の意向を考慮し，「英国憲法入門」と言うタイトルを付すことにした。

　周知のごとく，英国憲法に関しては，すでに，ウォルター・ヴァジョット，A. V. ダイシー，アイヴァー・ジェニングス等による古典的著作が邦語訳されており，また，近年にも，英国憲法に関する大部なテキスト類が邦語訳されている。かつ，日本人の研究者による英国憲法に関する著書，論文，翻訳書が公にされている。そのいずれもが英国憲法の学習ならびに研究に有益であることは言うまでもないが，アメリカ，ドイツ，フランスおよびその他の国々の憲法と比較しつつ英国憲法の基本原理とされるところを明確にしようとする本書も，英国憲法は無論，比較憲法学の初学者にとって有益なものと思われる。さらに，本書で展開される，法典化されていない憲法の持つ問題点の考察，議会主権あるいは議会立法の至高性を特色とすると言われてきた英国憲法の批判的考察は，今日英国で見られる成文憲法（あるいは法典化された憲法）の制定に向けての動きを理解する上で大いに役立つものと思われる。

　くわえて，本書においては，一部に独立の声も聞かれるスコットランドや

ウェールズ等への権限移譲と連邦制度との相違，我が国の天皇制度ともかかわるであろう国王大権の内容，欧州連合の組織や欧州連合の法と至高性を誇る議会制定法との関係，従来みられた英国独自の政党観や，英国で出版されている憲法の教科書や参考書においても触れられることが比較的少ないと思われる緊急事態や戦時における憲法の機能についても一章が設けられている。本書の性格上，その多くは概説的なものであるが，それぞれに付されたフットノート（そこで示された参考文献）にも留意しつつこれを読み進めるならば，英国憲法の基本的構造に関する基礎知識はもとより，アメリカ，ドイツ，フランス等の国々の憲法に関する学習にも有益であろうし，それらのより深い研究に向けての手がかりを得ることができるものと思われる。

なるほど，原著の発刊以後ほぼ6年の歳月を経ており，この間に英国の憲法(憲法律)に大きな変化が見られる。しかし，著者自身が述べているように，「法令や判例の詳細よりはむしろ原則に焦点をあわせ」た本書は，こうした年月の経過にもかかわらず，今日なお，英国憲法の入門書として価値あるものと思われる。むしろ，このほぼ6年の間の変化が，本書において著者が予測した方向に向かっていることに興味を覚える。

ところで，2002年4月から2003年3月まで，D. ヒュームの法思想研究のためエジンバラ大学SSUに客員研究員として滞在研究の機会を得た。この際，同研究所所長デービッド・ブロアー教授をはじめ，同研究所のスタッフであるジョン・ヘンリー教授，スティーブ・スタディ教授には，種々の便宜を計っていただくと同時に，貴重なご指導ご助言をいただいた。さらに事務官のキャロル・タンスレイ氏にも公私にわたり大変お世話になった。改めて御礼申し上げたい。またこの間，エジンバラ大学のC. R. ムンロー教授，および本書の著者であるロンドン大学のバーレント教授に，英国憲法に関し御教示頂いた。記して感謝の意を表したい。さらに，本書の出版を快諾いただいた，成文堂社長阿部耕一氏，同編集長土子三男氏に対しても厚く御礼申し上げる。

最後に，原著に何箇所かプリントミスがあり，原著者に確認の上これを訂正したが，訳者の浅学および思いこみ等により，多くの誤訳があるのではな

いかと恐れる。もしお気づきの点があれば是非ご教示いただきたい。

訳　者

英国法令索引

Act of Settlement 1701 ··40, 43, 162
　1701 年王位継承法
Animals Act 1971 ···34
　1971 年動物法
Bill of Rights 1689 ················40, 42, 44, 46, 107, 109, 139, 156, 217
　1689 年権利章典
　　Art. 9　第 9 条 ···126
British North America Act 1867 ·······································55, 66, 111
　1867 年英国北アメリカ法
　　ss. 91-92　第 91-92 条 ···67
Broadcasting Act 1990　s. 36 ··206
　1990 年放送法　第 36 条
Contempt of Court Act 1981 ···60
　1981 年裁判所侮辱法
Crime (Sentences) Act 1997　s. 2 ··178
　1997 年犯罪（刑罰）法　第 2 条
Criminal Justice Act 1988 ···38, 145
　1988 年刑事裁判法
Criminal Justice Act 1991 ··178
　1991 年刑事裁判法
Crown Proceedings Act 1947　s. 40(1) ··138
　1947 年国王訴訟手続法　第 40 (1) 条
Defence of the Realm Consolidation Act 1914 ·······························216
　1914 年統合国土防衛法
Education Reform Act 1988 ···80
　1988 年教育改革法
Emergency Powers Act 1920···209
　1920 年緊急事態権限法
Emergency Powers (Defence) Act 1939　s. 2(1) ···························217

1939年緊急事態権限（防衛）法　第2条（1）
Equal Pay Act 1970 ··*57*
　1970年賃金平等法
Estate Agents Act 1979 ··*34*
　1979年不動産業法
European Communities Act 1972 ·····················*34*, *40*, *41*, *53*, *121*, *123*, *124*, *131*
　1972年欧州共同体法
　　s. 2　第2条 ··*124*
　　s. 2(4)　第2条（4） ···*121*
　　s. 3　第3条 ··*122*, *124*
Government of Ireland Act 1920 ··*74*, *75*
　1920年アイルランド統治法
　　s. 75　75条 ···*74*, *77*
Government of Wales Act 1998 ···*72*
　1998年ウェールズ統治法
House of Commons Disqualification Act 1975 ·································*43*, *162*
　1975年庶民院議員不適格法
Human Rights Act 1998 ··································*9*, *22*, *34*, *40*, *57*, *60*, *61*, *132*
　1998年人権法
Interception of Communications Act 1985 ·································*59*, *209*
　1985年通信傍受法
Judicial Committee Act 1833　s. 4 ···*175*
　1833年司法委員会法　第4条
Local Government Act 1972 ···*79*
　1972年地方政府法
Magna Carta 1215 ··*34*
　1215マグナ・カルタ
Merchant Shipping Act 1988 ··*122*
　1988年商業船舶法
Ministerial and other Salaries Act 1975 ···*43*
　1975年大臣等給与法
National Economy Act 1931 ··*170*
　1931年国民倹約法
Northern Ireland (Emergency Provisions) Act 1996 ····························*221*
　1996年北アイルランド（緊急事態規定）法

s. 19(2) 第19条（2）	*221*
Obscene Publications Act 1959	*57*
1959年猥褻出版物法	
Official Secrets Act 1911	*28, 157*
1911年公機密法	
Official Secrets Act 1989	*57, 157*
1989年公機密法	
Parliament Act 1911	*40, 41, 53, 107, 109, 114-118, 124, 132, 199*
1911年議会法	
Preamble 前文	*118*
s. 7 第7条	*149*
Parliament Act 1949	*40, 41, 53, 107, 109, 114-118, 124*
1949年議会法	
Parliamentary Commissioner Act 1967 s. 1(3)	*125*
1967年議会行政調査委員法 第1条（3）	
Parliamentary Constituencies Act 1982 sched. 2, rr. 4, 5	*201*
1982年議会選挙区法 要綱2，規則4,5	
Police and Criminal Evidence Act 1984	*57, 221*
1984年警察及び刑事証拠法	
Prevention of Terrorism (Temporary Provisions) Act 1974	*28, 210, 212, 214*
1974年テロ防止（暫定規定）法	
Prevention of Terrorism (Temporary Provisions) Act 1989	*220*
1989年テロ防止（暫定規定）法	
Race Relations Act 1976	*57*
1976年人種関係法	
Scotland Act 1998	*75-78, 203*
1998年スコットランド法	
Sex Discrimination Act 1975	*57, 120, 187*
1975年性差別禁止法	
Southern Rhodesia Act 1965	*112*
1965年南ローデシア法	
Statute of Westminster 1931	*54, 111*
1931年ウエストミンスター法	
s. 4 第4条	*111*
Supreme Court Act 1981	*177*

1981年最高法院法
　s. 11　第11条 ……………………………………………………………*162*
Treasure Act 1996 …………………………………………………………*36*
　1996年宝物法
Union with Scotland Act 1707 ……………………………………*10, 62, 109*
　1707年スコットランド併合法

事項索引

判例索引

アメリカ

Baker v. Carr 369 US 186 (1962) ……………………………………………… *31*, *183*, *202*
Bowsher v. Synar 478 US 714 (1986) ……………………………………………………… *126*
Brown v. Board of Education 347 US 483 (1954) …………………… *31*, *60*, *74*, *183*
Buckley v. Valeo 424 US 1 (1976) ……………………………………………………………… *193*
Colegrove v. Green 328 US 549 (1946) ……………………………………………………… *183*
Coleman v. Miller 307 US 433 (1939) ………………………………………………………… *182*
Dred Scott v. Sandford 60 US 353 (1857) ……………………………………………………… *30*
Duncan v. Kahanumuku 327 US 304 (1945) ………………………………………………… *224*
Endo, ex parte 323 US 283 (1944) …………………………………………………………… *223*
Garcia v. San Antonio Metropolitan Authority 469 US 528 (1985) ………………… *68*
Goldwater v. Carter 444 US 996 (1979) ……………………………………………………… *182*
Hammer v. Dagenhart 247 US 251 (1918) …………………………………………………… *26*
Hayburn's Case 2 Dall (2 US) 408 (1792) ………………………………………………… *174*
INS v. Chadha 462 US 919 (1983) …………………………………………………………… *126*
Jenness v. Fortson 403 US 431 (1971) ……………………………………………………… *199*
Korematsu v. United States 323 US 214 (1944) …………………………………………… *222*
McCulloch v. Maryland 4 Wheat (17 US) 316 (1819) ……………………………………… *11*
Marbury v. Madison 1 Cranch 137 (1803) ……………………………… *23*, *26*, *162*, *174*
Merryman, Ex parte 17 Fed. Cases 144 (1861) …………………………………………… *210*
Milligan, Ex parte 4 Wall. (71 US) 2 (1867) ……………………………………………… *210*
Muskrat v. United States 219 US 346 (1911) ……………………………………………… *174*
Powell v. McCormack 395 US 486 (1969) …………………………………………………… *131*
Reynolds v. Sims 377 US 533 (1964) ………………………………………………………… *202*
Storer v. Brown 415 US 724 (1974) ………………………………………………………… *199*
United States v. Darby Lumber Co. 312 US 100 (1941) …………………………………… *27*
United States v. Lopez 115 S. Ct. 1624 (1995) ……………………………………………… *68*
WMCA v. Lomenzo 377 US 633 (1964) ……………………………………………………… *203*
Youngstown Sheet and Tube Co. v. Sawyer 343 US 579 (1952) ………………………… *25*

英　国

Anisminic Ltd. v. Foreign Compensation Commission [1969] 2 AC 147 ······*165*, *176*
Attorney-General v. De Keyser's Royal Hotel [1920] AC 508 ·····················*144*
Attorney-General v. Jonathan Cape Ltd. [1976] QB 752 ················*55*, *56*, *153*
Attorney-General for Australia v. The Queen and The Boilermakers' Society of Australia [1957] AC 288. ···*168*
Blackburn v. Attorney-General [1971] 1 WLR 1037 ·······················*38*, *179*
Bradlaugh v. Gossett (1884) 12 QBD 271··*129*
Bribery Commissioners v. Ranasinghe [1965] AC 172·································*115*
British Railways Board v. Pickin [1974] AC 765 ······································*130*
Carltona v. Commissioners of Works [1943] 2 All ER 543 ························*156*
Case of Proclamations (1611) 12 Co. Rep. 74 ·······················*46*, *139*, *144*
Case of the Sheriff of Middlesex (1840) 11 Ad. & E 273 ; 113 ER 419 ··············*130*
Commissioners of Customs and Excise v. Cure and Deeley Ltd. [1962] 1 QB 340 ···*176*
Conservative Central Office v. Burrell [1982] 2 All ER I ·····························*187*
Conway v. Rimmer [1968] AC 910 ··*169*
Council of Civil Service Unions v. Minister for the Civil Service [1985] AC 374 ··*144*, *179*, *180*
Cozens v. Brutus [1973] AC 854 ···*58*
Criminal Injuries Compensation. See R, v. Secretary of State for the Home Department, ex parte Fire Brigades Union
Crossman Diaries. See Attorney-General v. Jonathan Cape Ltd.
Dr. Bonham's case (1610) 8 Co. Rep. 114··*109*
Duncan v. Cammell, Laird & Co. Ltd. [1942] AC 624 ································*169*
Duport Steels v. Sirs [1980] 1 WLR 142···*32*, *49*
Ellen Street Estates v. Minister of Health [1934] 1 KB 590 ··························*113*
Entick v. Carrington (1765) 19 St. Tr. 1030 ···*40*
Equal Opportunities Commission v. Secretary of State for Employment [1994] 1 WLR 409 ···*123*
Factortame Ltd. v. Secretary of State for Transport (No. 2) [1991] 1 AC 603
··*122-124*
Jepson v. Labour Party [1996] IRLR 116 ··*187*
John v. Rees [1970] Ch. 345··*187*

Kean v. McGivan [1982] Fleet Street Reports 119 ···*191*
Liversidge v. Anderson [1942] AC 206 ··*220*
Liyanage v. The Queen [1967] 1 AC 259 ··*48*, *164*
M v. Home Office [1994] 1 AC 377 ··*40*, *145*
MacCormick v. Lord Advocate, 1953 SC 396 ···*109*
McEldowney v. Forde [1971] AC 632 ···*222*
Madzimbamuto v. Lardner-Burke [1969] 1 AC 645 ···*112*
Malone v. Metropolitan Police Commissioner [1979] Ch 344 ······························*59*
Marais, ex parte [1902] AC 109 ···*215*
Murray v. Ministry of Defence [1988] 1 WLR 692 ··*222*
Nissan v. Attorney-General [1970] AC 179 ···*179*
Parliamentary Privilege Act 1770, Re [1958] AC 331 ····································*175*
Prohibitions del Roy (1607) 12 Co. Rep. 63 ··*46*
R. v. Allen [1921] 2 Irish Reports 241 ···*215*
R. v. Boundary Commission for England, ex parte Foot [1983] 1 QB 600 ···*190*, *201*
R. v. Criminal Injuries Compensation Board, ex parte P [1995] 1 WLR 845 ······*180*
R. v. Halliday, ex parte Zadig [1917] AC 260 ·····································*216-219*
R. v. HM Treasury, ex parte Smedley [1985] QB 657 ····································*49*
R. v. Jordan [1967] Crim. L. Rev. 483 ··*108*
R. v. Lord Chancellor, ex parte Witham [1997] 2 All ER 779 ···························*177*
R. v. Ministry of Defence, ex parte Smith [1996] QB 517 ······························*180*
R. v. Ponting [1985] Crim. L. Rev. 318··*157*
R. v. Secretary of State for Foreign and Commonwealth Affairs, ex parte
 Rees-Mogg [1994] QB 552 ···*38*, *179*
R. v. Secretary of State for the Environment, ex parte Hammersmith
 and Fulham London Borough Council [1991] AC 521 ·······················*82*, *181*
R. v. Secretary of State for the Environment, ex parte Nottinghamshire
 County Council [1986] AC 240 ··*82*, *181*
R. v. Secretary of State for the Home Department, ex parte Bentley [1994]
 QB 349 ··*180*
R. v. Secretary of State for the Home Department, ex parte Brind [1991]
 1 AC 696 ··*182*, *222*
R. v. Secretary of State for the Home Department, ex parte Bugdaycay [1987]
 AC 514···*182*
R. v. Secretary of State for the Home Department, ex parte Fire Brigades

Union [1995] 2 AC 513 ···*39*, *145*, *184*
R. *v.* Secretary of State for the Home Department, ex parte Leech (No. 2)
[1994] QB 198 ···*177*
R. *v.* Secretary of State for the Home Department, ex parte Northumbria
Police Authority [1989] QB 26 ···*217-218*
R. *v.* Secretary of State for the Home Department, ex parte Venables [1997]
3 All ER 97 ···*178*
R. *v.* Somerset County Council, ex parte Fewings [1995] 1 WLR 1037 ·········*82*
Raymond *v.* Honey [1983] 1 AC 1 ··*177*
Roberts *v.* Hopwood [1925] AC 578 ··*82*
Stockdale *v.* Hansard (1839) 9 Ad. & E 1 ; 112 ER 1112 ··············*110*, *129*
Wilkes *v.* Wood (1763) 19 St. Tr. 1153 ···*40*
Wilson *v.* IBA (No. 2), 1988 SLT 276 ···*206*

欧州人権裁判所

Brannigan *v.* United Kingdom (1994) 17 EHRR 539 ·························*213*
Brogan *v.* United Kingdom (1988) 11 EHRR 117 ·····················*214*, *221*
Lawless *v.* Ireland (No. 3) (1961) 1 EHRR 15 ·······························*213*
Malone *v.* United Kingdom (1985) 7 EHRR 14 ·······························*59*
Mathieu-Mohin *v.* Belgium (1988) 10 EHRR 1 ·······························*204*
Sunday Times *v.* United Kingdom (1979) 2 EHRR 245 ·······················*60*
Thynne *v.* United Kingdom (1991) 13 EHRR 666 ·······························*178*

欧州連合

AKZO Chemie *v.* Commission (Case 5/85) [1986] ECR 2585 ···············*98*
Commission *v.* Council (Case 300/89) [1990] ECR I-2867 ················*97*
Commission *v.* United Kingdom (Case 804/79) [1981] ECR 1045 ·········*100*
Commission *v.* United Kingdom (Case 60/86) [1988] ECR 3921 ·········*100*
Costa *v.* ENEL (Case 6/64) [1964] ECR 585 ·································*95*
European Parliament *v.* Council (Case 70/88) [1990] ECR I-2041 ·········*96*
Factortame (Case 221/89) [1992] QB 680 ···*122*
Internationale Handelsgesellschaft (Cases 11/70) [1970] ECR 1125 ·········*97*
'Les Verts' *v.* European Parliament (Case 294/83) [1986] ECR 1339 ·········*93*
Meroni *v.* High Authority (Case 9/56) [1958] ECR 139 ·······················*96*
Nold (Case 4/73) [1974] ECR 491 ···*97*

Opinion 1/91 on the European Economic Area Agreement [1991] ECR I -6079 ···*87*
Opinion 2/94 on the Accession of the Community to the European Human
  Rights Convention [1996] 2 CMLR 265 ···*93*
Roquette Frères *v.* Council (Case 139/79) [1980] ECR 3333 ························*96*
Simmenthal (Case 106/77) [1978] ECR 629 ···*95*, *121*
Van Duyn *v.* Home Office (Case 41/74) [1974] ECR 1137 ························*94*
Van Gend en Loos (Case 26/82) [1963] ECR 1 ···*94*

カナダ

Reference Re Amendment of the Constitution of Canada (1982)
  125 DLR (3 d.) 1 ···*52*, *54*

ドイツ

Brunner [1994] 1 CMLR 57 ···*104*
1 BVerfGE 208 (1952) ···*204*, *205*
2 BVerfGE 1 (1952) (Socialist Reich Party case) ·······················*189*, *190*
2 BVerfGE 79 (1952) ···*174*
4 BVerfGE 27 (1954) ···*190*
5 BVerfGE 85 (1956) ···*189*
7 BVerfGE 77 (1957) ···*205*
12 BVerfGE 205 (1961) ···*69*
14 BVerfGE 121 (1962) ···*206*
22 BVerfGE 49 (1967) ···*176*
40 BVerfGE 296 (1975) ···*131*
62 BVerfGE 1 (1983) ···*150*
82 BVerfGE 322 (1990) ···*205*
85 BVerfGE 268 (1992) ···*194*
89 BVerfGE 155 (1994) ···*104*

フランス

Decision 59-2 of 17, 18 and 24 June 1959, Rec. 58 ·······························*189*
Decision 71-44 of 16 July 1971, Rec. 25 ···*24*
Decision 85-196 of 8 Aug. 1985, Rec. 63 ···*203*
Decision 86-208 of 1 July 1986, Rec. 78 ···*203*
Decision 86-213 of 3 Sept. 1986, Rec. 122 ···*223*

Decision 89-271 of 11 Jan. 1990, Rec. 21 ·· *194*
Decision 92-308 of 9 Apr. 1992, RJC I-496 ·· *90*, *105*
Decision 92-312 of 2 Sept. 1992, RJC I-505 ·· *104*
Decision 92-316 of 20 Jan. 1993, RJC I-516 ·· *195*
Opinion of 23 Apr. 1961, Rec. 69 ··· *212*

南アフリカ
Harris *v.* Minister of the Interior (1952) (2) SA 429 (AD) ························· *115*

事項索引

(事項によっては，ここにあげた文言そのものではなく，それに関連する内容が記されていることがある。)

[あ 行]

アメリカ
　憲法習律 …………………………… 49-50
　憲法の立案 …………………………… 5
　権力の分立 …………………………… 20
　国民の自由 …………………………… 56
　司法審査 ………………… 23, 25-26, 30-31
　連邦制 …………………………… 64-69
ウエスト・ロジアン問題 ……………… 77-78
ウェールズへの権限移譲 …………… 74-75, 77
ウルスターへの権限移譲 ……………… 74
英国憲法 …………………………… 32-61
　アレクシス・ド・トクヴィル ………… 33
　一定のより高次な法 ………………… 33
　欧州共同体への加盟 ………………… 38
　行政審判所 ………………………… 47-48
　行政府 ……………………………… 45-46
　原則に関する議論 …………………… 6
　憲法典が存在しないことの重要性 …… 38-39
　憲法律の範囲 ……………………… 34-36
　権力の融合 ………………………… 42-49
　権力分立 …………………………… 43-44
　　―と議会立法の至高性 …………… 48-49
　　枢密院 ……………………………… 48
　コモン・ロー ………………………… 41
　―と裁判官 ………………………… 37-38
　裁判所の判決 ………………………… 40
　司法権 ……………………………… 44
　社会権 ……………………………… 36
　習律 …………………… 40-41, 49-56
　首相の選出 ………………………… 32-33
　正式な憲法典の不存在 ……………… 35
　政治的 ……………………………… 42
　制定法 ……………………………… 40
　政府の権限の分離 ………………… 46-47
　政府の構造と権限 ………………… 35-36
　成文化されていないかどうか ……… 39-41
　　※「憲法習律」参照
　―の存在 …………………………… 32-39
　ダイシー …………………………… 5-6
　大法官 ……………………………… 44
　単一的性格 ………………………… 42
　―の特色 …………………………… 39-42
　トーマス・ペイン …………………… 33
　軟性 ………………………………… 34
　不明確な部分 ……………………… 36-37
　プロクレメイション事件 …………… 46
　法典化されていない ………………… 41
　立法権の委任 ……………………… 47
　立法府 …………………………… 43, 46
欧州司法裁判所 …………………… 95-98
　議会の権利保護 ………………… 96-97
　―と基本権 ………………………… 97
　―と直接的効力の原則 …………… 94-95
　によって定式化された憲法原則 …… 95-96
欧州人権条約 ……………………… 57, 59-61
　―と個人的権利 …………………… 59-60
欧州連合 …………………………… 85-106
　アムステルダム条約 ……………… 105
　委員会 ……………………………… 89-90
　欧州議会 …………………………… 89-90
　欧州司法裁判所 ………………… 95-98
　閣僚理事会 ……………………… 88-90
　機関 ………………………………… 87-92
　共同体優越の原則 ……………… 94-96
　経済通貨同盟 ……………………… 98
　憲法上の諸原則 ………………… 92-98
　憲法的性格の分析 ……………… 104-106
　憲法の発展 ………………………… 94
　構造 ………………………………… 87-92
　条約 ………………………………… 87
　―の性質 …………………………… 85-87
　直接的効力の原則 ……………… 94-95

柱 …………………………………… 92
法規外の習律 …………………… 97-98
法の制定 ………………………… 88-90
マーストリヒト条約 ……… 87-88, 90-92
　―と連邦制 ………………… 98-106
　　外交および安全保障に関する政策 …… 103
　　課税権 …………………………… 103
　　共同体優越 …………………… 99-100
　　個別性を持った法的組織体 …… 99
　　実質的な権限 …………………… 103
　　政治的なレベル ……………… 102-103
　　専占 ……………………………… 100
　　直接的効力 …………………… 99-100
　　補完性 ………………………… 100-102
　ローマ条約 …………………… 92-95
欧州連合条約→マーストリヒト条約
オリバー・クロムウェル
　政体書 ……………………………… 7

［か　行］

戒厳令 …………………………… 214-219
　―と緊急事態法 ……………… 214-219
革命と憲法 ………………………… 4
カナダ
　憲法習律 ………………………… 52
議会 ……………………………… 107-133
　議員 …………………………… 126-131
　　活動や報酬に関する問題 …… 129-131
　　―と裁判所 …………………… 130
　　独立 ………………………… 127-129
　　特権 ………………………… 126-131
　　ノーラン委員会 …………… 128-129
　　役割 ………………………… 126-131
　教化機能 ………………………… 125
　情報伝達機能 …………………… 125
　拒否権 ………………………… 125-126
　審議機能 ……………………… 124-126
　立法権 ………………………… 107-133
議会主権 …………………………… 7
議会の至高性 …………………… 107-116
　英国における欧州共同体優越性の受容
　　………………………………… 121-124
　―と欧州共同体の優越性 …… 120-124
　―と欧州共同体法 …………… 120-124

結末 …………………………… 132-133
原則の発達 ……………………… 132
　―と憲法学者 ………………… 110
　―と憲法の条文 ……………… 107
後継者の拘束 ………………… 113-116
　硬性 ……………………………… 115
　―と裁判所 …………………… 115-116
　―と裁判官 …………………… 108-109
　―と自治領 …………………… 111-112
　―の重要性 …………………… 131
　―と主権 ……………………… 110-111
　―と政治的現実 ……………… 111-112
法律の守りを固める …………… 113-116
貴族院 …………………………… 116-120
　改革 …………………………… 118-119
　権限 …………………………… 116-117
　―と憲法習律 ………………… 119
　―と財政法案 ………………… 117-118
　による遅延 …………………… 119-120
行政権 …………………………… 134-160
　機関 …………………………… 135-136
　機能 …………………………… 135-136
　君主 …………………………… 136-137
　国家元首 ………………………… 136
　―と裁判所 …………………… 143-146
　司法審査 ……………………… 143-146
　人物 …………………………… 135-136
　大統領 ………………………… 136-137
　※「政府」参照
緊急事態 ……………………… 208-224
　アメリカ ………………………… 210
　欧州人権条約 ………………… 213-214
　議会による規制 ……………… 218-219
　―と国民の自由 ……………… 219-224
　戦時 …………………………… 215-217
　テロリズム …………………… 220-224
　ドイツ ………………………… 210-211
　フランス ……………………… 211-212
　法 ……………………………… 214-219
　南アフリカ ……………………… 211
軍隊 …………………………… 155-160
　―と国王 ……………………… 156-157
権限移譲 ………………………… 72-78
　ウエスト・ロジアン問題 …… 77-78

ウェールズ ……………………75, 77
ウルスター ……………………………74
行政区の議会の権限 ……………75-76
柔軟性 …………………………………75
スコットランド ………74-75, 76-78
スペイン ………………………………73
ドイツ …………………………………76
―の範囲 ……………………………74-76
―と連邦制 …………………………72-74
憲法 …………………………………1-31
―と革命 ………………………………4
議会が行政権を行使 ……………13-15
―と議会主権 …………………………7
―と基本権 ………………………11-12
機能 ……………………………………3-9
共通の目的 ……………………………4
―と権力分立 ………………………8-9
硬性 ………………………………10-11
―と裁判所 …………………………12
植民地支配から解放された後の ……3
大統領が行政権を行使 …………13-16
―の多様性 …………………………9-16
単一 …………………………………12-13
内容 ……………………………2, 11-12
長さ …………………………………11
軟性 ………………………………10-11
フランス第五共和国 ………………15
分類 …………………………………9-10
南アフリカ ………………………15-16
名目上の憲法 ………………………7-8
立法府と行政府の関係 ……………16
連邦制 ………………………………12-13
※「英国憲法」参照
憲法習律 …………………………49-56
アメリカ …………………………49-50
確固とした …………………………51
カナダ …………………………………52
起源 ………………………………53-54
憲法の非公式な修正 ………………53
創造 ………………………………53-54
―と内閣 ……………………………52
バルフォア宣言（1926）……………54
フランス ……………………………50
―と法 …………………………50-51

法的意義 ……………………………55
法との関係 ……………………54-55
権力分立 …………………8-9, 16-21
アメリカ …………………………19-21
―の意義 ……………………………21
権力の集中を回避 ……………18-19
純粋な ………………………………18
ドイツ ……………………………19-20
フランス …………………………20-21
モンテスキュー ……………………17
公務員 ……………………………155-160
イラクへの武器輸出事件 ………157
―と国王 …………………………156-157
―と情報の自由 …………………157-160
―による暴露 ……………………157-158
国王 ………………………………138-141
国王の裁可 ………………………141
―と総選挙 ………………………148-149
大権 ………………………………139-141
―の地位の複雑さ ………………138-139
国民の自由 ………………………56-61
アメリカ …………………………56-57
英国 ………………………………57-61
欧州人権条約 ……………………60-61
―と緊急事態 ……………………219-224
―と裁判所 ………………………57-60
残余のもの …………………………57
―と政府 ……………………………59
1998年人権法 ……………………60-61

[さ 行]

裁判官
―と英国憲法 ……………………37-39
裁判所 ……………………………161-185
介入 ……………………………………12
介入権 ……………………………165-166
※「司法審査」参照
司法権 ……………………………161-185
アメリカ …………………………173-174
勧告的意見 ………………………174-175
刑罰の宣告 ………………………177-178
裁判所の管轄 ……………………176
裁判所への提訴 …………………176-177
司法権の分離 ……………………161-166

248　事項索引

司法上の機能 ………………………… *163-165*
司法審査に適さない政治的問題 …… *178-185*
　　―と個人の権利 ………………… *183*
　　裁判官による決定 …………… *184-185*
　　大権 ……………………………… *179-180*
　　範囲 ……………………………… *180-183*
　　政治的問題 …………………… *178-179*
　　範囲 …………………………… *173-178*
　※「裁判所」参照
司法審査 ………………………………… *21-26*
　アメリカ ……………… *23, 24-26, 30-31*
　英国 ……………………………………… *22*
　欧州 ……………………………………… *24*
　行政府に対する ……………………… *143-146*
　―と参加する権利 ……………………… *29*
　正当化 ………………………………… *22-23*
　ドイツ ……………………………………… *30*
　―と民主制 …………………………… *26-31*
　―と立法府の意向 …………………… *27-28*
　―と連邦制 …………………………… *67-69*
　―と連邦の権限 ……………………… *24-25*
司法府
　司法の独立 ……………… *161-164, 166-173*
　　アメリカ ………………………………… *166*
　　王立委員会 ……………………………… *169*
　　給与 ……………………………… *170-171*
　　原則の範囲 ……………………… *168-169*
　　ドイツ ……………………………… *166, 172*
　　任期の保障 ……………………… *171-173*
　　任命 ……………………………… *167-168*
　　フランス ………………………………… *167*
首相 ……………………………………… *141-143*
　フランス ………………………………… *142*
　―の選任 …………………………… *146-147*
庶民院 …………………………………… *116-120*
　優越 ……………………………………… *117*
スコットランドへの権限移譲 ………… *74-78*
スペインの権限移譲 …………………… *73*
政党 ……………………………………… *186-198*
　アメリカ ………………………………… *188*
　規制 ……………………………… *191-193*
　骨子となる規則 ………………………… *187*
　資金（供与） …………………… *193-198*
　　―と課税 ……………………………… *196*

私的 ……………………………… *196-198*
ショート・マネー ……………………… *195*
ドイツ ……………………………… *193-194*
　―への反対意見 ……………… *195-196*
フランス ……………………………… *194-195*
ドイツ ……………………… *188-190, 191*
フランス ………………………………… *189*
法律に服する …………………… *191-193*
政府 ……………………………………… *134-160*
　行政府 ………………………… *134-135*
　成立 …………………………… *146-151*
　―と総選挙 …………………… *147-151*
　※「行政権」参照
選挙 …………………………………… *198-207*
　区割委員会 ……………………… *201-202*
　自由 ……………………………… *198-200*
　直接 ……………………………… *198-200*
　定期 ……………………………… *198-200*
　比例制 ………………………… *204-205*
　平等 ……………………………… *200-204*
　放送 …………………………… *205-207*
総選挙 …………………………… *147-151*
　―の時期の選択 ……………… *149-151*
　首相による君主への助言 ………… *148*
　ドイツ ………………………… *149-150*

［た　行］

大権
　国王 …………………………… *139-141*
　―と裁判所 ……………………………… *144*
大臣責任制 ……………………… *151-155*
　個人的 ………………………… *152-155*
　政治的慣行ないし慣例 ……… *152-153*
　―と説明責任 ………………… *154-155*
　不確実な点 ……………………………… *151*
　連帯的 ………………………… *152-153*
大法官 ……………………………………… *44*
地方政府 ………………………………… *79-84*
　欧州憲章会議 …………………………… *83*
　議会および中央政府による統制 …… *82-83*
　行政作用 ……………………………… *80-82*
　裁量権 ………………………………… *81-83*
　支出および租税徴収権 ……………… *82-83*
　多目的性を持つ役割 …………………… *79*

ドイツ …………………………… *81*, *83*
　―の歴史 ……………………… *79-80*
ドイツ
　権限移譲 ………………………… *76*
　権力分立 …………………… *19-20*
　司法審査 ………………………… *30*
　総選挙 …………………… *149-150*
　地方政府 ………………… *81*, *83*
　マーストリヒト条約批准への異議申し立て
　…………………………………… *104*
　連邦制度 …………………… *65-67*

[な　行]

内閣 ………………………… *141-143*
　憲法習律 ………………………… *52*

[は　行]

フランス
　憲法習律 ………………………… *50*
　権力分立 …………………… *20-21*
　首相 ……………………………… *142*
　第五共和国 ……………………… *15*

[ま　行]

マーストリヒト条約 ……… *87-88*, *90-92*
　政府間相互の手続 ……………… *91*

南アフリカ ……………………… *15-16*
民主制 ……………………………… *26-31*
　意味 ……………………………… *29-30*
　司法審査 ……………………… *26-31*

[ら　行]

連邦制 ……………………………… *62-71*
　アメリカ ……………………… *64-69*
　　最高法規条項 ………………… *65*
　　大陸会議 ……………………… *64*
　　統合 …………………………… *65*
　　法的権限の分配 ……………… *66*
　英国 …………………………… *62-64*
　　―と欧州連合 …………… *98-106*
　　―と権限移譲 …………… *72-74*
　　―と憲法裁判所 ……………… *67*
　　憲法の進化 ……………… *69-70*
　　憲法の多様性 ………………… *69*
　　司法審査 ………………… *67-69*
　　そぐわない場合 ……………… *71*
　　伝統的擁護論 ………………… *70*
　　ドイツ …………………… *65-67*
　　不人気 ………………………… *71*
　　―の利点 ………………… *70-71*
ローマ条約 …………………… *92-95*
　憲法的憲章としての ……… *92-93*

著者紹介
エリック・バーレント
ロンドン大学（UCL）教授
（著書）
『言論の自由（*Freedom of Speech*)』，1987年，オックスフォード大学出版
『放送法(*Broadcasting Law*)』，1995年，オックスフォード大学出版
『名誉毀損とメディア(*Libel and the Media*)』，1997年，オックスフォード大学出版

訳者紹介
佐 伯 宣 親
九州産業大学教授
（著書）
『近代自然法論の研究』，昭和63年，成文堂
『産業革命の思想と文化』，昭和63年，成文堂
『法の本質と正義』，平成2年，原書房
『現代憲法学の論点』（共著），平成12年，成文堂

英国憲法入門
──────────────────
2004年11月10日　初版第1刷発行

　　　著　　者　　エリック・バーレント
　　　訳　　者　　佐　伯　宣　親
　　　発 行 者　　阿　部　耕　一
　　　　　〒162-0041　東京都新宿区早稲田鶴巻町514番地
　　　発 行 所　株式会社　成　文　堂
　　　　　　電話 03(3203)9201(代)　Fax 03(3203)9206
　　　　　　http://www.seibundoh.co.jp

印刷 三報社印刷　　　　　　　　　製本 佐抜製本
　　　©2004　N. Saeki　　Printed in Japan
　　☆乱丁・落丁本はおとりかえいたします☆　検印省略
　　　　　ISBN 4-7923-0380-X　C3032

定価(本体3,300円＋税)